BASTEI
LÜBBE

Angelika-martina Lebéus

Liebe auf den zweiten Blick

Mit einem Vorwort von Erika Schuchardt

BASTEI LÜBBE

BASTEI-LÜBBE-TASCHENBUCH
Band 61294

1.+2. Auflage Dezember 1993
3. Auflage März 1995

Lizenzausgabe im Gustav Lübbe Verlag GmbH,
Bergisch Gladbach
Printed in Germany
Titelfoto: A. Lebéus
Einbandgestaltung: Manfred Peters
Satz: Fotosatzstudio »Die Letter«, Hausen/Wied
Druck und Bindung: Ebner Ulm
ISBN 3-404-61294-9

Der Preis dieses Bandes versteht sich einschließlich
der gesetzlichen Mehrwertsteuer.

Inhalt

Vorwort von Dr. Erika Schuchardt

Keine Antwort wissen – aber zur Liebe finden. – Kennen Sie das auch? Wie gern erinnern wir uns an unsere erste Liebe und vor allem an diesen Zauber der »Liebe auf den ersten Blick«. Schwerelos, traumverloren, glückselig erscheint uns die Welt. Anders ist es mit unseren Erinnerungen an die »Liebe auf den zweiten Blick« – wir müssen sie mühseliger wachrufen, ungern erinnern wir uns an alles, was den »ersten Blick« verdunkelte: Hindernisse, Kreuzungen, Abgründe – unzählige Male ein Aufgebenwollen, bis zu dem kostbaren Augenblick, da wir das »Ziel« wieder erkennen und voll Zuversicht, Wagnis und ungeteiltem Mut jede Hürde nehmen. Erst Jahre später entdekken wir, daß nicht der Weg sich änderte, sondern wir selbst uns im Wandern gewandelt haben. So berichtet Angelika Lebéus über ihren Dialog mit einem Fachmann:
»Das Leid Ihrer Tochter erscheint Ihnen so untragbar, daß Sie es ihr abnehmen wollen. Sie können Klarissas Leben nicht leben! Sie können ihr helfen zu leben, aber nur, wenn Sie ICH bleiben und Ihre Tochter ein ICH werden lassen.«
»Plötzlich ging mir ein Licht auf. Ich sah mein Kind mit anderen Augen.«
So erzählt uns Angelika Lebéus die Geschichte ihrer »Liebe auf den zweiten Blick«, und wir erfahren im Untertitel noch mehr, nämlich: »Eine *Mutter* und ihr behindertes

Kind«. Das heißt, auch Angelika erlebt die verhängnisvolle Kette: »behinderte Kinder, behinderte Eltern, verhinderte Partnerschaft, Trennung«. Vielleicht hätte der Titel »Eltern und ihre beiden Kinder – behindert – nichtbehindert« heißen müssen; aber die Aufgabe, »Liebe auf den zweiten Blick« zu lernen, stellt Klarissa, die Tochter mit dem Down Syndrom (Mongoloismus), in den Mittelpunkt.
Das Auffallende dieser Biographie ist der Mut, das Wagnis zur Offenheit. Angelika Lebéus nimmt uns mit auf den mühselig langen Weg des Lernens; dabei spart sie an allen Klippen die Schwierigkeiten und Gefahren nicht aus. Sie läßt uns teilnehmen, wie auch sie der Versuchung nicht widerstehen kann, die sog. »Makroglossie« – die qualvolle Zungenkorrekturoperation – durchführen zu lassen, um Klarissas Aussehen durch Verkürzung der Zunge sowie Verbesserung der Sprechfertigkeiten der »Norm« anzugleichen. Damit versucht sie äußerlich der sog. Normalisierung zu entsprechen und auch der Mitwelt den Weg »zur Liebe auf den ersten oder zweiten Blick« zu erleichtern.
Angelika macht sich damit auf den Weg mit allen Müttern, Eltern, Geschwistern, Freunden; auch sie fragt, was ich in fast 600 Biographien immer wieder gefunden habe: Wie kann ich »damit« ..., mit einer Behinderung, Krankheit, Krise leben lernen? Alle mehr als 500 Biographien aus dem Zeitraum um 1900 bis 1988 – sowohl aus europäischen wie außereuropäischen Ländern – haben den gleichen Lernweg beschrieben, wie er jetzt erneut – 1988 – bei Angelika Lebéus erzählt wird. Ich will ihn im folgenden erläutern, um alle Leser für den Weg einer »Liebe auf den zweiten Blick« zu ermutigen:
Das Ergebnis meiner Untersuchung war die *Aufdeckung eines Lernprozesses zur Krisenverarbeitung*, in dem Be-

troffene drei Stadien durchlaufen, ein Eingangs-, ein Durchgangs- und ein Ziel-Stadium – vom »Kopf« durch das »Herz« zur »Hand«- lung in vorgezeichneten acht Spiralphasen –, bis sie die soziale Integration erreichen. Es sind Phasen, in denen eine Folge von sich wandelnden Bedingungen für das Erreichen der nächsten Phase des Bewußtseins erkennbar wird.

Bildlich dargestellt verläuft der Lernprozeß Krisenverarbeitung wie eine *Spirale*. Das Schaubild *Krisenverarbeitung* verdeutlicht das in acht Spiralphasen (siehe Abb. S. 10).

Zum Verständnis eines Lernprozesses Krisenverarbeitung, der diesem Denkmodell folgt, kann es für Sie als Leser hilfreich sein, sich für einen Augenblick in die Situation eines Betroffenen hineinzudenken; wenn z. B. ein Arzt erklärt: »Sie sind krebskrank ...« oder »Ihr Unfall führt zu den üblichen Folgen einer Querschnittslähmung ...« oder »Ihr Kind ist körperlich gesund, aber es hat eine geistige Behinderung ...«. Bei solchen Hiobs-Botschaften erstarren wir wie vom Blitz getroffen, spontan schießt es uns durch den Kopf: *»Was ist eigentlich los ...?«*. Wir befinden uns damit in der *1. Spiralphase der »Ungewißheit«*, wir reagieren abwehrend mit Festhalten am Ungewissen.

Wenn aber die körperlichen Anzeichen nicht mehr verdrängt werden können, die Reaktionen der Umwelt ständig verletzen, die Anzahl der ärztlichen Diagnosen sich häuft, dann bleibt die *2. Spiralphase »Gewißheit«* nicht aus, die Begrenzung unserer Existenz wird erkannt; so suchen wir mit dem so vertrauten *»Ja, aber das kann doch gar nicht sein ...?«* das Unabwendbare abzuleugnen. Wir wissen, daß unser »Ja, aber ...« einem »Nein« gleichzusetzen ist. Es umschreibt exakt unseren Zustand am Ende des EINGANGS-Stadiums: unser Verstand, unser Kopfwissen: »Ja«, aber unsere Seele, unser Herz wehren sich

Krisenverarbeitung als Lernprozeß in acht Spiralphasen

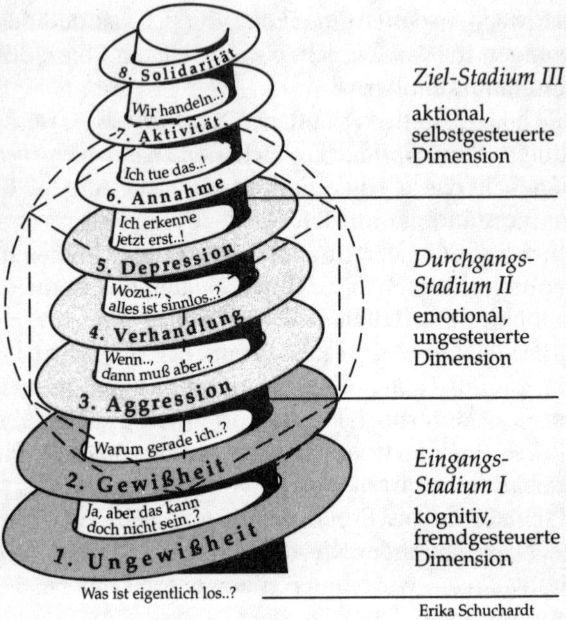

Vgl. Schuchardt, Erika: »Warum gerade ich…?« Leiden und Glauben. Pädagogische Schritte mit Betroffenen und Begleitenden. Burckhardthaus-Lactare, Offenbach, 4. erw. Auflage 1987. Übertragung in Blindendruck, Übersetzung in mehrere Sprachen. Ausgezeichnet mit dem Deutschen Literaturpreis 1984. Die Beschreibung ist demselben Werk entnommen.
Übersetzt ins Englische: »Why is this happening to me …?«, Augsburg Publishing House, Minneapolis, USA 1988.

und sagen: »Nein«, weil doch nicht sein kann, was unerträglich wäre. Dieser Zustand im Eingangs-Stadium ist also gekennzeichnet durch die Verleugnung. Tragischerweise wird sie fast ausnahmslos durch die Umwelt verstärkt, das heißt, Ärzte, Pädagogen, Seelsorger, aber auch Freunde vertrösten, verschweigen, verschonen und verbauen damit den Weg einer eigenen »Wahrheits-Entdekkung« oder dosierten »Wahrheits-Vermittlung«, was letztlich die Krisenverarbeitung nicht nur erschwert, sondern sie möglicherweise sogar verhindert.

Die Autoren der untersuchten mehr als 500 Biographien beschreiben anschaulich, daß für manche bereits hier der Lernprozeß abbricht. Diese Menschen verbrauchten ein Leben lang all ihre Kraft, um der für sie so bedrohlichen Wahrheit auszuweichen, sie zu verleugnen, oft nur, weil sie in ihrem Lernprozeß Krisenverarbeitung allein sich selbst ausgeliefert waren: Ihnen fehlte ein Mensch, der *mit* ihnen ging und im Durchgangs-Stadium bei ihnen aushielt.

Im DURCHGANGS-Stadium sickert die im Verstand erfaßte Nachricht (Kopf-Botschaft) ganz allmählich und tropfenweise in das tiefere Bewußtsein gefühlsmäßiger Erfahrung (Herz-Erfahrung) ein. Das hat zur Folge, daß die bedrohlich angestauten Gefühle oft vulkanartig und völlig ungesteuert in alle Eichtungen hervorbrechen. Nur zu leicht ist es verständlich, daß mancher Betroffene aus Angst vor seinen ungesteuerten Gefühlsausbrüchen einen Panzer gegen seine Auseinandersetzung mit der Realität aufbaut, so daß der Lernprozeß Krisenverarbeitung stagniert. Es bricht aus dem Betroffenen heraus: *»Warum gerade ich ...?«*

In der *3. Spiralphase* richtet er die *»Aggression«* gegen alles und nichts, was ihm begegnet (Familie, Freunde, Kollegen, Umwelt), weil der »eigentliche« Gegenstand der

Aggression, seine Behinderung/Krise, ja nicht an-greifbar ist. In der Analyse der über 500 Biographien fand ich neun typische Deutungsmuster der Aggressionen heraus; zwei will ich nennen, da sie durchgehend von fast allen beschrieben werden, nämlich die »Aggression als Todeswunsch« gegenüber dem eigenen behinderten Kind oder gegen sich selbst und die »Aggression als Selbsttötung«, die von zwei Dritteln der Biographen beschrieben wird. Tragisch in dieser dritten Spiralphase ist der unauflösliche Teufelskreis der Aggression: Der Betroffene klagt an: *»Warum gerade ich ...?«*, und ist aggressiv, daraufhin klagt die Umwelt ihn an: »Warum verhältst Du Dich so, wir sind doch nicht schuld daran ...?«, und reagiert mit Gegenaggressionen. Das verstärkt beim Betroffenen seine sich selbst erfüllende Prophezeiung: »Alles ist gegen mich!«, was erneut das Teufelsrad antreibt. Das Rad kann angehalten werden, wenn wir verstehen lernen, daß hier jedes persönliche Verletztsein durch Aggression einer Mißdeutung der Situation entspringt.

Parallel dazu oder darauf aufbauend wird in der *4. Spiralphase »Verhandlung«* mit Ärzten, Schicksal, Gott und der Welt gerungen, etwa nach dem Motto: *»Wenn ..., dann muß doch ...?«* Man reist durch das »Ärzte-Welt-Warenhaus« (Biographen berichten durchschnittlich von dreiundzwanzig Konsultationen), oder man versucht sich auf »Wunder-Such-Wegen« (zwei Drittel der Biographen schildern Wallfahrten).

Fast alle stehen am Ende dieses finanziellen wie geistigen Ausverkaufs zwangsläufig vor einem materiellen und seelischen Bankrott. Sie geraten in die *5. Spiralphase der »Depression«: »Wozu, alles ist sinnlos ...?«* Auch hier veranschaulichen die mehr als 500 Biographen zwei typische Deutungsmuster. Zum einen wird getrauert über das schon Aufgegebene (die Gesundheit, der Wunsch, ein nichtbehindertes Kind zu haben), die »rezipierende Trauer«. Zum anderen beginnt die »antizipierende Trauer« über das, was vermutlich künftig aufgegeben werden muß (Freunde, Kollegen, sozialer Status). Zwei Drittel aller Biographen brachen hier ihren Lernprozeß ab und verharrten lebenslang in Aggression, Verhandlung oder Depression, was dem Zustand einer sozialen Isolation gleichzusetzen ist.

Das ZIEL-Stadium kann nur skizziert werden. Nur ein Drittel der Biographen erreicht die *6. Spiralphase »Annahme«: »Ich erkenne jetzt erst ... ich kann ...!«* Jetzt wird nicht mehr gefragt, was schon verloren ist; jetzt kommt endlich in den Blick, was man mit dem, was noch da ist, tun kann. Denn es ist ja weniger wichtig, was ich besitze, als was ich mit dem, was ich habe, gestalte! Daraus entwickelt sich die *7. Spiralphase »Aktivität«: »Ich tue das ...!«*, aus der alle Selbsthilfe- und Initiativgruppen sowie später entstehende Organisationen hervorgegangen sind. Sie mündet schließlich ein in die *8. Spiralphase »Solidarität«: »Wir handeln ...!«* Das Ich beginnt von sich selbst abzusehen und wird fähig, im Wir gemeinsame, oft sogar gesellschaftspolitische Verantwortung zu übernehmen.

Abschließend sei noch einmal auf die Pyramiden-Form der Spirale hingewiesen, die eine Mehrheit Betroffener im Eingangs-Stadium und nur eine Minderheit im Ziel-Stadium anzeigt, weil die meisten – allein auf sich gestellt – ohne jede Hilfe ihren Lernprozeß Krisenverarbeitung durchleben mußten.

Vielleicht erleichtert Ihnen das Wissen bzw. das Nachdenken über diese Gesetzmäßigkeit der wiedergegebenen acht Spiralphasen – die unbewußt von den Autoren in ihren Lebensgeschichten beschrieben wurden – den Lernweg, um *mit* Ihrer Krise zu leben; vielleicht sagen Sie erst-

malig oder erneut: »Es fällt mir wie Schuppen von den Augen, ich schäme mich nicht mehr ..., ich bin ja ganz normal!« Vielleicht werden Sie, als Noch-nicht-Betroffener, ermutigt, auf andere zuzugehen, sie zu verstehen und mit ihnen Leben neu zu wagen.
Das hat auch Angelika Lebéus getan; mit der Veröffentlichung ihrer Biographie lebt sie das, was sie schreibt: »Wer die Menschenrechte, die Gleichheit der Menschen vor Gott anerkennt, der muß aktiv werden, sei es in seinem persönlichen Umkreis oder auf offizieller Ebene.«
So ist Angelika Lebéus' Biographie ein Baustein, miteinander leben zu lernen.

September 1988 Erika Schuchardt

Klarissas Geburt

Kein Tag ist wie der andere. Aber es gibt Tage, die völlig aus dem Rahmen fallen. An denen man alles hinter sich lassen muß, und an denen die Welt nicht länger als das erscheint, was sie bisher war. Mit einem solchen aus dem Rahmen geratenen Tag fällt man aus der gewohnten Existenz. An einem von diesen Tagen, die ewig dauern, als hätte die Zeit ein Loch – an einem von ihnen gebar ich meine Tochter.

Sie kam ersehnt und lange erwartet zur Welt. Mein Mann und ich hatten nach ärztlichen Diagnosen die Hoffnung auf ein Kind fast aufgegeben. Am Tag, an dem ich den Gynäkologen konsultierte, befand mein Mann sich gerade auf einer Geschäftsreise. Während unseres abendlichen Telefonates teilte ich ihm mit, daß wir ein Kind bekommen würden. Unsere Freude war nicht mehr von der überschwenglichen Art. Wir hatten uns an den kinderlosen Zustand einigermaßen gewöhnt, gingen beide einer Berufstätigkeit nach und kreisten ziemlich um uns selbst.

Doch je mehr der Gedanke, Eltern zu werden, uns erfaßte und mich nicht mehr losließ, fanden wir Freude, ja Glück in der Erfüllung eines ad acta gelegten Wunsches.

Wir besuchten gemeinsam einen Schwangerschaftskurs. Mein Mann hielt das für etwas übertrieben. Er meinte, daß es die Frauen noch vor zehn Jahren alleine geschafft hätten, die Kinder zur Welt zu bringen.

Wir suchten nach Namen und wälzten mehrere gewichtige Bücher. Endlich entschieden wir: Eine Tochter sollte Klarissa heißen, ein Junge Fritjof. In diesen Namen lag Verheißung.
Wir träumten von einem geistig und körperlich unversehrten und wohlgestalteten Kind. In meinem Leben, das weitgehend intellektuell ausgerichtet war, erschien mir ein geistig versehrtes Kind als persönlich unannehmbar. Wenn ich auch berufliche Verbindungen zu solchen Kindern und Menschen gehabt hatte und mir darüber im klaren war, daß sie keine monströsen Wesen, sondern wirkliche Menschen waren, so schloß dies nicht die Möglichkeit privaten und intimeren Umgangs ein.
Ich wollte kein wie auch immer beschädigtes Kind haben. Intelligenz, intellektuelle Kreativität setzte ich gleich mit Lebens-Wert und Lebens-Qualität. Und das nicht nur im Hinblick auf das Ungeborene, sondern genauso hinsichtlich meiner Mutterschaft. Ein geistig behindertes Kind würde den Wert und die Qualität meines Lebens beträchtlich schmälern. Das hinzunehmen, fand ich mich nicht bereit.
Ich bat den Arzt um die Amniozentese. Dabei würde festzustellen sein, ob bei meinem Kind, dessen Kopfwachstum etwas hinterherhinkte – aber im normalen Rahmen, wie der Arzt erklärte –, alles in Ordnung war.
Die Untersuchung wurde mir verweigert. Ich war zu jung, erst achtundzwanzig. Da ist nichts anderes als ein gesundes Kind zu erwarten.
Ich war entschlossen, die Schwangerschaft abbrechen zu lassen, sollte eine Beeinträchtigung der Gesundheit des Embryos, z. B. durch Down-Syndrom (Mongolismus), festgestellt werden. Ohne mir im einzelnen Rechenschaft zu geben, fühlte ich im Hinblick auf eine derartige mögliche Diagnose starke Abwehr. Ich wollte leidfrei bleiben.

Das zu erwartende Kind sollte zu einer Erhöhung meines Lebensgenusses beitragen. Es sollte Freude bringen, wenn auch auf Jahre hinaus Sorgen ernsterer Natur letztlich nicht auszuschließen waren. Das erschien mir jedoch als ein natürlicher Vorgang. Wogegen mir der Gedanke, in freier Entscheidung ein krankes oder geistig beeinträchtigtes Kind zur Welt zu bringen, völlig fremd und unvorstellbar blieb.
Eine mögliche Versehrtheit meines Kindes beschäftigte mich während der gesamten Schwangerschaft. Eine Unsicherheit hatte mich im Griff, über die ich nach einiger Zeit weder mit meinem Mann noch mit anderen Menschen zu sprechen vermochte.
Wenn ich gefragt wurde, ob ich einen Jungen oder ein Mädchen wünsche, gab ich stets die gleiche Antwort: »Ob Junge oder Mädchen, ist mir egal, nur gesund soll das Kind sein.«
Darauf erhielt ich Antworten wie: »Fast alle Kinder kommen gesund zur Welt. Du bist gesund. Deine Familie ist gesund. Genauso dein Mann und seine Familie. Was soll da schon passieren?«
Oder: »Rede das Unglück nicht herbei. Denk an etwas Schönes. Zwar ist deine Besorgnis normal und wird von vielen schwangeren Frauen ebenso empfunden, aber in der Regel sind derartige Ängste völlig unnötig.«
Diese Beruhigungen beruhigten mich nicht. Ich versuchte zu denken, daß sicher alle recht hatten und ich in meinem Zustand etwas hysterisch reagierte. Doch es half nicht. Mein Bauch wurde dicker, ohne daß die Angst verging. Manchmal legte ich mit beschwörender Geste die Handflächen um den gewölbten, lebensvollen Leib, in dem sich so wenig regte. Das Kind bewegte sich kaum. Ein weiterer Anlaß zum Nachdenken. Die Kinder in den

Bäuchen der anderen Frauen strampelten derart gegen die Bauchdecke, daß ich die Vibrationen und Ausformungen mit eigenen Augen beobachten konnte.
Nach der Ablehnung der Amniozentese unternahm ich keinen Versuch mehr, den Gesundheitszustand meines Kindes feststellen zu lassen. Es wäre ja auch schon zu spät für einen Abbruch gewesen, zumindest für einen legalen.
Trotz meiner geheimen Furcht fand ich Freude am Alltäglichen. Es gab Tage, an denen ich das Kind vor mir sah: geistig und körperlich wohlgestaltet. Der Tag der Geburt nahte.
Die Wehen zogen sich über zwei Tage. Am Nachmittag des zweiten Tages verflüchtigte sich meine Identität. Auch mein Mann, der seit Stunden neben mir saß, wurde mir fremd. Wir sprachen schon lange nichts mehr. Überwältigt von der Übermacht des unaufhörlich wiederkehrenden, spitz und grell zwischen den Lendenwirbeln sich einschneidenden Schmerzes lag ich Stunde um Stunde. Die Zeit verrann langsam auf der Uhr über der Eingangstür zum Kreißsaal. Die Monotonie des Schmerzes dämpfte mein Bewußtsein. Aber dahinter flackerte von Zeit zu Zeit der Gedanke: Gib dich hin, versenke dich im Schmerz, alles ist gut und natürlich. Dieser lethargische Zustand endete, als plötzlich in der Mitte meines Körpers Druck anstieg. Die Gebärmutter wurde härter als je zuvor. Mir war, als müßte ich platzen. Ich vernahm gurgelnde, tiefe Schreie wie von einem Tier.
Die Hebamme befahl: Nicht schreien, Mund zu, Augen zu, Kopf auf die Brust, pressen! Ich fühlte die Hände meines Mannes mir Nacken und Rücken nach vorne drükken. Auf einmal hellwach, begann ich mitzuarbeiten. Atmete ein, preßte, schuftete, wußte bald nicht mehr, wo ich die Luft hernehmen sollte. Da sagte die Hebamme: »Ich sehe es. Es ist blond.«

Ich fühlte neue Kraft, mobilisierte die letzten Reserven und lachte. Gleich, mein Kindchen, gleich haben wir es geschafft! Ich preßte mich selbst aus mir raus, nahm nichts mehr wahr unter dem Bersten meines Kopfes, nur den blauen Blitz des Kindes, das irgendwann aus meinem Leib schoß, in die Hände der Hebamme glitschte und anders aussah.
Anders aussah ...
»MONGOLOID«.
Rote Neonschrift, riesige leuchtende Buchstaben, flakkerndes Rot wie von einem Blutstrom, blendende Schlagzeile:
»MONGOLOID«.
»Es ist ein Mädchen«, hörte ich die Stimme der Hebamme.
Die Welt war dunkel, voll tödlicher Stille und Leere. Über mir die freudig tränenden Augen meines Mannes.
›Wie soll ich es ihm sagen? Wie kann ich es ihm erklären? Wie werden wir nun weiterleben?‹
Ich spürte das Kind auf meinem Bauch, legte behutsam die Hände um das, was ich nicht haben wollte.
Tot sein. Verzweiflung kroch wie klebriger Sumpf an mir hoch, dröhnte in den Ohren, verstopfte die Sinne. Mir war zum Ersticken, zum Ersticken von dem Leben, das ich geboren hatte.
Aufbegehrend wünschte ich, mein Herz solle stehenbleiben, um all das nicht aushalten zu müßen. Tot sein, nichts hatte ich bis zu diesem Augenblick in meinem Leben je sehnlicher, dringender, verzweifelter und um jeden Preis gewünscht.
Meine Hände tasteten Winzigkeiten: Pobäckchen, Beinchen, Ärmchen. Das Kind wurde zum Baden ins Nebenzimmer gebracht. Meinen Mann nahmen sie mit. Geflüster nebenan. Der Oberarzt wurde gerufen. Dieser furchtbare Verdacht!

In grausamer Sprachlosigkeit schob man das Neugeborene einige Zeit später im Gitterbettchen neben mich. Die Hebamme reichte mir die Hand. »Herzlichen Glückwunsch!« Ihre Blicke flohen mich, und ihre Hand schreckte vor der meinen zurück. Wie ein Spuk entschwand sie.
Ich sah das Kind an und barst vor Entsetzen. Obgleich der Anblick nicht entsetzlich war. Es sah eigentlich ganz normal aus, vielleicht ein wenig zu schräg die Augen. Das ständige spitze Züngeln zwischen den blauen Lippen signalisierte mehr als nur den Saugtrieb. Doch war es hübsch wie eine Puppe.
Ich sah das Kind an und schrie mir lautlos die Seele aus dem Leib: ›nein ... nein ... nein ... nein ... nein ... nein ...‹
Während ich fassungslos wahrhaben mußte, was mir zugeteilt worden war, stellte sich sogleich das Begehren ein, nicht wahrhaben zu wollen, was noch nicht wissenschaftlich und ärztlicherseits bestätigt und abgesichert worden war.
Mir fielen all die Beruhigungen aus den Zeiten der Schwangerschaft ein. Reglos verfolgte ich den Streit in meinem Inneren, mit Blicken das Neugeborene umfangend, die Augen hungrig in das Fremde des bläulichen Gesichtes gebohrt.
Ich fragte mich nicht, warum mein Mann fortgegangen und nicht wiedergekommen war. Ich war froh, alleine zu sein, ihn nicht ansehen zu müssen. Später erfuhr ich, daß man ihm beim Baden des Kindes die Diagnose »Mongolismus« gegeben hatte, mit der er nichts anfangen konnte. Ihm war die Art der Behinderung unvertraut. Der Oberarzt erklärte ihm, daß es sich um eine die normale geistige und intellektuelle Entwicklung ausschließende Behinderung handelte.
Danach vermochte mein Mann meine Gegenwart eben-

sowenig zu ertragen, wie ich die seine. Wir mußten uns jeder für sich alleine fassen. In diesem schicksalshaften Augenblick konnten wir einander nicht zur Hilfe werden.
Der Schock traf ihn nicht unvermittelt scharf wie mich, dafür langsam und schleichend. Er nährte von der ersten Sekunde an die Hoffnung, daß nicht sein müßte, was die Ärzte mutmaßten.
Das konnte mir nicht gelingen, denn ich wußte, was »mongoloid« ist. Ich hatte während der Berufsausbildung einen Praktikumsplatz in einem Heim für geistig behinderte Kinder erhalten. Bereits nach drei Tagen war ich kopflos geflüchtet, wollte mich nicht einlassen auf diese Art des Lebens. Ich kann es nicht, sagte ich damals und ging.
Doch nun war ich in einer furchtbaren Umkehrung gerade zu jenem gelangt, dem ich hatte entfliehen wollen. Das Unausdenkbarste war geschehen, aus mir entstanden und zum Leben geboren. Das Schreckliche gehörte zu mir. Weder konnte ich es wegleugnen noch ignorieren. Es gab kein Entrinnen.
Niemand würde mir die Last abnehmen. Der Weg zurück in das unbeschwerte Leben war abgeschnitten, führte nur nach vorne in eine Welt der Unmöglichkeiten. Das Unmögliche erleben, durchleben, überstehen. Das war mein Weg. Ihn heil zu überstehen, sprengte meine Vorstellungskraft. Erst mit meinem eigenen Tod könnte ich die Fesseln abstreifen und neue Freiheit gewinnen.
Nicht mehr länger sollte ich mir selbst gehören, sondern plötzlich im Dienst eines anderen Menschen stehen – im Dienst meines eigenen Kindes. Unlösbar tragisch verknotet schienen unsere Leben.
Ich sah das Kind an und konnte nicht begreifen. So sehr ich mich mühte, erschienen die Geschehnisse mir doch

eher wie ein Traum, aus dem ich augenblicklich erwachen und in befreiendes Lachen ausbrechen müßte. Mein Kind. Mein Baby. Wie hatte ich es voll Liebe und Sehnsucht erwartet, und nun ließ es meine Welt in Sekundenbruchteilen zusammenfallen. Hier lag ich zerbrochen, ohnmächtig, haltlos, ohne Schutz und Hoffnung und Mut. Und ohne Liebe. Denn das Kind, das ich stolz während der Monate in mir getragen hatte, war gestorben. Und mit ihm alle Vorstellungen von einem Leben mit ihm. Nichts war mehr so, wie es gewesen war oder wie es sein sollte. Die Leere war total, eisig und grau. Die Ausweglosigkeit durchstieß mich wie ein unsagbarer Schmerz, wie nicht erfahren dagegen die Wehenschmerzen.

Immer noch sah ich das Kind an. So fern lag es und unerreichbar für meine Arme. Es nehmen und streicheln, ihm Trost zuflüstern und es beschwören: ›Geh zurück in meinen Bauch, Kindchen, dort ist es besser für dich. Und für mich und deinen Vater auch. Geh zurück und laß uns leben, als sei nichts geschehen.‹ Das Kind fassen, seine Fremdheit und Vertrautheit erfahren. Es halten nur für einen Moment und mit ihm die Illusionen und das Gefühl aufspüren, des Kindes Mutter zu sein. Ich hatte Sehnsucht nach meinem Kind dort hinter dem Gitter des Bettchens.

Jeder Blick in sein kleines Gesicht durchbohrte mein Herz. Wie sollte ich es begreifen und damit weiterleben, daß dieses Kind mein Kind war, wenn nicht es halten, wenn nicht es wiegen und seine Lippen an meiner Brust suchen fühlen. Es muß ein Wunder geben. Es ist noch nicht zu spät. Noch sind wir einander fremd und ohne Liebe. Gott, laß es sterben, laß das Kind sterben, nimm die Last von mir … die Geschichten der Bibel … Jesus sprach: … dein Glaube hat dir geholfen. Ich will glauben,

daß mein Kind sterben wird – in den nächsten Stunden – in den nächsten Tagen.
Mit intuitiver Sicherheit wußte ich – wenn es nicht hier und jetzt stürbe, könnte ich es niemals mehr sterben lassen. Erlösung schien mir nur hier im Krankenhaus unter den Augen von Ärzten und Schwestern möglich, die bestätigen würden, daß mein Kind eines natürlichen Todes gestorben sei.
Aber das Neugeborene starb nicht. Weder an diesem Tag noch an den nächsten. Das »Wunschkind« starb. Und mit ihm das Leben. Ja ich selbst sogar.
Unendlich der Schmerz.
Unendlich die Trauer.
Zerstört alle Hoffnungen.
Statt Freude Entsetzen.
So begann das Leben mit Klarissa.

Warum? Warum gerade ich?

Die erste Nacht war ein Grauen. Sie bestand aus rasendem Herzklopfen und zwei Worten: *nein* und *warum*.
Man hatte mir das Kind seit unserem Zusammensein im Kreißsaal vorenthalten. Wohl wegen meines Verdachtes, den ich von mir aus dem Arzt mitgeteilt hatte, um Gewißheit zu erhalten. Aber er hatte nur geantwortet, solche Diagnosen müsse man dem Kinderarzt überlassen, und schließlich seien schräge Augen alleine kein ausreichendes Indiz für Down-Syndrom, denn wenn er mich anschaue, käme ihm der Gedanke, das Kind könne meine leicht schräg verlaufenden Lidachsen geerbt haben. »Eindeutig fehlt die typische Vierfingerfurche«, erklärte er.
Das hatte ich schon bemerkt, aber ich wußte, daß diese

quer vom Daumen zum Handtellerrand unter allen vier Fingern entlang laufende Falte ebenfalls kein untrügliches, wenn auch ein häufig feststellbares Signum darstellte. Darüber dachte ich während der ganzen Nacht nach.
›Was wäre, wenn ich unrecht hätte …‹
Im Laufe des nächsten Vormittags kam mein Mann. Er betrat stürmischen Schrittes das Zimmer und streckte mir zwei Polaroidfotos meines Kindes entgegen, die er soeben gemacht hatte. Das Kind lag in einem Brutkasten.
»Warum bringen sie mir mein Kind nicht?« klagte ich, »wozu habe ich Rooming-in angemeldet, wenn ich mein Kind nun doch nicht bekomme?«
»Es ist etwas geschwächt, sagen die Ärzte.«
Ich nahm die Bilder und schaute. Das Kind sah anders aus. Irgendwie nackt im Gesicht. Ich wußte nicht, wie ich es anders hätte ausdrücken sollen.
Nach einer Weile verlor ich den Blick über den Abbildern, und in meinem Kopf hämmerte es: Wie soll ich es ihm sagen, wie soll ich es ihm sagen, was wird mit uns geschehen …? Ich klebte die Blicke auf das Foto und preßte stockend hervor: »Du … ich werde mich erst so richtig über das Kind freuen können, wenn der Kinderarzt es untersucht hat …«
Pause …
Ich löste meine Augen, schaute ihn an. Etwas in seinem Gesicht ließ mich schaudern. Ich hatte Angst. Kalte Schauer jagten mir über den Körper. Ich zitterte.
Er neigte sich zu mir, und seine Worte drangen deutlich an mein Ohr: »Ja … Der Arzt … nun gut, nach der Geburt hat der Arzt mit mir gesprochen, und er meint, es bestände der Verdacht, unser Kind sei mongoloid.«
›Nein … sprich nicht dieses Wort …‹, schrie ich innerlich auf. Er merkte es nicht. Ihm bedeutete es nicht das gleiche wie mir.

»Ich habe es sofort gesehen«, sprach ich leise und wollte ihm davon erzählen.
Die Tür wurde geöffnet. Eine Schwester trat ein. »Hinaus, meine Herren, hinaus!« unterbrach ihre resolute Stimme mein Bestreben, all die Mühe, mit der ich gerade die Worte für einen Satz gesammelt hatte.
Es schien mir unerträglich, daß mein Mann mir nun entrissen werden sollte, wenn auch nur für eine Stunde. So versuchte ich aufzustehen, was mehr schlecht als recht gelang, und ergriff seinen Arm. Wir gingen hinaus, schritten den langen Gang hinauf und hinab. Zuerst sprachlos. Ich war voller Schmerzen, die meinen Körper malträtierten. Aber sie schienen mir wenig bemerkenswert im Vergleich zu den Qualen der Seele.
Ich wünschte, wir hätten uns in ein leeres Zimmer setzen und einander ansehen und miteinander sprechen und weinen können. Nicht ein Mensch in diesem Krankenhaus, der sich auf unsere besondere Situation einstellen konnte! Niemand bot uns Eltern ein Zimmer für ein ungestörtes und unbeobachtetes Zusammensein an. Und niemand sprach mit uns. Keiner nahm Notiz von uns.
Wie häufig meint man im Laufe der Ehe, ungestört miteinander reden zu müssen, um wieder den gemeinsamen roten Faden zu finden. Doch gerade in diesem einschneidenden Fall gab es keine Möglichkeit, sich miteinander zu verkriechen und einander die Wunden zu lecken. Verblutend standen wir mitten in einer munteren Öffentlichkeit, die sich zu Recht der neuen unversehrten Erdenbürger erfreute und gleichzeitig mit dem Bann belegte, wer und was dieser Freude abträglich sein könnte. Wir und unsere Tochter waren Störfaktoren in der heilen Welt der Entbindungsstation. Hier war kein Raum für uns im doppelten Sinne. Es gab keinen Raum zum Miteinandersprechen. Es gab keinen Raum zum Trauern und Leiden.

So schleppte ich mich am Arm meines Mannes den Gang hinauf und hinunter. Es war, als zerteilte unser Schreiten den Strom der Menschen, die uns umgingen, als seien wir eine Insel. Sie traten vor uns mit abgewandten Gesichtern zur Seite. Ihre Blicke trafen uns von hinten. So völlig nackt und entblößt, so preisgegeben hatte ich mich noch niemals gefühlt.
»Ich will mein Kind bei mir haben, bitte hilf mir, daß ich mein Kind bekomme, gleich, gleich!« bat ich meinen Mann.
»Ich werde dafür sorgen«, versprach er.
»Ich habe es sofort gesehen, als das Kind zwischen meinen Beinen hindurchrutschte.«
»Ich sehe nichts und glaube nichts. Nur der schiefe Kopf macht mir Sorge.«
»Der schiefe Kopf wird wieder. Ach wenn es nur das wäre ... der Kopf ist nur etwas verschoben. Das ist nichts Schlimmes.«
Schwestern mit dem rollenden Babywagen kamen vorbei.
Darauf lagen, in weiße Moltontücher gewickelt, die Babys.
Lauter gesunde Babys.
Wie die Schwestern die Päckchen hochnahmen, ein wenig herzten und dann in die Zimmer trugen ...! Würde ich mein Kind jemals so fröhlich hochnehmen können, wie eine der Schwestern es gerade mit dem schwarzhaarigen, gesunden Türkenbaby tat? Würde ich mein Kind je ohne Trauer und Schmerz anschauen können?
Der Arm meines Mannes. Wir wanderten an einem Ort, der keine Fluchtmöglichkeit bot. Ab gestern war die Welt ein Gefängnis, dem ich nicht entrinnen konnte.
»Warum liegt das Kind im Brutkasten?« fragte ich.
»Es schreit so sehr, daß es blau wird.«

Natürlich schreit es. Es ist einsam, verlassen, abgenabelt. Man hätte es mir nicht fortnehmen dürfen. Gerade dieses Kind nicht. »Ich will mein Kind«, wiederholte ich.
Kurze Zeit später kam eine Schwester zu mir an das Bett. Sie brachte in ihren Armen ein weißes Bündel. Es war ein Bündel wie alle anderen auch. Doch als ich das kleine Gesicht in mir aufnahm, war da wieder die Gewißheit des *anderen* Kindes.
»Dies ist kein Rooming-in-Zimmer. Deshalb können wir Ihnen Ihr Kind nur zu den Mahlzeiten bringen. Ausnahmsweise können Sie es jetzt einmal für einige Minuten haben, weil Ihr Mann uns darum gebeten hat.«
»Aber ich habe doch Rooming-in beantragt, und man hat es mir fest versprochen ... außerdem bei diesem Kind ...«
»Wir werden sehen, was sich machen läßt. Wenn die nächsten Entlassungen sind, wird wahrscheinlich ein Platz im Mutter-Kind-Zimmer frei.«
»Wann sind denn die nächsten Entlassungen?«
»Übermorgen, am Montag.«
»Bis Montag soll ich mein Kind nur fünfmal am Tag sehen für jeweils eine Viertelstunde?« fragte ich später meinen Mann verstört, »können wir denn nichts machen, nicht mal in unserem Falle?«
»Es ist doch noch nichts geklärt. Nichts als ein Verdacht. Nur ein Verdacht, weiter nichts.«
»Ich *weiß* es! Ich habe es gleich gesehen.«
»Wenn du nichts gesagt hättest, so hätte ich davon nicht gesprochen. Der Arzt hat mir die Entscheidung überlassen, ob ich dir etwas sagen wolle. Keiner hätte dir etwas gesagt, weil keiner etwas weiß.«
»Aber ich *weiß* es!«
»Woher willst du etwas wissen, bist du ein Arzt?«
»Nein, aber die Mutter. Und ich hatte immer das Gefühl, mit dem Kind stimmt etwas nicht.«

»Vielleicht hast du es herbeigedacht.«
»Man kann es nicht herbeidenken. Es passiert in den ersten Momenten des Lebens.«
»Ich halte es für besser, mich an den Ärzten zu orientieren. Wenn die es nicht genau wissen, wie soll ich es dann wissen? Außerdem fehlt die Falte unter den Fingern, was hoffen läßt, meinte der Arzt.«
Wir schwiegen, schwiegen lange. Schauten uns nicht an, hielten die Hände ineinander.
»Wie kannst du es sehen?« fragte mein Mann.
»Ich sehe es eben. Es hat das typische Gesicht.«
»... das typische Gesicht.« Mein Mann schüttelte fassungslos den Kopf. »Welches typische Gesicht hat so ein Kind, woher willst du wissen, daß es ein typisches Gesicht ist?«
»Es hat ein typisches Gesicht. Ich werde es dir zeigen, wenn ich das Baby habe.«
»Wann kommt der Kinderarzt?« fragte ich nach einer Weile.
»Am Dienstag«, antwortete mein Mann.
Dienstag. Am Dienstag würden wir es wissen.
»Tust du mir einen Gefallen«, bat ich meinen Mann, »besorgst du mir ein Buch über Mongolismus? Oder auch zwei Bücher. Und wenn es nicht zuviel verlangt ist ..., bitte möglichst gleich.«
Ich mußte wissen, wissen, wissen ... Wie würde das Leben sein mit solch einem Kind? Nach zwei Stunden kam mein Mann mit einem schmalen Bändchen zurück. Ich war enttäuscht, hatte auf mindestens ein ausführliches Buch oder mehrere Werke gehofft.
»In ganz Frankfurt war nichts zu finden als dieses Buch. Die Leute interessieren sich eben nicht dafür.«
»Es kann doch nicht in ganz Frankfurt nur dieses Bändchen gegeben haben?«

»Doch. Zu dem Thema ist nichts vorrätig.«
›Wenn ich hier raus bin, werde ich mir erst mal Bücher besorgen‹, dachte ich und sagte: »Danke, daß du dich bemüht hast.«
Er saß noch eine Weile an meinem Bett und hielt mir die Hand. Kaum war er fort, zog ich das Buch unter dem Kopfkissen hervor – denn natürlich war all das, was wir gesprochen und getan hatten, in Heimlichkeit geschehen, damit die anderen Eltern im Zimmer nichts hörten – und stürzte mich in den Text. Ich legte mich so, daß keiner in das Buch und die darin abgebildeten Fotografien Einblick nehmen konnte.
Ich wäre so gerne alleine gewesen. Aber ich wünschte mir auch Menschen zum Reden, ganz gleich ob Ärzte, Schwestern oder Eltern. Ich sehnte mich nach Einsamkeit, um endlich den Schock verlieren und Fassung gewinnen zu können. Dennoch wünschte ich mir Menschen, die an meinem Leid teilnahmen, die ein warmes Herz und ein offenes Ohr hatten.
Aber noch nicht einmal zwischen mir und meinem Mann gelang es, das Leid zu teilen. Wir hatten miteinander gesprochen, ja. Aber wir waren nicht vorgedrungen in das Erleben des Partners. Jeder von uns durchlebte den Schock auf seine Art, und wir trafen dabei nicht aufeinander. Wir gingen auch nicht nebeneinander in die gleiche Richtung. Wir drifteten auseinander. Ich spürte es bereits an seinem beherrschten Unwillen über meinen Wunsch nach spezieller Literatur. Als er nach mehreren Wochen noch immer kein Buch und keinen Artikel zur Andersartigkeit seines Kindes gelesen hatte, war mir klar, daß ich die Richtung bestimmen würde, in die wir mit unserem Kind gingen.
Die zweite Nacht verbrachte ich wiederum schlaflos. Die Lider ließen sich nicht schließen. Durch das Dunkel starr-

ten die brennenden Augäpfel hinauf zur Zimmerdecke ins Ungewisse. Fortwährend projizierten sie mir Bilder aus der Zukunft. Ein brabbelndes, sabberndes, unästhetisch wirkendes Kind, dick und trampelig und dumm. Lähmend lag das Entsetzen auf mir. In tränenloser Unruhe rotierte mein Kopf. Ich war unfähig, auch nur den kleinsten Gedanken festzuhalten, ihn zu einem Ende zu denken oder nur bei ihm zu verharren. Ich tauchte in eine Welt der Alpträume.

– Ich lief eine belebte Einkaufsstraße entlang. An der rechten Hand hielt ich meine Tochter. Sie war schon recht alt, so um die vierzig. Ich führte sie, die Mißgestaltete, die ungelenk und willenlos neben mir einherstolperte. Ich schritt Hand in Hand mit ihr gegen den Menschenstrom, der uns nichts anderes antat als Blicke. Nicht feindlich. Nicht böse. Aber die Augen blickten uns in den Mittelpunkt der Masse. Und wir schritten gegen den Strom, nicht mit ihm. So mußten die Menschen uns bemerken. Ich erinnerte mich, fast mein gesamtes Leben so mit meiner Tochter gegangen zu sein. Zuerst war ich jung und sie klein gewesen. Da ging ich noch aufrecht. Damals blieben nicht so viele Augen an uns hängen. Aber später, als wir älter wurden, drehten sich um so mehr Köpfe nach uns um und beugten meinen Rükken. Schließlich war ich eine alte Frau mit einem alten Kind an der Hand, die das Ende der Straße suchte und sich noch immer zum Sterben schämte, so wie damals, als sie den Weg antrat. –

Rings um mich schliefen vier glückliche Frauen, die sich den Tag über damit beschäftigten, ihre Neugeborenen zärtlich zu hätscheln und die vom Großvater geerbten abstehenden Ohren zu beklagen.

WARUM? Warum gerade ich? Warum nicht eines der unzähligen Abgetriebenen? Warum nicht eines der Todgeweihten? Warum meines? Warum gibt es Familien mit

sechs gesunden Kindern (ich selbst stamme aus solch einer)? Warum nicht eines von diesen statt des meinen? Ist es ein Naturrecht, gesunde Kinder zu bekommen, und wem steht es zu? Anhand welcher Kriterien sind manche Eltern ausersehen, für kranke Kinder sorgen zu müssen, und andere nicht?
Bald bedachte ich, daß der eigentlich Leidtragende das Kind war und nicht ich.
Neben dem Kind sah ich plötzlich andere wahrhaft Leidende: Gefangene, Gefolterte, Hungernde, ständig um ihr Leben Bangende und unendliche Scharen Schmerzgeplagter. Gemessen daran, schien mein Anteil am Leid der Welt eher gering und erträglich. Obgleich die Einsicht nicht den Schmerz linderte, fand ich Antwort auf die Warum-ich-Frage. Und die lautete: Warum nicht ich?
Mit welchem Recht hielt ich andere Menschen für befähigter, ein solches Kind wie meines aufzuziehen? Warum sollten sie das Leid leichter tragen können als ich? Warum sollte ich nicht hinnehmen können, was mir geschehen war und was Tag für Tag immer wieder geschieht in allen Ländern und Völkern und zu allen Zeiten?
War ich schwerer getroffen als unzählige andere Menschen, die doch trotzdem aushielten und dem Leben etwas abgewinnen konnten? Alle Leiden auf der Erde zusammengenommen, hatte ich doch nur den Anteil eines Sandkornes zu tragen, oder nicht?
Aber auch nach dieser zweiten durchwachten Nacht brach ein neuer Morgen an, und die Schwestern brachten die Kinder zum Stillen. Bald schmatzte es rundherum. Das Schmatzen dröhnte mir in den Ohren, während ich mich mühte, mein Baby sanft zum Saugen zu animieren. Es tat nichts als schlafen und sah weiß und sauber aus. Es schien mir so erbarmungswürdig hilflos und klein. Tief durchdrang mich der Schmerz, diesem Kind nicht ge-

geben zu haben, was es in unserer Gesellschaft am dringendsten brauchte: einen gesunden Geist und Körper. Ich hatte es zum Leben an peripheren Stränden erweckt.

Lastende Ungewißheit

Ich bat das Kind um Verzeihung. Die Schwester holte es ab. Keinen Moment waren die Augen geöffnet, und nicht den kleinsten Saugreflex hatte es gezeigt.

»Schläft mein Kind so viel, weil etwas mit ihm nicht stimmt?« fragte ich die Schwester.

»Ach was, viele Babys trinken schlecht in den ersten Tagen. Denken Sie einmal, welche Umstellung das Kleine zu bewältigen hat. Es wird sich schon eingewöhnen.«

»Vielleicht hängt es mit seiner Krankheit zusammen?«

»Bestimmt nicht. Und ob es wirklich krank ist, kann man doch jetzt nicht so einfach behaupten. Äußerlich ist nichts zu erkennen.«

Ich spürte Panik aufsteigen, drückte sie mit einer gewaltigen Anstrengung nieder und startete eine neue Provokation: »Doch, schauen Sie mal die Zunge an. Das machen die anderen Babys nicht.«

Wenn sie doch nur zugeben würde, daß an meinem Baby etwas nicht stimmt. Aber sie sagte stattdessen: »Schauen Sie, wie schön die Kleine jetzt trinkt.«

Sie hob den Blick vom Kind empor und sprach mir leise ins Gesicht: »Machen Sie sich doch nicht so viel Sorgen. Warten Sie den Kinderarzt ab. Vorher dürfen Sie Ihren Verdacht nicht zulassen. Sie dürfen sich nicht beeinflussen lassen!«

Aber was sollte ich tun gegen die innere Gewißheit. Ich

mußte sie rauslassen, meine Angst, mein Entsetzen. Ich brauchte die Bestätigung der Tatsache, daß mein Kind nicht so war wie all die anderen Neugeborenen ringsum. Ich lechzte nach dieser Wahrheit wie ein Verdurstender nach Wasser.

Die Schwester rückte Klarissas Köpfchen zurecht. »Sie müssen immer aufpassen, daß ihr Näschen frei ist.«

Die Saugbewegungen des Kindes taten gut. Sie zogen mir den Leib innerlich zusammen. Doch viel zu bald hörte das Saugen auf. Ich öffnete die Augen. Mein Baby war schon wieder eingeschlafen.

Nachdem mein Kind weg war, starrte ich wieder an die Zimmerdecke. Ich wartete. Aber ich wußte nicht worauf. Die Augen brannten, bis der Schmerz unerträglich wurde, aber sie ließen sich nicht schließen. Sie starrten aufgerissen ins Nichts.

Während der nächsten Stillmahlzeiten schien mein Baby keinen Hunger zu haben. Ich stupste es, pustete auf sein Köpfchen. Manchmal saugte es dann ein- oder zweimal, schlief aber gleich darauf ein. Ich wurde ungeduldig, denn mein Entschluß, das Kind zu stillen, hatte sich durch die Ereignisse nicht verwandelt. Gerade dieses Kind brauchte die Muttermilch. Aber wie sollte ich es zum Trinken bringen?

Nicht alle Schwestern waren so nett und hilfsbereit. »Ihr Baby hat seit der Geburt hundert Gramm abgenommen. Wenn Sie nicht bald mehr Milch haben, müssen wir auf die Flasche umstellen.«

»Bekommt es denn etwas zwischendurch?« fragte ich.

»Natürlich. Nachts auf jeden Fall. Es muß doch zunehmen.«

Ich wollte nicht, daß meinem Kind zugefüttert wurde. Aber wie sollte ich das durchsetzen? Man vorenthielt mir das Neugeborene. Man machte seinen Gesundheitszustand

an Gewichtszahlen fest. Ich fühlte mich zu schwach zum kämpfen.
Also sprach ich nachmittags mit meinem Mann darüber. Er erregte sich sehr und erhielt daraufhin die Zusage, daß ich morgen zum Rooming-in verlegt würde.
Nachdem die Angelegenheit endlich geregelt schien, fragte ich ihn mit klopfendem Herzen: »Wie ist es zu Hause gegangen?«
»Ich habe mit deiner Familie gesprochen.«
»Und?«
»Deine Mutter war sehr erschüttert. Wenn sie aus der Kur zurück ist, will sie dich gleich besuchen kommen. Es wird wohl Mittwoch werden.«
»Und sonst?«
»Ja, Hans und Susi habe ich informiert und unsere Nachbarn auch.«
»Was hast du gesagt?«
»Ich erklärte, daß unser Kind wahrscheinlich nicht gesund sei. Daß es mongoloid sei, was aber noch nicht endgültig feststehe.«
»Was haben die Leute gesagt, wie haben sie reagiert?« Ich war begierig zu wissen, wie die Menschen unserer engeren Umgebung das Ereignis aufgenommen hatten.
»Sie waren eigentlich alle schockiert. Hans und Susi haben mich am Abend eingeladen. Sie schienen es weniger schlimm aufzunehmen. Kind ist Kind, sagten sie.«
»Bist du dagewesen?«
»Ja.«
»Und die anderen? Die Müllers, die Steins, die Belkers …?«
»Du tust allen leid. Sie können es alle nicht fassen. Die Belkers haben uns Hilfe angeboten, wenn wir sie mal brauchen sollten …«
»Und deine Familie?«

»Na, die sagen natürlich, daß *das* nur von deiner Familie kommen kann, denn bei uns ist noch nie etwas gewesen.«
Ich holte tief Atem, denn die negative Einstellung dieser Familie zu mir und zu unserem Kinderwunsch war mir seit Jahren bekannt. So faßte ich mich schnell.
»Bei uns war auch noch nie etwas in der Familie. Und außerdem ist die Krankheit unseres Kindes nicht erblich bedingt. Dann hätte es doch bei dir oder mir in der Familie schon mal vorkommen müssen.«
»Vielleicht ist es von den Medikamenten«, überlegte mein Mann. Er mußte schon seit Jahren regelmäßig verschiedene Cortisonpräparate zu sich nehmen.
»Vielleicht. Aber vielleicht ist es auch von dem Gift in der Luft und in den Lebensmitteln oder von den oberirdischen Atombombenversuchen in meiner Kinderzeit.«
Wir saßen eine Weile Hand in Hand still nebeneinander.
»Die Schädigung des Keimes entweder bei dir oder mir ist vor der Zeugung eingetreten. Aufgrund dieser Schädigung unterlief bei der Zellteilung ein Fehler«, sagte ich.
»Ein Fehler?«
»Ja. Statt 46 Chromosomen hat unser Kind 47 in jeder Körperzelle.«
»Wodurch geschieht das?«
»Ich weiß es nicht. Niemand weiß es. Man weiß nur soviel, daß nach der Verschmelzung von Samen und Ei die Zellen sich teilen und zu Chromosomenpaaren zusammenfinden. Also je ein Chromosom von dir und eins von mir. So verfügt jede gesunde Zelle über 23 Chromosomenpaare. Bei unserem Kind hat sich nun wahrscheinlich speziell das Chromosom 21 nicht richtig geteilt, so daß es statt zur Paarbildung zu einer Trisomie 21 gekommen ist. Jede Zelle enthält dreimal statt zweimal das Chromosom 21.«
»Woher weißt du das alles?«

»Aus dem Buch, das du mir gebracht hast. Willst du es nicht einmal mitnehmen und lesen? Es ist wirklich eine Hilfe, wenn auch gleichzeitig ein Schock.«

»Nein. Ich will nichts lesen. Bücher können mir doch nicht sagen, wie ich zu leben habe. Du kannst mir ja alles Wichtige erzählen. Warum soll ich es noch einmal extra lesen?«

»Manchmal denke ich, es käme von den Atombombenversuchen in den fünfziger Jahren. Auch wenn sie nicht in Deutschland stattfanden, so haben wir von der Strahlung trotzdem einiges mitbekommen. Vielleicht wurden damals schon meine Keimzellen geschädigt.«

»Wir werden es nicht erfahren. Es ist eigentlich auch egal.«

»Ja, es ist egal. Es hilft nicht weiter, wenn wir wüßten warum.

Vielleicht ist es gut, daß wir es nicht erfahren werden.«

»Wir haben das Kind. Es ist unser Kind, und wir werden mit ihm leben«, sagte mein Mann, und mein ganzes Herz flog ihm ob dieses Satzes zu. Wie gut war es, ihn an meiner Seite zu wissen, unter seiner Liebe zu stehen!

»Ich bin so froh, daß es dich gibt. Du bist meine Rettung. Was sollte ich ohne dich anfangen.«

»Wir sollten nicht mehr grübeln, woher das Unglück kommt«, schlug er vor und streichelte mir übers Haar. »Vielleicht ist es ja doch gesund, wir müssen die Blutuntersuchung abwarten. Und wenn es wirklich nicht gesund ist, dann sollen die Leute es ruhig wissen. Wer unser Kind nicht mag, den mögen wir auch nicht. Auf diese Menschen können wir verzichten.«

Ich war vollkommen sprachlos. So hatte ich meinen Mann noch nie erlebt. Was er aussprach, stimmte. Dennoch konnte ich es kaum glauben. Ich wagte darüber keine Freude, jedoch bewunderte ich ihn maßlos. Wie er das nur machte und ohne Hader das Kind annahm. Er zeigte die Fotos von seiner Tochter im Zimmer und schien sogar stolz zu sein. Das war mir unbegreiflich. Wo hatte er bisher diese Stärke verborgen. Ob er sich wirklich im klaren war, daß wir ein unnormales Kind hatten?

Wir beschlossen, die üblichen Geburtsanzeigen zu verschicken und darin auch über die Andersartigkeit unseres Kindes zu schreiben. Dies war unser erster gemeinsamer Schritt auf dem Weg zu dritt.

Als wir uns nach Stunden trennten, fühlte ich mich durch das Verhalten meines Mannes gestärkt, aber gleichzeitig auch beschämt. Denn ich selbst war nicht so weit. Ich haderte, ich fragte, ich bat weiterhin um den Tod für mich oder mein Baby. Für mich war das Geschehen noch immer nicht zu fassen. Es blieb mir so fern und unbegreiflich wie der plötzliche Tod eines geliebten Menschen.

Am späten Abend brachte die Schwester mein Kind zum Stillen. Während ich es betrachtete, kam mir der Gedanke, daß ich mich unter anderen Umständen über das Kind freuen könnte. In einer anderen Welt, in der die Wertigkeit eines Menschen nicht an seinen Leistungen und seiner Effektivität gemessen würde, dort wäre mir das Kind lieb. Aber hier zog es uns mit seiner Geburt ins gesellschaftliche Aus.

In jener imaginären Welt, wo das Kind als ein Wesen der Liebe und Sinngebung begriffen und sein Wert oder Unwert nicht volkswirtschaftlich ausdrückt würde, wäre ihm meine Liebe gewiß und schon zugeflossen. So aber quälte ich mich mit Zukunftsfragen ab: wann mein Kind in Kindergarten und Schule gehen könnte, was danach mit ihm sein würde. Wo sollte es arbeiten, wie den Lebensunterhalt verdienen? Niemals wird es heiraten dürfen, vielleicht muß ich es entmündigen – ein Berg von Unzumutbarkeiten türmte sich vor mir auf.

Von all dem ahnte dieser kleine Mensch in meinem Arm nichts. Vorsichtig berührte ich das winzige Puppengesicht. Wieder verschlief das Baby die Brustmahlzeit. Leise Panik stieg in mir hoch, als die Schwester fragte, ob es dieses Mal getrunken habe. Sie half mir, das Kind anlegen. Sie zupfte und stupste es, und wir brachten es zu ein paar Zügen. Aber irgendwie schien es aussichtslos, und so nahm sie es wieder mit.
Als ob des Irrsinns nicht genug war, dachte ich nun, mein Kind lehne mich ab, brauche mich nicht. Es wollte an meiner Brust nicht saugen. Es war völlig uninteressiert. Noch kein einziges Mal hatte ich seine Augen gesehen. Immer nur schlief es, während die anderen Babys schmatzten und genüßlich an den Brüsten ihrer Mütter stöhnten.
In der dritten Nacht nach der Geburt schlief ich trotz des unermüdlich rasenden Herzschlags für kurze Zeit ein. Seit gut vier Nächten hatte ich kein Auge zugetan. Ich war völlig erschöpft. Als die Säuglinge gegen fünf Uhr hereingebracht wurden, schreckte ich auf, erinnerte mich, spürte von neuem den Schock. Der Alptraum blieb Wirklichkeit.
Ich nahm wieder das Buch zur Hand und las es zum x-ten Male. Der Brechreiz, mit dem ich seit der Geburt zu kämpfen hatte, verstärkte sich. Was erwartete mich? Mit zwei, drei Jahren lernen solche Kinder erst das Laufen. Mit fünf, sechs Jahren sind sie vielleicht sauber, und mit sechs, sieben beginnt man ihre Sprache zu verstehen, wenn es überhaupt dazu kommen sollte, daß sie sich ausführlicher artikulieren. Viele Dinge würde dieses Kind niemals erfassen und lernen. Das, was erlernbar ist, beansprucht einen enormen Zeit- und pädagogischen Kraftaufwand.
Der Inhalt des Textes nahm mir immer wieder den Atem.

Verzweiflung und Angst durchbrandeten mich wie eine ungeheure Flutwelle, rissen alles mit sich, woran ich glaubte und was ich mir vom Leben an Glück erhofft hatte. Obgleich die Autorin des Buches neben den Unfähigkeiten auch über die Liebenswürdigkeit und besonderen Begabungen und Eigenschaften dieser Menschen schrieb, wehrte ich mich gegen eine positivere Sichtweise. Ich wollte kein schwachsinniges Kind haben. Ich wehrte mich gegen die lebenslange Last. Meine Empfindungen konzentrierten sich auf das Kontra von Extremen: Freiheit gegen Unfreiheit, Genuß und Lust gegen Verzicht, Egoismus gegen Selbstlosigkeit, Stolz gegen Scham. Der Zustand meines Kindes versetzte mich in Isolation.

Nach dem Frühstück durfte ich in ein Rooming-in-Zimmer umziehen. Es war bisher nur mit einer Japanerin belegt, die am nächsten Tag entlassen werden sollte. Als die Schwester das Kind zu mir hereinschob und ich es aus dem Bettchen an meine Brust hob, brach mein innerer Widerstand zusammen. So geschah es jedesmal, wenn ich das Kind anschaute. Wie unschuldig war es an dem, was mir widerfuhr! Wie wird es später unter seiner Andersartigkeit leiden müssen!

Es begann zu saugen. Ich freute mich. Ich war zum erstenmal mit meinem Kind alleine. Die andere Mutter hatte für kurze Zeit das Zimmer verlassen, nur ihr Baby schlief dort drüben in seinem Bett. Unser erster gemeinsamer Tag …

Ich flüsterte ganz leise und verhalten zum erstenmal: »Klarissa.« Mochte meine Tochter auch unvollkommen sein, so war sie dennoch ein Wunder. Sie war vollkommen und schön auf ihre Art. Sie lebte und hatte neun Monate in mir gelebt. Ich hatte sie geboren. Gab es etwas Vergleichbares in meinem Leben? Gab es etwas Besseres in meinem Leben als dieses Kind?

Es schlug die Lider hoch, und seine Augen leuchteten blau. Meine Gedanken setzten aus. Wärme sprudelte auf. Da lagen wir. Ich schaute es unentwegt an. Nicht traurig und nicht froh. Die Verzweiflung hatte mich ausgebrannt. In diese völlige Leere trat nun die Gegenwart des Kindes, das mein Leben ab jetzt teilen würde.
Trügerische Ruhe kam über mich. Bald überbrandete mich erneut die Verzweiflung, und ich bettelte um ein Wunder. Gott mußte ein Wunder wirken. Wenn es sich heute nicht ereignete, so blieb noch morgen und übermorgen. Ich wandte keinen Blick von dem Kind und wartete, wartete, wartete.
Es mochten wohl zwei Stunden vergangen sein, als mein Mann das Zimmer betrat. Sein Gesicht war versteckt hinter einem riesigen Wiesenblumenstrauß, den er draußen vor dem Dorf gepflückt hatte. Der wilde, süße Duft füllte bald das Zimmer.
Die Schwester wollte das »Unkraut« und »verlauste Gestrüpp« am nächsten Tag in den Abfall werfen. Doch ich verwehrte ihr das heftig, denn dieser Strauß bedeutete mehr, als sie ahnen konnte. Mein Mann kannte meine Vorliebe für natürliche Sträuße. Nach der Geburt eines versehrten Kindes beschenkte er mich damit. Hieß das nicht, er liebte mich trotz des Kindes?
Die ersten Verwandten kamen. Sie besahen sich das Baby, konnten aber keine Absonderlichkeiten feststellen.
»Woran erkennst du es?« fragten sie mich.
»Die Augen!« sagte mein Mann.
»Die Ohren!« sagte ich.
Aber die Besucher sahen es nicht, und ich konnte es nicht genauer erklären, denn bisher war es eben mehr ein Gefühl.
»Morgen kommt der Kinderarzt«, sagte mein Mann.

»Also wir sehen nichts Unnormales an dem Kind. Vielleicht solltet ihr doch mit eurem Urteil warten, bis der Kinderarzt eine Diagnose gestellt hat«, riet der Besuch. Mein Mann nickte.
»Herr Hoffmann hat mich angerufen«, sagte er, »nachdem er durch Bekannte von der Geburt unseres Kindes erfahren hatte. Wußtest du, daß er eine achtzehnjährige mongoloide Tochter hat?«
Ich wunderte mich, wie mein Mann immer wieder dieses Wort aussprechen konnte. Mir ging es nicht über die Lippen, so als liege in seinem Aussprechen das endgültige Urteil über unser Kind.
»Nein, ich wußte es nicht.«
»Herr Hoffmann beglückwünscht uns zu unserem *anderen* Kind. Er sagte, wir könnten glücklich sein, denn diese Menschen seien später eine wahre Freude und böten die Gegenwart unverfälschter und unverdorbener Liebe.«
»Er wollte uns Mut machen«, sagte ich.
»Seine Tochter war auf der Schule und geht nun arbeiten.«
»Auf was für einer Schule und was für eine Arbeit?«
»Ich weiß nicht, aber ist das so wichtig?«
»Wie kann man glücklich über so ein Kind sein? Es wird nie in die Norm passen, es wird niemals normal sein. Schon wenn du stotterst oder wenn dir ein Ohr fehlt, bist du ein Ausgestoßener. Wie sollten da wir und unser Kind eine glückliche Zukunft erwarten können?«
»Vielleicht ist sie ja doch normal«, begann mein Mann, »warum meinst du, alles schon genau zu wissen? Du weißt doch eigentlich gar nichts, oder?«
»Nein, wissen tue ich nichts, aber ich fühle es. Und deshalb weiß ich es.«
Wir schwiegen.
»Sollen wir sie dennoch ›Klarissa‹ nennen?« fragte ich

vorsichtig, »vielleicht wäre ein einfacher Name angebrachter?«
»Warum?« fragte mein Mann zurück.
»Vielleicht paßt Ina oder Lena oder Nina besser zu ihr?«
»Warum denn? Sie ist doch etwas Besonderes. Also soll sie auch ihren besonderen Namen bekommen. Überhaupt sollten wir uns weiterhin ganz normal benehmen, finde ich.«
»Wie meinst du das?«
»Naja, ich meine, wir sollten unser Leben fortführen wie bisher. Du solltest dich nicht in Bücher über Mongolismus vergraben, und wir sollten gleich in Urlaub fahren, wie wir es vorhatten.«
»Ich vergrabe mich nicht in den Büchern, ich muß nur wissen, was los ist. Ich kann nicht so unbedarft daherleben. Und mit dem Urlaub müssen wir abwarten, was der Kinderarzt sagt. Wenn das Kind tatsächlich einen Herzfehler hat, wäre es eventuell zu riskant«, wandte ich ein.
»Wir werden sehen.«
Ich legte meinen Kopf an seine Schulter. Er schien so stark. Viel stärker als ich.

Die Diagnose

Nachdem ich wieder alleine war, nahm ich mein Baby und ging hinüber an das Bettchen des japanischen Babys. Ich verglich die Gesichter und speziell die Augen. Der Begriff »Mongolismus« leitet sich von der Augenform des asiatischen Menschen her. Die Augen der Babys müßten sich demnach gleichen, wenn meines wirklich *so eines* wäre. Aber es gab keine Ähnlichkeit. Das japanische Baby sah normal aus. Mein Baby sah *anders* aus.

In dieser Nacht schlief ich kaum. Schon während der frühen Morgenstunden begann ich die Ankunft des Kinderarztes zu erwarten, der am Dienstag kommen sollte. Heute war Dienstag. Ich durfte den Arzt keinesfalls versäumen. Das Nahen der Diagnose erschien mir wie die Herankunft meiner eigenen Hinrichtung. Die wachsende Angst schüttelte mich wie im Fieberkrampf.

Ab sechs Uhr hatte ich mein Baby bei mir, lief mit ihm auf den Armen im Zimmer umher, untersuchte seine Physiognomie und wog das Für und Wider ab. Drei Stunden später wurde es zur Untersuchung abgeholt. Alle zehn Minuten mußte ich aufs Klo. Mein körperlicher Zustand ähnelte dem vor einem Examen. Immer wieder inspizierte ich den Flur, horchte, ob die Schritte des Arztes zu vernehmen seien.

Die Japanerin begann ihre Koffer zu packen. Dann war ich alleine im Zimmer. Mein Kind war schon über zwei Stunden fort. Die Spannung war ungeheuerlich angewachsen. Jede Faser meines Körpers erwartete *den Moment*. Aus jeder Pore kochte der Angstschweiß. Mit zitternden Knien und eiskalten Händen wartete ich.

Eine Schwester trat ein. »Sie müssen umziehen«, sagte sie.

›Das können sie mit mir doch nicht machen‹, dachte ich, ›erst hierhin, dann dorthin, und das in meinem Fall.‹

»Dieses Zimmer wird ein normales Wöchnerinnen-Zimmer. Es gibt zur Zeit keine Mütter, die Rooming-in machen wollen. Wenn Sie ihr Kind weiterhin bei sich behalten wollen, müssen Sie umziehen.«

Sie begann bereits, mein Bett aus dem Raum zu schieben. Ich stand kurz davor, die Nerven zu verlieren. Wieder in ein neues Zimmer, wieder neue, fröhliche Eltern, wieder das Versteckspiel und die peinigende Beherrschung.

»Kann ich wenigstens das Gespräch mit dem Arzt noch hier im Zimmer führen?« fragte ich.

Es war ihr recht. Sie verließ das Zimmer.
Kurze Zeit später trat der Arzt ein. Ich ging auf ihn zu, reichte ihm die Hand.
»Sind Sie die Mutter?« fragte er.
»Ja«, antwortete ich äußerlich ruhig, »hat sich mein Verdacht bestätigt?« Die Leere in mir wurde immer mächtiger, kälter, stiller. Zum Zerreißen gespannt jeder Nerv.
Mit zackigen Schritten und hohen Schultern ging der Mann im weißen Kittel an mir vorbei. Vor dem Fenster bei den Stühlen brach er das Schweigen. Stimme und Tonfall hätten einem General zur Ehre gereicht: »Hundertprozentig. Hundertprozentig.«
Er setzte sich, deutete mit der linken Hand eine Bewegung an. Ich setzte mich. Die kalten Hände vor mir auf dem Tisch. Das Herzklopfen hörte auf. Die Angst verschwand. Da war weder Schmerz noch Hoffnung auf Erlösung. Ich war ausgetilgt.
»Mit hundertprozentiger Gewißheit kann ich es Ihnen bestätigen«, wiederholte er. »Alle äußeren Merkmale, abgesehen von der Vierfingerfurche, sind vorhanden. Das Kind hat die typische Schädelform, die tief angesetzten Ohren, den Epikanthus. Das ist die typische Hautfalte am inneren Rand des oberen Augenlids. Auch der Specknacken, den man bei mongoloiden Kindern häufig findet, und die stumpfen, kurzen Finger an den quadratischen Händen sind vorhanden.«
Er begann, in einer Mappe mit Papieren zu kramen. Brachte ein gelbes Heft zum Vorschein. »Haben Sie die Untersuchungsscheine für Ihr Kind da?« fragte er.
»Nein«, antwortete ich.
Er erklärte mir, wie sie zu besorgen seien.
Ich begriff nichts, war wortlos, sprachlos verstummt. Welch ein Ungeheuer hatte ich geboren! Ein Ungeheuer

mit Specknacken und Quadrathänden. Sprach er überhaupt von meinem Kind? So sah mein Kind nicht aus! All das hatte ich bisher an ihm nicht entdeckt. Ich saß unbeweglich und schaute zu, wie der Mann seine Unterlagen sortierte.

»Sie wissen ja sicher, welch schweres Los Sie nun zu tragen haben«, begann er.

Woher, um Gottes Willen, hätte ich das wissen sollen?

»Das Kind wird immer von Ihnen abhängig bleiben. Eine Schulbildung ist für diese schwachsinnigen Kinder nicht in allen Fällen möglich. Aber oft sind sie praktisch bildbar. Sie müssen früh etwas für Ihr Kind tun.«

›Ja was denn, was bleibt einem denn da zu tun?‹ hätte ich am liebsten geschrien. Doch ich blieb stumm.

»Später gibt es gute Beschützende Werkstätten, wo Ihr Kind arbeiten kann.«

»Und die Lebenserwartung …?« fragte ich.

»Ja, die Lebenserwartung hängt davon ab, ob Ihr Kind einen Herzfehler hat oder nicht. Das kann ich nicht genau sagen, aber es ist sehr wahrscheinlich. Sie müssen das überprüfen lassen. Bei einem Herzfehler ist die Lebenserwartung in der Regel gering.«

Ich verharrte regungslos.

Er sprach weiter: »Ich kenne mehrere mongoloide Kinder. Es gibt da schwere und leichtere Fälle. Einen Jungen kannte ich, der war recht clever. Er ging sogar in den normalen Kindergarten und machte dort oft den Clown. Er war sehr spontan und lustig.«

Grelle Flammen zuckten in mir hoch. Ich wollte ihm meine Knie in den Leib stoßen, meine Füße in seinen Bauch bohren, dieses unbeteiligte, gefühllose Gesicht zerschlagen. Hatte ich ein Kind geboren, damit es für andere den Clown machte?

Sollte das der Lebensinhalt meines Kindes sein: ein Narr am Hofe des Kaisers?
Langsam erhob ich mich. Er reichte mir die Hand.
»Auf Wiedersehen. Denken Sie an die Untersuchungsscheine.« »Ja«, antwortete ich, »mein Mann wird die Scheine bei der Krankenkasse besorgen.«
Ich stand und stand und stand …
Aus dem Türrahmen bewegte sich eine Gestalt auf mich zu. Ich ging dieser Gestalt Schritt für Schritt entgegen, starr und gleichmäßig wie eine Maschine. Dann erkannte ich meinen Mann. Ich sah ihn nicht an. Er nahm mich um die Schultern.
Wir schritten wieder den langen Flur hinauf und hinab.
»Es ist …«, sprach ich im Stehenbleiben mit versagender Stimme, »es ist ein mongoloides Kind.«
Brennendes Wasser flutete mir in die Augen.
»Was hat der Arzt gesagt?«
»Er sagte, daß es fast alle Symptome aufweise, ein Herzfehler ist wahrscheinlich.«
»Ein Herzfehler? Ja, wird es etwa sterben?«
»Davon hat er nichts gesagt.«
»Aber das wäre schlimm, wo wir doch endlich ein Kind haben, wenn wir es bald wieder verlieren müßten!«
Ich war gar nicht seiner Meinung und schwieg. Und hätte auch nicht mehr sprechen können, denn die Tränenflut preßte sich unter Stöhnen heraus.
Ich war nicht mehr Herr meiner selbst. Mein Kopf und mein Herz lagen in Preßwehen. Das Stöhnen kroch aus mir wie ein Tier aus der Höhle.
Wir befanden uns am Ende des Ganges, und alle konnten es hören. Viele haben es gehört. In dumpfer Verzweiflung brach ich mit dröhnenden Ohren zusammen. Mein Mann hielt mich. Ich kroch todwund unter seine Achseln, barg meinen schüttelnden Körper in seinen Armen.

Er hielt mich, er stützte mich, bis ich ruhiger wurde in der verebbenden Welle des Schmerzes. Aber das Weinen hörte nicht auf. Ich weinte tagelang fast ununterbrochen. Nach der Entlassung aus dem Krankenhaus setzten Pausen ein, die sich stetig vergrößerten, bis schließlich das Weinen seltener wurde und nur noch von gewissen Anlässen ausgelöst wurde.

Die geschäftig von Tür zu Tür eilenden Schwestern taten, als bemerkten sie meinen Zusammenbruch nicht. Nur eine nahm mich um die Schultern, als wir unseren Weg den Gang entlang fortsetzten, und sagte: »Danken Sie Gott für diesen Mann, den Sie haben. Was glauben Sie, was ich hier schon alles erlebt habe, wenn kranke Kinder zur Welt kamen ..., alles, bis zum Sturz aus dem Fenster ..., und viele Väter machen sich aus dem Staub. Sie haben einen guten Mann. Seien Sie dankbar dafür.«

Sie drückte mich kurz und wandte sich ab. Ihre menschliche Annäherung hinterließ ein tröstliches Empfinden. Ich schaute meinen Mann an und bemerkte, daß er ebenfalls geweint haben mußte. Seine Augen waren rot und dick verschwollen. Ich war so sehr mit meinem Leiden beschäftigt, daß ich das seine kaum wahrnahm.

Als ich von meiner erneuten Umlegung berichtete, füllten sich seine Augen mit Zorn. »Ich werde sehen, was sich machen läßt«, versprach er.

Ich bat ihn, die Untersuchungsscheine für den Kinderarzt zu besorgen.

Dann holten wir unser Baby aus dem Säuglingszimmer und rollten sein Bett neben mein Bett. Kopf an Kopf schauten wir hinunter auf das schlafende Kind und verloren lautlos Tränen. Da ich auf keinen Fall mit meinem Kind zur Krankenhaussensation werden wollte, versuchte ich, mich tagsüber wie alle anderen Mütter mit dem Kind zu beschäftigen. Ich wickelte es, stillte es, gab ihm

die Flasche, wiegte es und weinte, sowie ich es nur ansah. Das war nicht zu verstecken.
Das Zimmer, in dem ich nun untergebracht war, wurde von vier quirligen Müttern bewohnt, die glücklich und aufgekratzt den Raum vor Geschäftigkeit überquellen ließen. Hinzu kamen einige Väter, die sich Urlaub genommen hatten und den Tag ununterbrochen in diesem Zimmer verbrachten. Zeitweise kam Partystimmung auf, Witze flogen hin und her und überall Lachen.
Ich hielt es wohl nur aus, weil ich nicht daran starb. Ich wußte, daß alle im Zimmer es wußten. Aber alle gaben sich unwissend. Nicht ein Wort der Betroffenheit. Man tat, als sei an mir und meinem Kind nichts anders als an anderen. Ich litt unbeschreiblich an diesem Tag.
Am nächsten Morgen bat ich die Stationsschwester um ein Einbett- oder Zweibettzimmer. Ich konnte meine Stimme vor Weinen kaum beherrschen. Ich kann nicht mehr, erklärte ich, und daß ich Ruhe, Ruhe, Ruhe brauche und keine Party und daß ich doch keine Mutter wie die anderen sei und daß ich auch bezahlen würde, egal, wie teuer das Zimmer sei.
Die Schwester hatte kein anderes Zimmer.
So schlich ich wieder in mein Bett, schaute mein Kind an und weinte.
Als am Nachmittag mein Mann kam, fand er an meiner Stelle nur ein armseliges, verquollenes Häufchen Elend zusammengekauert im Bett vor, keines Wortes mehr fähig, zerschlagen vom Glück der anderen.
Ihn packte wiederum der Zorn, und auf irgendeine Weise setzte er durch, daß ich noch am gleichen Abend in ein Zweibettzimmer verlegt wurde.
Er hatte mich aus der Hölle befreit, und ich konnte nichts tun als »danke« sagen und ihn dankbar anschauen. Ich liebte ihn für das, was er für mich tat.

Mit dem Auszug aus dem Fünfbett-Party-Zimmer fiel die quälende Beklemmung von mir ab. Ich hob mein Gesicht und konnte wieder atmen.
In dem Zweibettzimmer kümmerte sich ein Ehepaar um sein Neugeborenes, als wir eintraten. Ich trug mein Kind auf dem Arm. Ich sagte: »Guten Abend. Bitte wundern Sie sich nicht, wenn ich weine, denn unser Baby ist nicht gesund.«
Sie sagten: »Guten Abend. Was hat es denn?«
»Es ist ..., es ... es ist mongoloid«, antwortete ich stotternd.
Die Augen der glücklichen jungen Mutter füllten sich mit Wasser. Sie weinte mit mir. Sie litt mit mir während der nächsten Tage. Das war Balsam für meine Wunden.
Es war die fünfte Nacht nach Klarissas Geburt. Erstmals verspürte ich die Möglichkeit auszuruhen, weil ein fremder Mensch mein Leid spontan geteilt hatte. Ich konnte den Panzer der äußeren Beherrschung ablegen, die Verkrampfung lösen, mich gehenlassen. Diese Frau schenkte mir durch ihr Mit-Leiden das Gefühl, gut aufgehoben zu sein, und damit die erste wirkliche Nachtruhe. Ich schlief, bis in der Frühe die Säuglinge gebracht wurden.
Nach dem Duschen sah ich mich zum erstenmal seit Freitag – heute war Donnerstag – im Spiegel an. Was ich sah, war nicht mehr ich. Meine verquollenen Augen waren schwarzgerändert, glanzlos, tot. Die Haut kalkig, fleckig über dem mageren Gesicht. Und die Haare – sie ließen sich zu Büscheln aus der Kopfhaut ziehen, ganz ohne Gewalt, und graue Haare waren dabei, die es vor einer Woche noch nicht gegeben hatte. Ich erkannte mich kaum wieder nach dieser Woche. Meine Jugend war gestorben. Ich sah alt und abgewrackt aus. Aber mein Mann liebte attraktive, mädchenhafte Frauen. Wie sollte ich ihm das jemals wieder bieten können? In diesem Zustand hatte er mich nun Tag für Tag anschauen müssen.

Ich versuchte, mich ein bißchen zurechtzumachen, band die Haare zusammen und zog die Augenbrauen nach. Aber es machte mich nicht schöner und schien auch sinnlos, denn kaum kam mir mein Kind in den Sinn oder unter die Augen, setzte das Weinen erneut ein.

Seht, welch ein Kind!

Am Nachmittag des fünften Tages kam meine Mutter.
»Kind, Kind ...«, flüsterte sie und nahm mich in die Arme. Sie sah bleich aus, und ihre Augen hatten dicke rote Ränder.
»Komm, wir gehen den Gang hinauf«, schlug ich vor.
Während wir gingen, berichtete ich vom Verlauf der Geburt. Aber dies alles schien mir unwichtig und unwesentlich. Meine Rede mußte ich wegen der Weinkrämpfe häufig unterbrechen.
Als ich aufschaute, erblickte ich eine bekannte Gestalt am Ende des Flures. Sie kam auf mich zu und nahm mich fest in den Arm.
»Es ist wirklich mongoloid«, sagte ich zu meiner Freundin, die von weit her angereist war. Immer noch ging mir das Wort »mongoloid« nur unter größter Anstrengung und Selbstüberwindung über die Lippen.
Wir gingen zu dritt weiter. Ich in der Mitte, rechts meine Mutter, links meine Freundin. »Laß uns das Kind sehen«, baten beide irgendwann.
Wir stellten uns vor die Sichtscheibe. Ich klingelte. Eine Schwester schaute durch die Tür und schob kurze Zeit später ein Gitterbettchen auf die andere Seite der Glaswand.
Meine Mutter bückte sich, näherte sich ihrem Enkelkind,

forschte in seinen Gesichtszügen. »Armes Kleines ...«, flüsterte sie mehrmals.
Meine Freundin schneuzte sich.
Plötzlich stand mein jüngster Bruder hinter uns und sagte laut und deutlich: »Ich weiß nicht, was ihr habt. Kind ist Kind. Und es braucht Liebe wie jedes andere Kind.«
Ja, das war der Kern. Wir schauten uns an, wischten die Tränen weg. Nickten.
»Du hast recht«, antwortete meine Mutter, »nun ist das Kindchen da, und es wird von uns allen geliebt werden. Besonders geliebt werden. Die ganze Familie wird es aufnehmen, an seinem Schicksal teilnehmen, es in ihrer Mitte geborgen halten.«
Wie gut, noch nichts von der Bitterkeit der nächsten Jahre zu schmecken ob dieses uneingelösten Versprechens!
Im nächsten Moment öffnete sich die Tür des Kreißsaales. Ein unbekannter Mann sprang heraus und rief mir mit strahlendem Gesicht zu: »Ein Junge! Ein ganz gesunder, ganz prächtiger Junge!«
Vorbei war er und zog die Freude wie einen langen Schweif hinter sich her. Obgleich ich mich für ihn freute und keinerlei Neid empfand, schnürte es mir mit eisiger Klammer das Herz zusammen, preßte mich immer gewaltiger, bis ich nur noch ein blutiger, zerfetzter Nerv war.
»Man sieht ihr nichts an. Sie sieht doch hübsch und reizend aus, wie eine kleine Puppe«, drang die Stimme meiner Freundin in meinen Schmerz.
Ich atmete tief, ließ keinen Blick von meinem Kind und widersprach: »Man sieht es. Es sieht anders aus. Ich sehe es.«
Gebannt verharrten wir noch vor der Sichtscheibe. Nach einer Weile fühlte ich die Hand meines Mannes im Rükken, der gerade hinzugetreten sein mußte, und sagte ohne Betonung:

»…da haben wir etwas produziert…«
Wir schauten uns an, und unsere Blicke trafen sich im Abgrund, verließen einander schnell, um den Schrecken nicht auszuloten.
»Kind, Kind«, wiederholte meine Mutter, und ich wußte nicht, ob sie mich oder Klarissa meinte.
Dann kamen meine Schwester und ihr Mann die Treppe hinauf. Bevor sie sprachen, betrachteten sie mein Kind. Wieder beobachtete ich, wie Augen zu glänzen und zu schwimmen begannen und überliefen. Ihre Gesichter waren wie Spiegel. Sie konfrontierten mich mit meiner eigenen Fassungslosigkeit.
Nach und nach verabschiedeten sich die Besucher. Mein Mann und ich holten das Baby ins Zimmer. Ich war erschöpft, mußte mich niederlegen. Er nahm Klarissa auf den Arm und setzte sich.
»Ich habe deinen Frauenarzt angerufen und mich für das Kind bedankt, zu dem er uns verholfen hat.«
Heiß durchfuhr es mich. »Was hat du getan?«
»Ja, ich habe ihn angerufen und mich bedankt.«
»Aber warum?«
»Weil er dir nicht die Amniozentese gegeben hat. Ich habe ihm vorgehalten, daß er daran schuld ist, wenn wir nun so ein Kind haben.«
»Was hat er geantwortet?«
»Er war schockiert, zuerst einmal. Dann hat er behauptet, das sei nicht absehbar gewesen, weil du noch so jung bist, auch der Kopfumfang habe noch im Bereich des Normalen gelegen. Aus all dem hätte kein Verdacht abgeleitet werden können.«
»Er kann ja nichts dafür«, sagte ich.
»Weißt du, womit er sich entschuldigt hat: Es sei erst zweimal in seiner zwanzigjährigen Praxis vorgekommen, daß eine seiner Patientinnen ein mongoloides Kind zur Welt

gebracht habe, und nur eine der beiden Mütter sei so jung wie du gewesen.«
»Glaubst du, wir hätten die Schwangerschaft abbrechen lassen, wenn wir es gewußt hätten?«
»Ich weiß nicht. Vielleicht ...«, antwortete er nachdenklich und schaukelte das Kind im Schoß.
»Zumindest hätten wir gewußt, was auf uns zukommt. Das hätte uns den Schock erspart. Jetzt sind wir doch völlig überrollt.«
»Ich finde, wir können froh sein, daß bei dir keine Komplikationen eingetreten sind.«
»Ja, aber trotzdem ...«, meine Stimme erstickte.
»Vielleicht sollten wir ein Kind adoptieren«, schlug mein Mann nach einer Weile vor.
»Adoptieren ...«
»Ja, dann hätten wir noch ein gesundes Kind, und unsere Klarissa hätte einen Spielkameraden. Obwohl man bei einem adoptierten Kind auch nicht weiß, was man bekommt, anlagenmäßig meine ich.«
»Ich weiß nicht. Ich möchte eigentlich gar kein Kind mehr.«
»Vielleicht sollten wir doch noch ein eigenes Kind haben.«
»Aber wenn es wieder *so* ein Kind ist. Ich möchte nicht noch *so* ein Kind. Und für ein gesundes Kind gibt es keine Garantien.« Ich bekam Angst und fühlte mich hilflos. Ich wollte nicht noch ein Kind, nicht jetzt.
»Ich muß erst einmal dieses Kind verkraften, bevor ich über ein neues nachdenken kann«, sagte ich, »verstehst du das?«
»Sicher, wir haben ja Zeit.«
Mein Mann ging nach Hause. Ich wickelte Klarissa, legte sie an. Seit ich in dem neuen Zimmer endlich ungezwungen mit ihr umgehen konnte, hatte sie Fortschritte beim

Saugen gemacht. Zwar blieb meine Milchmenge gering, und sie schlief vor Anstrengung beim Trinken oft ein. Aber ich kam mir nicht mehr so ungebraucht und überflüssig vor wie in den ersten Tagen.
Eine neue Nachtschwester kam mit herzlichem Abendgruß in das Zimmer, trat an mein Bett und stupste Klarissas Näschen an.
»Was für eine süße Kleine haben wir denn da!« rief sie, »so ein süßer, kleiner Blondschopf. Das einzige blonde Mädchen auf der Station, wußten Sie das?«
»Nein«, konnte ich gerade noch antworten, bevor meine Stimme wieder ertrank.
»Ach, geben Sie mir die Kleine doch mal. Hat sie gut getrunken?«
»Es geht.«
»Bei mir machen alle Babys ganz schnell ihr Bäuerchen.« Sie legte sich Klarissa über die Schulter und rieb ihr sanft den Rücken. So lieb war bisher noch keiner auf der Station zu uns gewesen, weder zu mir noch zu meinem Kind. Es tat weh, und es tat gut. Jetzt mußte ich erst recht weinen. Aber vielleicht wußte sie nur nicht, was mit meinem Kind war, und konnte deshalb so herzlich sein. Fast neidisch sah ich, wie sie Klarissa an ihrem Körper barg und wiegte.
»Wissen Sie, daß mein Kind nicht gesund ist?« fragte ich.
»Das glaube ich nicht. So ein Süßes. Haben Sie schon mit dem Kinderarzt gesprochen?«
»Ja. Es ist mongoloid.« Wie schwer wog dieses Wort, seit es mit Leben erfüllt war.
»Ach, der kann sich auch irren. Machen Sie erst mal in acht Wochen die Blutuntersuchung im Humangenetischen Institut. Danach erst wissen Sie es mit Gewißheit.«
»In der Humangenetik wird das gemacht?«

»Ja, dabei wird auch festgestellt, ob es sich um eine zufällige oder genetisch bedingte Form handelt, wenn überhaupt eine Chromosomenmißbildung vorliegt.«
Sie hielt das Kind, mit den Fingerspitzen seinen Kopf stützend, vor ihr Gesicht und betrachtete es intensiv. »Man sieht nichts. Wirklich. Ich sehe nichts. Sie ist so reizend. Schauen Sie mal, welch ein hübsches Gesichtchen!«
Ich schaute und fand mein Kind weiterhin andersartig aussehend. Aber was die Schwester sagte, tat mir gut. Zumindest trat hier ein Mensch auf, der mein Kind nicht als Ungeheuer mit Specknacken, quadratischen Händen und Epikanthus ansah.
Sie legte das Baby auf die Wickelkommode, nahm die Hände des Babys nacheinander und sagte: »Mal schauen, du Kleine, ob du die Querfalte hast. Es gibt nur ganz wenige Kinder, die sie nicht haben«, fuhr sie fort. Lachend schmuste sie mit meinem Kind.
»Es ist nichts zu entdecken. Glauben Sie mir. Ich habe jahrelang auf einer Station mit mongoloiden Babys gearbeitet. Sie sahen alle anders aus als Ihre Klarissa. Ihrem Baby sieht man gar nichts an. Ich würde bis zur Blutuntersuchung gar nichts glauben!«
»Aber doch, sehen Sie doch«, wandte ich ein und drehte ihr Köpfchen ins Profil. »Sehen Sie es? Die Nasenwurzel ist eingesunken, Augen und Ohren sitzen irgendwie anders, der Kopf insgesamt, die ganze Physiognomie ...«
»Die Einstellung sollten Sie nicht haben. Da haben Sie Ihre süße Kleine wieder«, sie reichte mir das Kind zurück, »schlafen Sie gut. Gute Nacht!«
Ich legte mein Kind neben mich ins Bett. Die Worte der Nachtschwester klangen in mir nach. Das konnte sie sicher alles nur so sagen, weil sie selbst nicht *so* ein Kind hat. Wie konnte man sonst frank und frei behaupten, mei-

ne Tochter sei ein süßes Baby? In dieser Nacht schlief ich wieder einige Stunden hintereinander durch.
Während des nächsten Tages verglichen wir Mütter unsere Babys. Cat, so hieß meine Bettnachbarin, gab der Nachtschwester in ihrem Urteil recht. Mein Baby sei ein süßer Blondschopf, eine hübsche, zarte Puppe, an der sie nichts »Mongoloides« entdecken könne.
»Mein Bruder hat eine mongoloide Tochter, sie ist schon sieben Jahre alt und ein ganz liebes Kind«, berichtete sie mir.
Ich erzählte von der Blutuntersuchung, die ich vornehmen lassen würde.
Dann lagen wir viele Stunden in die Betrachtung unserer Kinder versunken. Es war sehr still in unserem Zimmer. Wenn wir sprachen, so dämpften wir die Stimmen. Der Tag war nur unterbrochen von kleinen Gesprächen, vom Essen und dem Saubermachen durch die Putzfrauen und natürlich vom Wickeln, Stillen und Füttern.
In diesen ruhigen Stunden brannten sich die Gesichtszüge meines Kindes in meiner Seele ein. Unaufhörlich weinte ich. Leise. Leise betrauerte ich unser Schicksal. Noch nie in meinem Leben hatte ich eine solche Dunkelheit, eine solche Leere gefühlt. Eine solche Trauer hatte ich nicht gekannt.
Die Besuche meines Mannes, zumeist zwei am Tag, unterbrachen den Tränenfluß, denn ich suchte mich in dieser Zeit zu beherrschen. Ich wollte ihm das Bild meiner Bedrückung ersparen. Aber kaum hatte er das Zimmer verlassen, endete die Beherrschung.
Ich hatte bemerkt, daß er von Tag zu Tag bleicher und müder wirkte. Ich war unfähig, ihm Hilfe zukommen zu lassen. Stattdessen nur Hilferufe. Ich ließ mich gehen. Ich ließ mich fallen. Ich versank im Meer meiner Trauer und meines Schmerzes.

Es würde einen Tag geben, an dem ich nicht mehr schwach wäre. Dann könnte ich ihm helfen. Aber jetzt und hier wollte ich es durchleiden, wollte ich es hinter mich bringen.
Ich erhielt jeden Tag Besuch von Verwandten und Freunden. Die meisten wunderten sich, daß man Klarissa nichts ansah. Sie hatten ein äußerlich mißgestaltetes Kind erwartet und sahen nun ein blondes Püppchen. Ich übte mich im Bekennen. Ich zeigte ihnen die äußeren Merkmale, wollte nichts von falschen Hoffnungen hören. Ich zwang auch die Krankenschwestern und Säuglingsschwestern, *darüber* zu sprechen. Ich brach das Tabu.
Manchem, der nicht recht wußte, was »Mongolismus« bedeutete, und mir Hoffnung auf eine Gesundung des Kindes machen wollte – manchem, der kam und berichtete, er kenne jemanden, dessen mongoloide Tochter die Hauptschule, ja gar das Gymnasium mit gutem Erfolg besuchte – manchem, der meinte, es müsse ein Mittel zur Behandlung der »Krankheit« geben, antwortete ich: »Sowenig aus einem Hund jemals eine Katze werden kann, sowenig wird aus einem mongoloiden Kind ein normales Kind.«
Zwischen all den Bemühungen, mich zu trösten, aufzurichten, mir Wärme und Zuversicht zu vermitteln, fand ich mich wie unberührt im Bann einer ungeheuren Einsamkeit. Niemand vermochte ihn zu durchbrechen. Obgleich von den Freunden nicht verlassen, empfand ich mich als Aussätzige. Ich war nicht länger einer von ihnen.
So gingen die Tage im Krankenhaus dahin. Es formten sich Regelmäßigkeiten. Die Gewohnheiten begründeten einen Pfad, den ich mit Klarissa betreten konnte. Zwischen all die Tränen stahl sich hin und wieder ein bekümmertes Lächeln. Zwischen all den Gebeten um den Tod meines Kindes bat ich hin und wieder um Liebeskraft.

Zwischen all dem mühsamen tagtäglichen Tabu-Brechen richtete ich mich jeden Abend an den offenen Gesprächen mit der Nachtschwester auf.
»Sagen Sie mir, wenn Sie mit dem Kind nicht leben können. Ich nehme Ihre kleine Klarissa sofort. Ich würde sie adoptieren.«
Es war nicht wichtig, ob das stimmte. Wichtig war nur, daß es einen Menschen gab, der es nicht schlimm fand, so ein Kind zu haben.
Vier Tage nach der Diagnose des Kinderarztes stellte sich das unbeherrschbare Weinen langsam ein. Ich konnte mein Kind jetzt gut eine Minute ansehen, ohne loszuheulen und ohne vom Schmerz innerlich zerrissen zu werden.
In zwei Tagen sollte ich entlassen werden. Am vorletzten Tag traf ich in der Dusche eine Mutter aus dem Zimmer, in welchem ich zuerst untergebracht war. Sie fragte: »Wie geht es Ihnen? Geht es etwas besser?«
»Es wird«, antwortete ich.
»Es gibt schon komische Frauen hier auf der Station«, fuhr sie weiter fort, »die können sich einfach nicht vorstellen, was es bedeutet, ein krankes Kind zu bekommen.«
»Wie meinen Sie das?«
»Na ja, es gibt hier zwei Frauen, die sich beschwert haben, weil Sie sie immer so unverschämt anblicken. Sie könnten doch schließlich nichts dafür, wenn jemand ein mongoloides Kind zur Welt brächte. Damit hätten sie doch nichts zu tun.«
»Wen meinen Sie denn?« Ich war mir nicht bewußt, daß ich Unterschiede beim Angucken gemacht hatte.
»Ach, die zwei aus Zimmer 105.«
»Ich weiß nicht, ich kenne die nicht. Ich habe sie auch nicht anders angeschaut.« Ich fühlte mich ziemlich überrascht und hilflos dieser Nachricht gegenüber. Gab es

denn tatsächlich Menschen, die mir gerade jetzt Boshaftigkeit unterstellten?
Als ich mir später aus der Küche eine Kanne Tee holte, begegnete mir eine andere Mutter, die fragte: »In Ihrem Zimmer liegt doch eine Frau, die etwas älter ist, oder?«
Ich dachte, Cat ist etwas älter, und sagte: »Ja.«
»Die soll ein krankes Kind haben, ein mongoloides, wissen Sie davon?«
»Ja«, antwortete ich und fühlte erstmals so etwas wie Stärke in mir, »ja, da ist eine etwas ältere Frau. Aber die hat ein völlig gesundes Kind. *Ich* bin die Mutter des mongoloiden Babys.«
Die Augen der Frau wurden rund und groß. Ihr Mund blieb geöffnet, als habe es ihr mitten im Wort die Sprache verschlagen. Dann nahm sie mit einer Hand meinen Arm. »Ach, du meine Güte«, sprach sie, und ihre Worte überstürzten sich, »ach, wie leid mir das tut, das habe ich nicht gewußt, daß Sie das sind. Wo Sie noch so jung sind! Aber Sie werden es schon schaffen. Wenn Sie wollen, können Sie mal zu mir ins Zimmer kommen.«
Sie drückte meinen Arm und verschwand eilig hinter ihrer Zimmertüre. Ich blieb stehen und erlebte mich immer noch weit von Tränen entfernt. Ich spürte Stolz in mir, und die Frau tat mir leid. Ich hatte das Gefühl, mein Körper sei sehr aufgerichtet, der Rücken gerade und der Kopf erhoben.
Ich fühlte mich als Sieger, nahm Klarissa in den Arm und entdeckte die aufkeimende Freude an dem Kind. Ich glaube, in diesem Moment liebte ich sie zum erstenmal.

Liebe auf den zweiten Blick

Der Morgen leuchtete. Entlassungstag. Ich packte meinen Koffer, zog die gleichen Kleider an, mit denen ich das Krankenhaus betreten hatte. Sie schlabberten um mich herum. Wie praktisch, jetzt hatte ich mein Traumgewicht, welches durch Hungern nur mühsam zu erreichen war. Aber mein Gesicht, meine Haare! Ich drehte sie auf dem Hinterkopf zu einem kleinen Knoten und steckte ihn fest. Mein Gott, wie sah ich aus nach diesen zehn Tagen! Ich drehte dem Spiegel den Rücken.

Die Schwester brachte mein Baby. Ich zog ihm die blau-rotweiße selbstgestrickte Ausgehgarnitur an. Dabei wieder die Tränen. Sie fielen auf die roten Streifen. Keine Tränen mehr über dem Kind, beschwor ich mich und drückte den wahnsinnigen Schmerz zurück in den Bauch.

Mein Mann stand in der Tür. Ich war fertig. Auf Wiedersehen, Cat! Sonst verabschiedete ich mich von keinem Menschen. Fluchtartig verließ ich die Station, keine Blikke nach rechts oder links. Mein Mann trug die blaue Tasche mit dem Kind. Zu zweit waren wir gekommen. Nun gingen wir zu dritt wieder fort, und mit uns ging die Angst. Ich freute mich auf zu Hause, aber ich schlotterte innerlich vor Angst.

Eine herrliche Fahrt durch den Spätsommervormittag. Die wohlbekannte schmale Straße schlängelte sich durch die kleinen Ortschaften, verlor sich hinter den steilen Kurven zwischen den grünschattigen Taunushügeln. Die goldenen Stoppelfelder, die riesigen Heurollen; früher gab es Heuhocken. Ich saugte den Anblick der überreifen Farben, der lichtüberfluteten, gerundeten Erdwellen auf. Wie gut, hier leben zu dürfen!

In einem Landgasthof nahmen wir ein Mittagessen ein. Die blaue Tasche stand lautlos neben uns. Wir probten

zum erstenmal Öffentlichkeit. Keiner schien es zu bemerken. Unser Kind schlief.
Das Haus roch unbewohnt. Sowie ich es betrat, spürte ich eine Last auf meine Schultern sinken. Sie würde bleiben. Last. Lebenslange Last. Das Kind begann zu weinen. Ich begab mich in die Küche. Das erste Fläschchen im eigenen Heim. Aber vorher stillen. So gut es eben ging. Auch wenn es nur zu fünf oder zehn Gramm reichte. Nach anderthalb Stunden waren wir fertig. Wickeln. Ins Bettchen legen.
Dann ließ mein Mann den Hund aus dem Stall. Er stürzte sich auf mich. Ich tätschelte ihn ein wenig. Schließlich freute er sich so sehr. Dann Koffer auspacken, Essen kochen und dabei entdecken, daß der erste Eindruck von Sauberkeit trügerisch gewesen war.
Die Katze schlich in die Küche, setzte sich in gehöriger Entfernung hin, rollte die Schwanzspitze um die Vorderpfoten und erwartete geduldig das Niederfallen der kleinen Fettstücke, die ich vom Fleisch abtrennte. So war es immer gewesen. Kaum zu glauben, daß ein Stockwerk höher das Schicksal lauerte.
Nach den ersten Tagen zu Hause zog ich Klarissa warm an und machte mich mit ihr auf den Weg durch das Dorf. In eine dünne Wolldecke geschlagen trug ich sie in den Armen durch die warmleuchtende, spätsommerliche Mittagssonne. Mir war ganz bewußt, daß alle Menschen im Ort es wußten. Ich versuchte, ein Lächeln auf mein Gesicht zu zaubern.
»Guten Tag!«
»Guten Tag!«
»Zeigen Sie mal das Kleine. Ist es ein Mädchen oder Junge?«
Ein fremdes Gesicht näherte sich meinem Baby, Finger zupften an der Decke und am Mützchen.

»Ein Mädchen ist's. Und es ist nicht in Ordnung.«
Keine Antwort. Keine Blicke. Dann doch ein Kopfheben. »Ist es krank, wirklich?«
»Ja, es ist krank.« Aber ich wußte, daß Krankheit nicht die richtige Bezeichnung war. Das Wort »behindert« brachte ich jedoch nicht über die Lippen. Ich konnte es kaum denken. Jedesmal sträubte sich alles in und an mir. Behindert zu sein war ungleich schlimmer als krank zu sein. Kranksein war legitim, hatte Gewicht in der Welt der Normalen. Ich hatte das Gefühl, sie könnten sich besser in meine Lage versetzen, wenn ich von einem kranken Kind spräche.
»Was hat es denn?«
»Es ist ein Chromosomenschaden. Mongolismus.«
»Aber hat es denn sonst eine Krankheit, vielleicht mit dem Herzen?«
»Nein, wahrscheinlich nicht. Aber wir müssen noch mal zum EKG.«
»Es ist doch so süß. Man sieht gar nichts.«
Man sieht gar nichts. Es ist nicht zu glauben. Die Menschen wollten es nicht erkennen. Natürlich sah mein Baby trotz aller Süßigkeit anders aus. Es tat so weh. Was nützte die Tatsache, daß man nichts sah? Der Schaden war trotzdem da. Er würde immer da sein, wie hübsch und ansprechend mein Kind auch aussähe.
In der ersten Woche waren wir beim Kinderarzt gewesen. Mein Mann hoffte immer noch. Unsinnigerweise verbohrte er sich in den Gedanken, die Chromosomenuntersuchung könne ein negatives Ergebnis bringen. Das würde ein gesundes Kind bedeuten. Alles wäre nur mehr ein Irrtum gewesen.
Der Kinderarzt untersuchte unser Baby sehr liebevoll und gründlich. Seine Hände griffen sicher den kleinen Körper, den er sich bäuchlings über eine Hand legte. Vor-

ne hing der Kopf und hinten hingen Po und Beine herunter.
»Sehen Sie die Haltung des Körpers, seine besondere Nachgiebigkeit, eine gewisse Schlaffheit des Tonus. Die Fingerchen umklammern nicht den in die Handinnenfläche stupsenden Zeigefinger. Schlaffer Tonus, mangelndes Greifen, das sind typische Anzeichen für Down-Syndrom.«
Wir standen und sahen hilflos zu.
»Machen Sie Gymnastik mit dem Baby, schon bald, mit zehn, zwölf Wochen beginnen Sie, ja!«
Wie sollte ich mit einem solchen zerbrechlichen Winzling Gymnastik betreiben? Die Idee erschien mir völlig verrückt.
»Wo kann ich das lernen?«
»Ich überweise Sie an ein Kinderzentrum. Sie können sich auch nach einer speziell ausgebildeten Krankengymnastin umschauen. Fragen Sie nach Bobath-Ausbildung.«
»Noch etwas, Herr Doktor. Könnten Sie uns eine Familie vermitteln, mit der wir über unser Problem sprechen könnten. Eine Familie, die mit solch einem Kind, wie wir es haben, schon seit einigen Jahren lebt. Ich möchte so gerne Klarheit gewinnen darüber, was auf uns zukommt.«
Der Arzt überlegte einen Moment. »Ja, ich kenne eine Familie. Sie wohnt sogar in Ihrer Nähe. Ich muß aber erst mit den Eltern sprechen, ob sie zu einem Kontakt mit Ihnen bereit sind. Rufen Sie mich übermorgen mal an. Dann sehen wir weiter.«
Das EKG zeigte keine Auffälligkeiten. Kein Verdacht auf Herzfehler. Mein Mann freute sich. Ich verspürte weder Erleichterung noch Freude.
Zwei Tage später bekam ich die Adresse und Telefonnummer der Familie aus der Nachbarstadt. Am nächsten Nachmittag standen wir mit unserer blauen Baby-Plastik-

tragetasche vor einer fremden Haustür. Ein ungeheures Gefühl ließ meinen Finger vom Klingelknopf zurückzukken. Welcher Tatsache müßte ich gleich ins Auge schauen, meiner persönlichen Realität vielleicht, wie sie sich in einigen Jahren darstellen würde?
Ich klingelte. Ich wollte es wissen. Das Mädchen öffnete uns. Es war ungefähr fünf Jahre alt. »Guten Abend«, begrüßte es uns mit rauher Stimme. Dann kam die Mutter, dahinter der Vater. Ins Wohnzimmer, bitte schön. Nach einer Weile begann ich mein Baby aus der Verpackung zu schälen. Wieder hörte ich dieses »Nein, man sieht ja gar nichts; was für ein süßes kleines Ding; stimmt es denn auch wirklich mit dem Down-Syndrom?«
Ich beobachtete die ganze Zeit das fremde Kind. Ich stellte mir vor: So wird meine Tochter in fünf Jahren sprechen, sich bewegen und aussehen. Das Mädchen, Lisa, sah nett aus. Gar nicht abstoßend. Nicht so wie die Kinder, denen ich damals während des Praktikums im Heim begegnet war. Lisa sah überhaupt fast normal aus. Sie ähnelte ihrem älteren Bruder. Die tiefe Stimme und die unartikulierte Sprache fielen mir auf. Aber wenn ich mir vorstellte, daß mein Kind in fünf Jahren so ähnlich wie Lisa wäre, traf mich kein Schock. In meine Angst glitt eine gewisse Beruhigung. In solcher Art könnte ich mein Kind ertragen, rein äußerlich zumindest.
Lisa räumte währenddessen die Babytasche aus, anschließend meine Handtasche und kämmte sich dann unbekümmert mit meinem Kamm, den sie zutage gefördert hatte. Sie wirkte fröhlich und ungeniert, nicht ängstlich, sondern kontaktfreudig und selbstbewußt. Ein wenig tolpatschig und ungelenk, ja, aber was machte das schon! Weder sabberte sie fortwährend noch hing ihr die Zunge aus dem Mund noch guckte sie idiotisch.

Nach diesem Besuch ging es mir viel besser. Meinem Mann nicht. Er wollte nicht darüber sprechen. Scheinbar war er doch stärker getroffen. Während ich erleichtert war, zeigte er sich verstört.
Zehn Wochen nach Klarissas Geburt lag ein Brief im Kasten. Absender: Humangenetisches Institut, Frankfurt am Main. Das Ergebnis der Chromosomenanalyse:

Die klinische Verdachtsdiagnose Down-Syndrom konnte cytogenetisch bestätigt werden. Es fand sich ein weiblicher Karyotyp mit 21-Trisomie (47, xx, +21). Für die weiteren Schwangerschaften von Frau L. ist jetzt ein empirisches Wiederholungsrisiko mit 1-2% zu erwarten, so daß eine Amniozentese in der 17. Schwangerschaftswoche indiziert ist.

Institut für Humangenetik

Obgleich ich nichts anderes erwartet hatte, mußte ich mich setzen. Meine Knie waren butterweich, mein Herz hämmerte eine Attacke. Nun hast du es endlich schwarz auf weiß. Es folgte die Tränenattacke.
Für meinen Mann brach erst jetzt die Welt zusammen, aber er schwenkte sofort um. Es schien, als könne er sich augenblicklich auf das Neue einstellen und sich mit den Umständen arrangieren. Weder wurde er aggressiv noch fassungslos verzweifelt noch zynisch. Nein, er sprach lieb und vernünftig, so als sei er mein Vater, der mich zur Vernunft mahnt. Mir schien, das könne doch alles nicht wahr sein, das paßte doch so gar nicht zu dem Mann, den ich geheiratet hatte. Sollte der Schicksalsschlag ihn so schnell und so gründlich in eine derart positive Richtung katapultiert haben? Ich dachte nicht länger darüber nach. So, wie er es aufnahm, war es gut für mich. Ich bewunderte ihn über die Maßen.

Als unsere Tochter acht Wochen alt war, mieteten wir uns ein kleines Häuschen am Ostseestrand und verbrachten dort drei ungetrübte Wochen. Wir trugen das Kind auf den Armen oder in einem warm gepolsterten Bauchtragegurt den Strand entlang. Kilometer um Kilometer ruhte das Köpfchen meines armen Kindes an der Brust seines Vaters, wippte ganz sacht auf und nieder. Und er schaute hinab, und nichts Böses war in seinen Augen. Dafür werde ich ihn immer lieben, dachte ich.

Während all dieser Spaziergänge vor der Weite des Horizontes, in den lauen Stürmen des Herbstes, kostete ich den Geschmack des Salzes mit der Zunge und dem Herzen. Die Geburt meiner Tochter hatte mir das Leben versalzen. Dennoch: Es lebten Millionen von Müttern mit solchen Kindern. Mütter und Kinder wie Sand am Ostseestrand. Weder ich noch meine Situation war etwas Besonderes in der Welt. Die Tragik des Ereignisses dezimierte sich zum tragischen Ereignis in meiner persönlichen Biographie.

Klarissas dritter Lebensmonat begann. Die vergangenen Wochen waren verflogen. Die Schmerzen, die ich an meinem Kind litt, wurden von ihm selbst gelindert. Es entwickelte sich zusehends, lag keineswegs untätig im Bettchen. Es hörte auf meine Stimme und begann mit den Augen die Ursache der Töne zu suchen. Es übte unermüdlich, seine Rassel zu ergreifen, wenn es auch nie gelang, da es ja noch nicht einmal meinen Finger umklammern konnte. Es genoß Nähe und zärtliches Streicheln. Wenn das Füttern nicht gewesen wäre, bei dem ich Tag für Tag und Woche für Woche immer mehr an den Rand meiner Kräfte geriet, hätte ich nur Freude an meinem Baby finden können.

Beim Füttern verlor ich bald regelmäßig die Nerven. Zuerst stillen. Gerade bei diesem Kind und seiner Stoff-

wechsel- und Immunschwäche war jeder Tropfen und jedes Gramm Muttermilch kostbarer als Gelee Royal. Danach wiegen und zufüttern. Das hieß: zuerst dreißig Minuten an der Brust, dann zehn Minuten in der Küche zum Bereiten der Milchnahrung. Während dieser Zeit schrie Klarissa unentwegt. Das machte mich fertig. Besonders in der Nacht. Mein Mann ist während all der Jahre nicht ein einziges Mal aufgestanden, um mich zu entlasten. Er kümmerte sich auch nicht um das schreiende Baby, wenn ihn seine Hustenanfälle wachhielten. Nach dem Flaschebereiten mußte das unterdessen erschöpfte Baby dazu gebracht werden, die Nahrung einzusaugen. Die Schwestern hatten mir kleine Tricks verraten, wie man ein schlafendes Baby wachkriegt. Aber die halfen alle nur einmal. Das Baby gewöhnte sich an die Windelklapse, an die Nasen- und Wangenstüberchen, an das leichte Rütteln. Es schlief immer weiter, bis mir die Tränen der Verzweiflung aus den Augen tropften. Noch kein Kind ist verhungert, es trinkt nach Bedarf. Wenig beruhigten mich derartige im Kopf herumgeisternde Ratschläge.
Es dauerte tagsüber oft fast eine Stunde, bis Klarissa die Nahrung zu sich genommen hatte, und nachts saß ich regelmäßig von halb zwei bis halb vier oder vier mit Flasche und Kind im Kinderzimmer. Einige Male nahm ich völlig erschöpft das Baby mit ins Ehebett, legte mich auf die linke Seite und bettete es in die Bauchkuhle mit der Brustwarze im Mund. Da suckelte und lutschte es hin und wieder sehr zufrieden, und wir kamen beide zum Schlafen. Am Morgen kam dann die Bemerkung: »Ich denke, wir wollten das Kind nicht verwöhnen. Es hat sein eigenes Bett.«
Wie sollte ich erklären, daß es mit Verwöhnen nichts zu tun hatte? »Es ist die einzige Art, wie ich einige Stunden zum Schlafen komme«, verteidigte ich mich.

Wäre ich alleine gewesen, hätte ich das Baby alle Nächte bei mir gehabt. Ich wäre ruhiger, ausgeschlafener und zufriedener gewesen. Irgendwie hatte ich immer das animalische Bedürfnis, mein Kind an meiner Brust zu bergen, jedenfalls während des ersten Jahres. Jedoch gab es kaum Gelegenheit, diesem Bedürfnis nachzukommen, und ich scheute mich auch.

In dieser Zeit sah ich eine Fernsehreportage (»Kinder der Welt«) über afrikanisches Familienleben in der Vielehe. Eine Frau, die geboren hat, erhält auf Jahre hinaus eine eigene Schlafstelle für sich und das Kind. Der Mann darf sie nicht besuchen. Er hat seine anderen Frauen. Ich war damals in einem Zustand, daß ich gerne getauscht hätte. Was ist natürlicher, als mit seinem Säugling das Lager zu teilen, ihn an der Brust und in Leibeswärme zu halten?

Aber wir sind zivilisierte Menschen, keine »Wilden«. Auch keine Tiere mehr. Die Affen im Zoo hüten ihren Nachwuchs wie die sogenannten Wilden. Ich wünschte, ein Wilder oder ein Affe zu sein. Eine Wilde oder eine Äffin im Affenhaus, der nichts anderes aufgetragen ist, als ihr Neugeborenes zu nähren, zu wärmen, zu hüten und lächelnd anzusingen.

Ich war zu feige und betrog mich um die Nähe zu meinem Kind. Ich legte es in sein Bett im Nebenzimmer und lauschte mit angehaltenem Atem und dröhnendem Puls seinen Lauten durch die Wand hindurch. Der Schlaf blieb fern, die Milch versiegte zunehmend, egal wieviel Flaschen Malzbier und wieviel Liter Milchbildungstee ich bezwang.

Während des Tages kam ich erst recht nicht zur Ruhe. Zwei Drittel der Zeit verbrachte ich damit, mein Kind und meinen Mann und den schwerkranken, seit einem halben Jahr diarrhöischen Hund zu beköstigen. Nachts mußte

oft neben dem Baby-Füttern eine extra Schicht eingelegt
werden, um die flüssigen Exkremente des riesigen Hun-
des zu beseitigen. Auch hier rührte mein Mann nie eine
Hand.

Das verbleibende Tagesdrittel, also acht Stunden, konnte
ich aber unmöglich verschlafen. Da war der Haushalt.
Das Einkaufen erforderte viel Zeit, denn im Ort gab es
nichts außer einer kleinen Poststelle und einem »Eier-
mann«, der auch Hühnchen verkaufte. Ich mußte also im-
mer mit dem Auto in den Nachbarort und häufig auch in
die zwanzig Kilometer entfernte Kreisstadt fahren. Dort
war auch das Kinderzentrum, in dem Klarissa ihre Gym-
nastik erhielt. Montags und donnerstags. Das verband
ich dann mit dem Einkauf. Aber der Vormittag war jedes-
mal total überzogen. Zweimal täglich brauchte der Hund
eine Stunde Auslauf. Eine davon brauchten auch wir
Menschen. Dann gab es noch eine Katze, die überaus be-
scheiden war und nicht mehr als zehn Minuten täglich be-
anspruchte. Da verhielt es sich mit dem Garten ganz an-
ders. Er war noch im Aufbau begriffen, denn wir hatten
das Haus erst vor einem Jahr erworben. Er war riesig, zog
sich über zwei Steilhänge und zahlreiche Treppenabsätze
hin, deren Holzstufen vermodert unter den Schritten aus-
einanderknatschten oder abrutschten. Einen Gemüsegar-
ten wollte ich anlegen und ein hübsches Blumenbeet. Im
Haus selbst waren einige Räume durch die Geburt mitten
in den Renovierungsarbeiten steckengeblieben. Das alles
hing auch an meinem Mann, der beruflich stark einge-
spannt und oft nur am Wochenende zu Hause war. Vie-
rundzwanzig Stunden reichten nicht aus für all das. Da
blieb nicht einmal mehr Zeit zum Schlafen, geschweige
denn für eine Zeitung, ein Buch, einen klar durchdachten
Gedanken. Ich war bald so erschöpft, daß ich mein Ver-
sprechen, vor dem Kind nicht zu weinen, nicht halten

konnte. Einmal kamen mir die Tränen, als ich Klarissa auf dem Schoß hielt. Da verzog sich ihr Gesichtchen. Ich schaute fasziniert zu. Der Mund wurde immer größer und weiter. In ihren Augen begann ein Leuchten, das sich wie Licht über ihre Züge breitete. Ich begriff: Mein Kind lachte. Ein zahnloses, seliges, göttliches Lachen! Von diesem strahlenden Wunder konnte ich meinen Blick nicht abwenden. Dieses Lachen beglückte mich bis in den Schmerz. Das Gefühl der Liebe durchbrach einen Damm in mir und strömte dem kleinen Wesen unhaltbar entgegen. Trauer, Verzweiflung, Mutlosigkeit lösten sich in diesem Strom. Zurück blieb nur Liebe für Klarissa – wenn auch Liebe auf den zweiten Blick.

Plötzlich erschien es mir unfaßbar, daß ich Klarissa vor gar nicht langer Zeit abgetrieben hätte. Jetzt war ich glücklich darüber, diese Chance nie besessen zu haben. Mit nassen Augen hockte ich in der nächsten Stunde vor meinem Baby und wartete darauf, daß ein Lachen das andere ablöste. Aber die Mundwinkel verzogen sich nicht mehr. Ernst schaute es mir entgegen.

»Sie hat gelacht. Es war ganz wunderbar«, berichtete ich meinem Mann am Abend und zog ihn gleich ins Wohnzimmer, wohin ich Klarissa auf Wartestation gelegt hatte. Er sollte sie lachend erleben und ebenso glücklich werden wie ich. Er nahm sie in den Arm, aber er zeigte sich nicht geduldig. Er konnte nicht darauf warten. Zupfte hier und da an ihr herum und gab mir schon nach einigen Minuten das Baby zurück. Ich war enttäuscht und verhärtete mich.

Klarissa ging sehr sparsam mit ihrem Lachen um. Aber im Alter von zwölf Wochen vermochte sie damit sämtliche Zuschauer hinzureißen. Stunden verbrachte ich damit, mein Kind vor der Kamera zu postieren, um dieses Lachen aufzufangen. Doch weder mit noch ohne Stativ wurde mehr als eine freundliche Miene daraus. Das große Lachen vor der Kamera gelang ihr erst sechs Monate später.

Frühe Hilfen

Klarissas zweites Lebensvierteljahr begann in einer Kinderklinik in Bayern. Dort war ich mit ihr für einige Tage auf der Säuglingsstation zur Beobachtung. Ich lernte die Krankengymnastin, die Logopädin, einige sehr liebe Säuglingsschwestern und den »Herrn Professor« kennen. Alle fragten mich, wie ich mich fühle, wie es mir persönlich gehe. Wenn ich von dem Anfangsschock sprach, nickten sie oder nahmen mich in den Arm. Mein Baby stieß wie überall auf Entzücken, ja wirklich, dies sei ein ausgesprochen hübsches Kind.
»Wird es noch häßlicher werden?« fragte ich den Herrn Professor.
»Aber es ist doch hübsch. So ganz furchtbar häßlich kann es deshalb gar nicht mehr werden. Und die Frischzelltherapie hilft auch ein Stück mit, daß sich die Physiognomie positiv gestalten kann.« Er erklärte mir seine Hypothese bezüglich der von ihm durchgeführten Frischzellimplantationen.
»Ja, aber woher soll ich denn wissen, ob mein Kind wirklich positiv auf diese Art der Behandlung reagiert? Es gibt doch keine wissenschaftlichen Beweise, oder?«
Er schlug die Beine übereinander und antwortete ruhig mit leiser Stimme: »Allerdings ist eine Verifikation meiner Behauptungen nur schwer möglich. Sehen Sie, es ist eine noch relativ neue Art der Behandlung, die ich durchführe. Ich mache Beobachtungen und habe alles in meinen Schriften dargelegt. Trotzdem gibt es keine endgülti-

ge Antwort auf Ihre Frage, wie Ihr Kind sich ohne Implantate entwickeln würde, demgegenüber wie es sich unter regelmäßigen halbjährlichen Implantationen entwikkelt.«
Ich fragte nach den Gefahren, Nebenwirkungen, Risiken. Er beruhigte mich, schließlich sei das Kind ja unter Beobachtung, erhalte ein Medikament gegen Schock, und es seien bisher noch keine Komplikationen aufgetreten. Zum Schluß unseres Gespräches sagte er:
»Die Zellimplantation ist kein Wundermittel. Ihr Kind wird dadurch nicht gesund, sein Chromosomendefekt wird durch die Behandlung nicht berührt. Was erreicht wird, ist eine allgemeine Aufnahmebereitschaft, eine Anregung des Organismus und des Gehirns auch zum Erlernen intellektueller Fertigkeiten. Es ist sehr wichtig zu beachten, daß die Spritze alleine kaum etwas bewirkt, wenn nicht gleichzeitig Lernangebote dem Kind angetragen werden, zum Beispiel durch Gymnastik und Spieltherapie. Frischzellbehandlung ist im Rahmen einer umfassenden heilpädagogischen Behandlung sinnvoll.«
Ich entschloß mich für die Implantation. Sie dauerte einige Minuten und war recht schmerzhaft. Klarissa schrie so sehr, daß es mir fast das Herz brach. Meine Tränen purzelten auf ihren kleinen Glatzkopf, der sich immer stärker rötete; so sehr erregte sie sich. Doch bald war es vorbei, und ich ging mit ihr auf die Station. Dort saß ich Stunde um Stunde an ihrem Bettchen. Die wunderbar freundlichen Schwestern schauten oft nach ihrer Reaktion. Aber auch nach drei Tagen gab es keine Auffälligkeiten. Unterdessen hatte ich einige neue Übungen mit der Krankengymnastin eintrainiert, und die Logopädin hatte mir eine Massage zum Einüben des Mundschließens empfohlen. Am Tag meiner Abreise besorgte ich mir gleich einen neuen Termin für sechs Monate später. Ich fühlte mich aufge-

baut. Mir ging es so gut wie schon lange nicht mehr. Ich hatte auf einmal Mut und Hoffnung, die Zukunft schien weniger schwarz, eher schon ein wenig hellgrau. Diesen Schimmer am Horizont verdankte ich den Menschen in dieser Klinik, die sich mindestens ebenso sehr um mich gekümmert hatten wie um mein Kind.

Eigentlich hatte ich solche Hilfen ja von der »Lebenshilfe« erwartet, einer Organisation für geistig Behinderte. Aber man hatte mir nur Prospekte und eine Mitgliedserklärung zugesandt. Ich aber hätte einen oder mehrere Menschen gebraucht, die mit mir gesprochen und mir geraten hätten. Ich wäre sofort zu einem Elterngesprächskreis gegangen, aber den gab es im näheren Umkreis nicht. Hier hingegen, in dieser Klinik, vor der mich alle gewarnt hatten – angefangen vom Humangenetischen Institut bis zum Hausarzt, der mir wissenschaftliche Publikationen über den Unsinn der Frischzelltherapie auslieh –, gerade hier hatte ich umfassende Hilfe gefunden für mich und mein Kind.

In den folgenden Wochen und Monaten hielt ich mich an das Rezept: dreimal täglich mindestens eine Viertelstunde gymnastische Übungen. Außerdem war ich immer darauf bedacht, die Sinne des Kindes anzusprechen. Ich strich mit seinen Händchen über all die Dinge rings auf der Wickelkommode, über rauhe und zarte, runde und eckige. Ich sprach es an und suchte seine Blicke auf mir zu halten. Ich zeigte ihm einen bunten Holzzwerg und eine kleine Glocke, die ich mal rechts, mal links von seinem Gesichtchen läuten ließ. Ich rief Klarissa bei ihrem Namen von nah und von fern. Sie schaute mich oft und gerne und lange an. Mit ihren großen, blauen Augen folgte sie meinen gestenreichen Erklärungen.

Manchmal, immer kurz bevor ich aufgeben wollte, ließ sie Fortschritte erkennen. Von heute auf morgen verfügte sie über Fertigkeiten, die ich wochenlang Tag für Tag mit ihr scheinbar völlig erfolglos einübte. Plötzlich konnte sie sich mit Händen und Armen abstützen. Ich lachte und tanzte mit ihr in den Armen durchs Zimmer, daß die Dielen ächzten. »Sie hat es geschafft«, sang ich und lachte.

Vier Monate nach Klarissas Geburt hatte ich einen Abgang. Vielleicht war der Embryo geschädigt gewesen. Ich war nicht traurig. Meinem Mann sagte ich nichts davon.

Einige Tage später ging ich in die Kirche. Ich kniete nieder und tat ein Gelübde. Ich versprach Gott etwas im Tausch gegen ein gesundes Kind.

Innerhalb der nächsten Tage und Wochen wurde meine Sehnsucht nach einem neuen Kind so unvergleichlich glühend, daß sie mich verzehrte und zerfraß. Es gab keine Stunde, in der ich nicht an dieses neue Kind dachte. Und es war für mich keine Frage, ob es gesund sein würde. Es *müßte* einfach gesund sein. Gott konnte mein Flehen und mein Opfer nicht überhören.

Ich sprach zu keinem Menschen darüber. Auch nicht zu meinem Mann. Er wünschte sich natürlich auch noch ein Kind. Es gab so viele Gründe und den einen: Geschwister sind die besten Therapeuten!

Aber all das erschien mir nicht wichtig. Ich lechzte mit jeder Zelle meines Körpers und jeder Faser meines Lebens nach neuem Leben. Und ich hätte nicht sagen können, warum. Ich tat meine täglichen Pflichten, aber eigentlich war ich nichts anderes als ein materialisierter Fruchtbarkeitswunsch. Im Verlaufe dieses einzigartigen Monats wurde ich schwanger.

Selig erkannte ich die Verfärbung des Testpapiers durch meinen Urin. Gott hatte sich erweichen lassen. Ich bekam ein Kind.

Wieder schwanger

Voll neuem Elan konnte ich nun mit Klarissa turnen und singen, auf die Sorgen und beruflichen Kümmernisse meines Mannes eingehen, den Hund therapieren und zur Vollendung der Hausrenovierung beitragen. Ich fühlte mich von Kräften erfüllt, die mich über die Schwere meines Lebens hinwegtrugen.

Ich wollte keine Amniozentese. Meinem Mann war es auch sehr unwohl dabei. Dennoch fand ich mich termingerecht im Humangenetischen Institut ein. Mein Gynäkologe hatte mich angemeldet. Außer mir waren noch sechs andere Frauen zur Punktion gekommen. Sie waren alle älter als vierzig und hatten schon eines oder mehrere gesunde Kinder. Keine hatte ein krankes oder mißgebildetes Kind zur Welt gebracht, aber alle machten sich laut Gedanken darüber.

»Warum sind Sie hier, Sie sind doch noch so jung?« fragte mich eine von ihnen.

»Ich habe ein mongoloides Kind«, antwortete ich.

»Eigentlich ist ein Schwangerschaftsabbruch im sechsten Monat nichts anderes als ein vorgezogener Mord«, überlegte eine Schwarzhaarige, »ich sehe jedenfalls keinen Unterschied darin, ob man das Kind vor der Geburt tötet oder ob ich ihm drei Monate später nach der Geburt ein Kissen aufs Gesicht drücke.«

Sie hatte recht. Der Akt war der gleiche. Das nun folgende längere Schweigen unterbrach dieselbe Frau mit dem Bekenntnis: »Ich könnte mit einem mongoloiden Kind nicht leben, ich würde ihm sicher gleich das Kissen aufs Gesicht drücken.«

»Aber was glauben Sie, wie liebenswert und lebensfähig mongoloide Kinder sein können«, widersprach ihr eine andere Frau.

Ich schwieg. Und erinnerte mich an meinen Impuls, dem Neugeborenen das Kissen aufs Gesicht zu drücken, es wegzuwischen von dieser Welt. Ich schämte mich dafür, daß ich hier saß und schon wieder so etwas vorhatte. Aber das Kind würde in Ordnung sein, und ich brauchte mich nicht zu entscheiden. Ja, so wird es sein. So muß es sein.
Zwei Wochen später kam ein Anruf vom Institut. Die Zellen sind nicht angegangen. Wiederholungstermin.
»Wir lassen es«, sagte mein Mann.
»Ja, wir sollten es lassen«, bestätigte ich und ließ mir zwei Tage später nochmals Fruchtwasser punktieren. Die Prozedur ist so gut wie schmerzlos und wird unter Ultraschallkontrolle durchgeführt. Ich sah mein Kind, ich spürte es um sich treten. Ach, wie sollte ich es abtreiben lassen, wenn es nicht in Ordnung wäre, wo es doch schon so sehr lebte?!
Ich hatte Glück. Die Zellkultur offenbarte zu 99 Prozent ein gesundes Mädchen. Allerdings bezog sich diese Prognose nur auf Chromosomenanomalien. Seltsamerweise beruhigte das Ergebnis mich nicht. Ich bekam plötzlich Ängste, die ich vor der Amniozentese nicht verspürte hatte. Eine Vielzahl anderer möglicher Behinderungen fielen mir ein. Außerdem kamen noch mögliche Geburtsschäden dazu. Ich begann, wie ein ungeschützter Halm zwischen anstürmender Panik und siegessicherer Überzeugung zu schwanken.
Der Sommer wurde sehr schön. Mein Mann und ich lebten sehr harmonisch. Wir grillten häufig in unserem Garten und saßen bis tief in die Nacht an dem Feuer. Manchmal redeten wir, manchmal schwiegen wir. Aus der großen Tanne am Terrassenrand blinkten die Glühwürmchen. Wir hüllten uns in Decken, denn nach zweiundzwanzig Uhr wurde es hier im Mittelgebirge auch in Sommernächten oft recht kühl. Wir atmeten gemeinsam

die würzige Luft und beobachteten das Kreisen der Fledermäuse, die lautlos die gedämpften Nachtgeräusche durcheilten. Sie kamen aus dem Bahntunnel unterhalb des Hanges, an den unser Haus gebaut war. So lautlos wie die Fledermäuse stiegen die Rauchkringel aus der Pfeife meines Mannes, die ab und zu rot aufleuchtete wie ein enormes Glühwürmchen. Das herbe Duftgemisch von Nacht und Wald und Pfeifentabak wird mir immer im Gedächtnis bleiben. Und dazu diese Stunden, in denen wir uns in Frieden und Glück miteinander befanden.

Bergurlaub

Im August fuhren wir in die Berge. Der 2095 Meter hohe Schattberg, der Zwölferkogel, mit dem ich schon in meiner Jugendzeit einige Schwierigkeiten hatte, noch eine Menge anderer Kogel und die Kapruner Stauseen – alles mußte ich mitnehmen, denn in den nächsten Jahren wäre wohl kaum Gelegenheit dazu.

Mit uns fuhr ein befreundetes Ehepaar. Bei den Bergwanderungen schaukelte Klarissa zufrieden oder müde an ihren Fingern nuckelnd in einer Rückentrage. Die beiden Männer wechselten sich als Träger ab. Wir Frauen luden uns den Proviant auf. Zum Zwölferkogel hinauf führten mehrere Routen. Unterwegs teilten wir uns. Die Männer wollten den steileren Weg nehmen. Bei diesem Vorhaben würde das Kind im Rucksack mit seinen paar wenigen Kilos kein Hindernis darstellen. Wir Frauen wählten mit dem Proviant den ausgetretenen Pfad.

In weniger als drei Monaten würde ich mein zweites Kind zur Welt bringen. Den Aufstieg zum Gipfel des Zwölferkogels schaffte ich nur unter Aufbietung aller Reserven.

Und diese Reserven ließen sich nur anzapfen, weil ich fortwährend an Klarissas Hunger und ihr warmgehaltenes Milchfläschchen dachte, das wir im Rucksack trugen. Sicher würde sie durstig sein und weinen. Der Gedanke an den Hunger meines Kindes bewegte meine Beine. Der Pfad war schmal und steinig und teilweise sehr steil. Die Luft wurde mir zu dünn, ich atmete und schnaufte, hatte aber das Gefühl, nicht genug Sauerstoff zu bekommen. Mit den Händen hielt ich meinen Bauch. Ich verlor alles Interesse an der schönen Aussicht, am Anblick der hinter den Hängen hervortretenden Felsspitzen. Den Blick auf die Schuhspitzen und die fünfzig Zentimeter Weg davor geheftet, kämpfte ich mich Meter um Meter vorwärts. Nur nicht hinsetzen, nur nicht rasten, redete ich mir zu, sonst kommst du nicht mehr hoch! Der pochende Schmerz in den Beinen war kaum auszuhalten. Ich hockte mich auf einen Felsbrocken am Wegrand und heulte: »Ich kann nicht mehr!«

Meine Freundin sagte: »Du schaffst das schon, wir sind ja gleich oben.«

Aber dieses »gleich oben« dauerte eine Ewigkeit. Ich setzte Fuß vor Fuß und hatte das Gefühl, so würde es in alle Ewigkeit weitergehen. Diese Qual, an die ich mich gewöhnte, in der ich mich gedankenleer vor Anstrengung vorwärtsschleppte!

»Wo bleibt ihr denn so lange?« begrüßten uns die Männer auf dem Gipfelplateau.

»Eine Schwangere ist kein junges Reh«, antwortete meine Freundin.

Ich konnte nicht sprechen. Als nächstes fütterte ich die greinende und eiskalte Klarissa. Sie tat mir so leid. Was hatte ich ihr zugemutet! Und dem Baby im Bauch konnte es auch nicht viel besser gehen. Die Flasche war halb ausgetrunken, die anderen hatten es sich zur Jause gerade be-

quem gemacht, da zogen rund um die Bergkuppe Nebel hoch. Die Sonne war in Sekunden verschwunden, und der Wind schüttelte unsere auskühlenden Körper.
»Wir müssen schnellstens runter.«
»Am besten nehmen wir den Sessellift.«
Ich hätte es nicht mehr hinunter geschafft. Der Nebel umgab uns unterdessen wie eine dicke Suppe. Man konnte gerade noch zehn Schritte weit sehen. Wir stiegen ein kleines Stückchen zur Liftstation hinunter. Mit dem Kind im Arm sprang ich auf. Endlich konnte ich mich ausruhen. Die Nebelsuppe blieb über uns zurück, und unter uns breitete sich das Tal aus.
Nach diesem Erlebnis wurde ich ein wenig vorsichtiger und gönnte mir mehr Ruhe. Wenn ich Atembeschwerden bekam, ließ ich die anderen gehen und blieb mit Klarissa zurück. Wir vergnügten uns im sonnenwarmen, sattgrünen Almgras, und ich zeigte ihr die bunten Blümchen und die spitzigen Tannennadeln. Sie war solch ein braves, geduldiges und umgängliches Kind! Niemals brüllte sie sich den Hals aus, dafür lachte sie strahlend.
Sie krabbelte über den Wiesenboden, und ich erinnerte mich an den Tag, als sie es zum erstenmal tat. Es war vielleicht einen Monat her. Sie stemmte sich auf die Arme, drückte die Zehen gegen die Erde und ruckte dabei ein kleines Stückchen nach vorne. Ich führte einen Freudentanz auf wie immer, wenn sie mich mit einer neuen Fertigkeit überraschte. Unermüdlich wiederholte sie diesen Bewegungsablauf. Ich ließ mir gymnastische Übungen zeigen, die ihren körperlichen Entwicklungsfortschritt unterstützten, und bald gelang ihr ein schönes Krabbeln auf allen vieren. »Dadada«, verkündete sie. Ich griff nach ihr und ließ sie auf meinem Schoß hopsen. Wie sie lachte! Ihre Lebenslust packte mich. War dieses Kind wirklich so anders? Es konnte so glücklich sein.

Ich lagerte sie auf den Rücken und legte mich neben sie. Während ich mit den Augen den weißen Wolkenbällen folgte, hörte ich ihr Geplapper und Gelalle und wußte: Jetzt zieht sie sich die Schuhe und Söckchen aus und knabbert und lutscht an ihren Zehen herum. Manchmal drehte ich ihr friedlich und wunschlos mein Gesicht zu. Ich atmete tief und streichelte meinen Bauch. Und die Ameisen, die hin und wieder über meine Beine krabbelten, bissen nicht zu. Ab und zu sauste ein dicker Brummer haarscharf an meinem Kopf vorbei. Es war ganz still, und die Stille war voller Laute.

Nach einer Weile, als sie sich auf den Bauch gedreht hatte, hielt ich ihr einen Tannenzapfen vor. Sie griff danach und nörgelte unwillig, als sie ihn nicht erreichen konnte. Dann schob sie ihren Körper vorwärts. Ich lockte sie mit dem Tannenzapfen einmal um mich herum, dann legte ich ihn ins Gras, damit sie ihn ergreifen konnte. Sie rollte sich wieder auf den Rücken und beknabberte nun den Tannenzapfen.

Mir fiel auf, wie wenig Klarissa durch ihre Andersartigkeit meinen Lebensgenuß beeinträchtigte. Wenn ich mit ihr alleine war, entfiel mir ihr Behindertsein. Es kam mir erst wieder in den Sinn, wenn andere Menschen auftauchten und ich glaubte, daß sie denken würden: Irgend etwas stimmt mit dem Kind nicht.

Vom Fremdeln, Spielen und von seltsamem Geschrei

Klarissa war nun zehn Monate alt. Ich erlebte nicht mehr an jedem Samstag – das war ihr Geburtstag gewesen – um zehn Uhr zwanzig die Wiederholung des Schocks.

Mein Erinnern war seltener geworden, der Schmerz dabei gedämpfter, und ich hatte erfahren, daß es immer noch etwas zum Lachen gab.
Nach Klarissas erstem Geburtstag endete indessen unser unkompliziertes Zusammenleben. Bisher hatte sie sich auch in Gesellschaft anderer Menschen wohlgefühlt, doch nun wollte sie nur noch mich oder meinen Mann in ihrer Nähe leiden. Es spielte sich etwas ab, wenn sie »Fremde« in ihrem Wahrnehmungskreis erblickte. Ihr kleines Gesicht zog sich zusammen, zuerst von den Augen abwärts bis zum Mund, wo die Grimasse in einer weit nach vorn gestülpten Unterlippe endete. Sie ballte die Händchen zu Fäusten und begann am ganzen Leibe zu zittern. Dann setzte ein wildes Weinen ein. Klarissa war nicht länger ein kleiner »Salonlöwe«. Vor uns stand ein Ausbund an Verzweiflung.
Ja, sie stand bereits an ihrem Geburtstag fest auf ihren eigenen zwei Beinen und machte an der Hand die ersten mutigen Schritte. Aber daß sie nun das »Fremdeln« begann, erschwerte unser Leben ungeheuerlich. Sie ließ sich von keinem Babysitter mehr beruhigen. Aber ich mußte doch auch manchmal zum Arzt oder zur Schwangerschaftsgymnastik. Meinen Mann konnte ich wegen seines beruflichen Engagements zur Kinderbetreuung kaum einplanen. Also sprach ich mit meiner Mutter. Ja, sie würde Klarissa während der Gymnastik hüten.
Als ich zurückkehrte, fand ich nicht wie früher ein friedliches Kind vor. Schon weit vor der Haustür klang mir ihr Brüllen entgegen. In der Tür meine Mutter, Ausschau nach mir haltend.
»Sie schreit schon seit Stunden«, sagte sie, »welch ein Glück, daß du wieder da bist!«
Kaum betrat ich die Stube und wurde Klarissa meiner ansichtig, setzte das Gebrüll mit einem Schlag aus. Aus dem

rot verquollenen Gesicht guckte sie mir harmlos entgegen. Nach fünf Minuten hatte sie ihren Teller geleert und lächelte meiner Mutter aus sicherer Position von meinem Schoß aus verschmitzt zu.
Abends, wenn mein Mann nach Hause kam, spielte er mit Klarissa. Er baute ihr aus bunten Würfeln einen Turm, den sie immer wieder umwerfen durfte. Das Poltern des zusammenbrechenden Bauwerks bereitete ihr höchstes Vergnügen. Manchmal gelang ihr – wohl mehr aus Zufall – der Bau eines eigenen Turmes. Und hin und wieder versuchte sie, die Würfel ineinanderzustecken. Hinter dem großen, bunten Ball krabbelte sie jauchzend her und zog sich mit unserer Hilfe auf ihn hoch. Dann rollten wir den Ball mit Klarissa obendrauf hin und her, so daß sie sich mit den Armen und Händen oder den Beinchen abzustützen versuchte. Begeistert klatschte sie auf die Plastikhaut, daß es nur so knallte. Diese Art von Gymnastik gefiel ihr sehr gut.
Den ganzen Sommer über hatte ich die Gymnastikstunden in den Garten verlegt. Da konnte Klarissa die Gestalt und Temperatur des Bodens wahrnehmen. Sie kam in körperliche Berührung mit weichem Gras, harten und scharfkantigen Steinen, mit Sand und duftenden Blumen und Kräutern. Allerdings mußte ich sehr aufmerksam sein, weil sie alles sofort in den Mund beförderte, was ihr zwischen die Finger kam. Manchmal legte ich sie auf eine Decke, um einen Moment ausruhen zu können, aber am Rand der Decke lockten die grünen Halme, die gelben Butterblumen, der harte Spitzwegerich, die sattgrünen Kleebüschel. Wie oft hielt sie – die Hände voller Grünzeug – meinem Blick stand, bis ich einen Moment fortschaute. Sogleich kauten ihre noch zahnlosen Kiefer auf den interessanten Eroberungen. Mit dem Finger leerte ich ihr den Mund aus, aber das verschaffte ihr nur den An-

reiz, ihn bald möglichst von neuem vollzustopfen. Auf diese Weise wurde es nie langweilig. Mutter und Kind waren beschäftigt.
An Klarissas erstem Geburtstag zog ich Bilanz. Sie konnte krabbeln, sitzen. Brachte sich von der Bauchlage in den Sitz, zog sich zum Stehen hoch und marschierte, an beiden Händen gehalten, fröhlich drauflos. Sie studierte mit Hingabe ihre Bilderbücher, aß selbst schon mit dem Löffel, wenn ich ihre Hand ein klein wenig führte. Aktiv beteiligte sie sich am Geschehen der Umwelt. Sie beobachtete und untersuchte und probierte aus. Sie erkannte ihren Namen und kam, wenn ich sie rief, angekrabbelt. Sie wußte die Bedeutung von »Nein«. Wir konnten doch zufrieden sein, oder? Je weiter meine Schwangerschaft fortschritt, um so ruhiger wurde ich, aber es geschahen auch seltsame Dinge. Oftmals, wenn ich mit meinem Mann in der Stube oder beim Essen saß, vernahm ich im Zimmer über mir, das für unser zweites Kind vorgesehen war und noch als Büro genutzt wurde, ein unentwegtes Schreien.
»Hörst du das?« fragte ich meinen Mann.
»Was denn?«
»Ich höre ein Kind schreien.«
»Ich höre nichts.« Er lauschte. Ich lauschte. Jetzt hörte ich nichts mehr. Minuten später wieder das gleiche.
»Hörst du immer noch nichts?«
»Nein.«
»Aber da ist es wieder. Da schreit ein Kind.« Ich ging hoch und schaute in Klarissas Zimmer. Aber die schlief ruhig. Komisch, dachte ich. Das geschah nun immer öfter. In den Wochen vor der Geburt schrie das Kind zu regelmäßigen Zeiten.
»Ich höre es schon wieder schreien«, sagte ich.
»Du spinnst ein bißchen«, erwiderte mein Mann, »du

denkst das Schreikind ja richtig herbei. Wenn es ein Schreikind wird, bist du dran schuld. Genau wie bei Klarissa. Da hast du auch immer gedacht, etwas stimme mit ihr nicht.« Er lachte etwas ungehalten. »Es ist wahr, daß man Dinge herbeidenken kann. Denk doch mal was Gutes!«

Warten auf Ines

Der Sommer verlor sich in einem goldenen Oktober. Nach manchen kalten Nächten bot sich die Landschaft weiß überfrostet dar. Am ersten November fiel der erste Schnee. In zwanzig Tagen war Termin. Ich hoffte, daß wir dann nicht gerade Glatteis oder Neuschnee hätten. Die Fahrt zur Klinik war recht weit, und mein Mann schwebte wie damals bei Klarissa in Ängsten, ich könnte das Kind unterwegs im Auto verlieren. Ich räumte auf und putzte das Haus noch einmal sehr gründlich und vollendete die Malerei auf der Flurtüre. Nachdem dies seine Ordnung hatte, schrieb ich an die »Lebenshilfe«. Ich erkundigte mich nach Möglichkeiten der Frühförderung.
Dann begann ich zu warten. Alle Tage verliefen ähnlich. Mein Mann kam jetzt jeden Abend nach Hause, da es ja jederzeit soweit sein konnte. Meine Mutter hatte versprochen, sich während meines Krankenhausaufenthaltes um Klarissa zu kümmern. Jeden Nachmittag machten wir einen schönen Spaziergang durch die karge Winterlandschaft. Kein Laub hing in den Bäumen, stattdessen glitzerten die Schnee- und Eiskristalle an den Ästen wie Diamanten. Der Hund raste durch den Schnee und schleuderte ihn mit seiner Schnauze hoch in die Luft. Klarissa war begeistert und setzte sich gemütlich in die weiße, luftig-

leichte Pracht. Ich zog sie immer so warm an, daß sie ein Weilchen sitzen bleiben konnte. Sie patschte in den Schnee, der wie feiner Staub aufflog. Manchmal trafen wir Leute aus dem Dorf und hielten ein kleines Schwätzchen über den früheren Winter, wer diese Woche beerdigt worden sei, daß der Bus wegen Glatteis die steile Straße hinunter ins Haus vom Merkel Anton gerutscht ist, daß die Bundesbahn die Strecke stillegen will, ob wir wirklich von Klarissas Krankheit überzeugt wären, denn sie entwickle sich doch ganz normal. In einer Nacht kamen die Wehen. Plötzlich schlug eine mächtige Welle über mir zusammen. Was bei einer Geburt mit dem Kind alles geschehen könnte! Ich begann zu schwitzen, obwohl ich vor Kälte zitterte. Ich rief morgens meine Mutter an. Als sie da war, fuhr mein Mann mich ins Krankenhaus. Glücklicherweise waren die Straßen frci von Schnee und Glatteis. Nach einigen Stunden setzten die Wehen aus. Wieder zurück nach Hause. In der darauffolgenden Nacht ging es erneut los. Ich wartete noch einen halben Tag. Laß mit dem Kind alles in Ordnung sein, betete ich inbrünstig vor mich hin. Ich hatte »Visionen«: Mein Kind lag blau und tot vor mir. Die Nabelschnur hatte es stranguliert. Bald kam die Zeit, sich der Hebamme anzuvertrauen.

»Kann es sein, daß ihm die Nabelschnur um den Hals liegt?« fragte ich, »was geschieht dann?«

»Das kommt schon gelegentlich vor, aber normalerweise passiert nichts«, beruhigte mich die Hebamme. Die Geburt nahte sich dem Höhepunkt. Aber das Kind wollte nicht. Es stemmte sich mit den Schultern gegen die Macht der Wehen und zertrat mich von innen.

»So etwas habe ich noch nicht erlebt«, erklärte die Hebamme, »das Kind will nicht raus.«

Ich war zum Schluß so erschöpft, daß mir alles egal war. Immerhin fiel mir noch auf, daß die Hebamme den Arzt dazurief, und beide versuchten, die Geburt voranzutreiben, die Hebamme horchte auf die Herztöne des noch Ungeborenen und bat mich um höchste Anstrengungen, denn das Kind müsse möglichst bald raus. Ich strengte mich also übermenschlich an, auch als die Hebamme »Nicht mehr!« rief. Da schoß das Kind aus meinem Leib, glitschte ihr in die Hände, sie konnte es nicht halten. Jetzt klatscht es auf den Boden, dachte ich. Aber da fingen die Hände des Arztes es ein und faßten zu. Ich atmete auf und sah zu gleicher Zeit die blaue Nabelschnur zweimal um den Hals des Kindes geschlungen. Der Arzt wickelte sie ab und legte mir für einige Minuten das Kind auf den Bauch. Dann nahm er es hinüber zur ersten Untersuchung.

»Soweit ich es nach den ersten Untersuchungen beurteilen kann, ist es völlig gesund«, sagte er.

Ich entbehrte jeden Glücksgefühls. Ich war so matt, so leer, so ausgelaugt. Wollte nur mein Baby im Arm haben. Aber um diese Sehnsucht betrog man mich wiederum. Ich wurde vernäht und versorgt und zugedeckt, und die ganze Zeit über erzählte mir die Hebamme Anekdoten aus ihrem Leben. Ich aber wollte nur mein Kind, das dort drüben sauber und eingewickelt unter der Wärmelampe lag. Was ist besser an der Lampe als an mir, fragte ich mich. Meine Brust und meine Arme waren so warm.

»Wann darf ich mein Kind endlich haben?« fragte ich. »Ich habe doch bei der Anmeldung gesagt, daß ich es gleich nach der Geburt anlegen will.«

»Ja, ja, gleich, gleich, junge Mutter. Sie werden Ihr Kind noch lange genug haben. Jetzt müssen Sie sich erst mal zwei Stunden ausruhen.«

Zwei Stunden klebten meine Blicke an meinem Kind. Ich war verzweifelt, weil ich seine Verzweiflung zu spüren vermeinte. Es war, als flössen unsere Lebensströme ineinan-

der. Aber Ohnmacht und Hilflosigkeit überschatteten diese Stunden.
Als ich das Kind später an der Brust liegen hatte, war es nicht mehr das gleiche. Man hatte uns jenes spontanen Naturerlebnisses beraubt, aneinander Trost und Erfüllung zu finden.
Mein Baby. Welch ein Anblick! Zwischen den Augen leuchtete ein dunkelrotes Mal. Die wulstigen, blutunterlaufenen Augenhöhlen erschreckten mich. Die Lider leuchteten mir blaurot gesprenkelt entgegen. Im Nacken ein riesiger feuerroter, ungleichmäßiger Fleck. Die Haut des Gesichtes zeigte sich rot übersponnen von geplatzten Äderchen. Die gesamte Physiognomie schien verschoben. Ein fliehendes Kinn und eine fliehende Stirn. Es war das häßlichste Baby, welches ich je im Leben zu Gesicht bekommen hatte. Wenn es von außen schon so schrecklich aussieht, wie sieht dann erst das Gehirn aus?
»Was ist das?« fragte ich die Schwestern nach den roten Flecken und blutunterlaufenen Augen.
»Ach, das geht mit der Zeit weg. Und der Storchenbiß ist spätestens zur Schulzeit verschwunden.«
»Jetzt habe ich ein Kind mit Blutschwämmen und Feuermalen geboren.«
»Es sind nur Petechien«, beruhigte mich der Arzt. »Das sind punktförmige Hautblutungen aus den Kapillargefäßen. Das geht alles mit der Zeit weg.«
Gut, dachte ich, dann will ich daran glauben, daß meine Tochter all diese blauroten Zeichen verliert. Wir nannten das Kind Ines.

Alltag mit zwei Babys

Am zweiten Tag nach ihrer Geburt begann Ines zu schreien. Sie schrie, schie, schrie. »Armes verhungertes Lämmchen«, versuchten die geduldigen Schwestern mein langes, dürres, faltiges Baby zu trösten. Aber es ließ sich nicht trösten. Auch von mir nicht und nicht von meiner Brust. Nur im Schlaf der Erschöpfung fand es vielleicht Trost. Aber vor allen Dingen auch Kraft und neue Energie für die nächste Schreiorgie. Also begann auf der Station die Suche nach einem Schnuller.

»Wir geben den Kindern keine Schnuller. Seit Jahren hat kein Neugeborenes einen Schnuller bekommen. Aber irgendwo müssen wir noch einen haben. Ich weiß es genau. Irgendwo muß einer sein.«

»Vielleicht hinten im Windelschrank«, sagte eine andere Schwester, während sie ratlos um das kleine Bettchen meines Kindes standen. Sie suchten und fanden einen Schnuller. Aber Ines schrie so sehr, daß er ihr immer wieder aus dem Mund glitt. Sie wollte gar nicht beruhigt werden.

»Warum das Kind nur so schreit? Es ist doch gar kein typisches Schreikind«, fragten sie mich. Aber woher sollte ich das wissen.

Ines brauchte also einen Schnullerhalter. Diese Aufgabe übernahm ich bald, sonst hätte ich das Rooming-in aufgeben müssen. Schließlich war ein unentwegt schreiendes Kind den anderen Müttern und Babys nicht zuzumuten. Außer den Schreiproblemen traten auch Stillschwierigkeiten auf. Ines sog nicht richtig. Nach drei Tagen nahm sie immer noch ab. Da begannen die Schwestern ihr gegen meinen Willen Flaschennahrung zuzufüttern. Schon nach wenigen Tagen ließ meine Brust sie kalt. All das erinnerte mich sehr an die Stillzeit mit Klarissa. Zu Hause,

nahm ich mir vor, werde ich es noch einmal konsequent versuchen.
Das tat ich dann auch, aber es nützte wenig. Ines zog einige Male fest nach Milch, dann hörte sie auf, schlief entweder ein oder wollte von der Brust nichts mehr wissen, drehte den Kopf hin und her und schrie.
Meine Mutter hatte bereits einen Tag nach meiner Heimkehr unseren Haushalt verlassen. Mein Mann hatte sich Urlaub genommen. Er wollte mich unterstützen. Doch was dann geschah, war alles andere. Ich war rund um die Uhr damit beschäftigt, meine Kinder, Hund und Mann abzufüttern. Nachts gab es nicht mehr als zwei ungestörte Stunden. Mein Mann löste mich immer noch nicht ab. Er schlief und schnarchte oder hustete. Ich fütterte Klarissa morgens noch mit der Flasche, mittags und abends bekam sie bereits Brei. Bevor ich die Kinder morgens um sieben Uhr fütterte, bereitete ich für meinen Mann und mich Frühstück. Meistens hatte ich keinen Hunger, weil ich zu müde zum Essen war. Stillen, Flaschen zubereiten, Füttern, Wickeln, den Hund ausführen, aufräumen und saubermachen oder waschen, dann war es schon wieder Zeit, Ines zu baden, zu wickeln, zu stillen, zu füttern; danach Mittagessen kochen für Klarissa und mich, Mittagsschläfchen für die Kinder, aber ich mußte währenddessen liegengebliebene Haus- oder Gartenarbeit erledigen. Kaum war ich damit fertig, stand der Nachmittagsspaziergang an. Ab fünfzehn Uhr wartete der Hund vor der Tür. Kein einziger Tag wurde jemals ausgelassen. Wir gingen immer raus, das Wetter spielte keine Rolle.
Vielleicht kam daher Klarissas stabile Gesundheit. Sie war niemals so recht krank, wie es in den Büchern über die Infektanfälligkeit und Immunschwäche mongoloider Kinder beschrieben war. Ich wunderte mich sehr, denn seit einem Jahr lebte ich in der Erwartung einer nicht ver-

siegenden Schnupfennase, eines fortwährenden Bronchialkatarrhs und rot entzündeter Wangenhaut. Klarissa erlebte bereits ihren zweiten Winter und war immer noch nicht erkrankt.
Ines hingegen wurde in ihrer sechsten Lebenswoche Opfer eines fürchterlichen Schnupfens. Ich hatte sie in ihrem Bettchen zum Mittagsschläfchen vor das offene Fenster geschoben. Die warme Mittagssonne würde ihr gut tun. Im Verlauf der nächsten zwei Stunden zog ein Schneesturm herauf. Schwarze Wolkenschichten dämmten das Licht und die Wärme der Sonne. Statt ihrer Strahlen drangen böige Winde durch die Fensteröffnung und umhüllten den ungeschützten Kopf des Kindes mit eisiger Kälte. Sie begann zu schreien. Ich schaute nicht gleich nach ihr, denn ihr Geschrei war ja nicht ungewöhnlich.
Als ich nach kurzer Zeit das ausgekühlte Zimmer betrat, erschrak ich. Sie hatte beim Schreien die kalte Luft tief eingesogen. Schnell das Fenster zu und warmhalten, aber der Schnupfen war unvermeidbar und blieb für viele Wochen unser Quälgeist. Ines konnte nicht schlafen und ich natürlich dadurch auch nicht. Hatte sie vorher eine Stunde in der Nacht geschrien, so brachte sie es jetzt oft gut aufs Doppelte. Woher nahm das kranke Kind diese Energie und Ausdauer? Während ich zusehends zusammenfiel und reizbar wurde, gedieh sie eigentlich trotz allem prächtig. Unter ihrer faltigen Omahaut hatte sich eine dünne Speckschicht gebildet. Verhungert sah sie nicht mehr aus.
Nach zwei Monaten begannen die Petechien langsam zu verglühen und an Farbe zu verlieren. Der Storchenbiß im Nacken und das Mal zwischen den Augenbrauen blühte unverändert.
Seitdem Ines unsere Familie ergänzte, waren wir isoliert. Wir konnten nirgendwo mehr hingehen, so wie wir es mit Klarissa immer getan hatten, denn Ines schrie. Von zehn

wachen Stunden verschrie sie mindestens acht. Sie verschrie auch die meisten Mahlzeiten, wehrte sich gegen die Ernährung mit Brust und Flasche gleichermaßen. So winzig, wie sie war, gab es dafür nur einen möglichen Rückschluß: Sie fand dies Leben unerträglich.
Ihr Weinen war unstillbar. Ihr Lächeln richtete sich auf leblose Gegenstände. Ich wurde eifersüchtig auf die Bilder an der Wand und das Mobile über ihrem Bett. Nahm ich sie in den Arm, drehte sie ihr Gesicht weg. Auch an der Brust nahm sie nur widerwillig wenige Gramm und vermied dabei ebenso wie beim Wickeln jeden Blickkontakt.
Eines Tages, als ich vor der Wickelkommode stand und ihr kleiner Körper sich wand und zappelte, sagte ich laut: »Du willst nicht leben, ich weiß. Du wolltest nicht geboren werden, ich weiß. Aber du mußt leben, ich habe dich so sehr gewünscht. Ich bin der einzige Mensch, der dich liebt. Alle anderen hast du schon verschreckt und vertrieben. Ich werde dich lieben, wie scheußlich du dich auch aufführen magst. Ich halte mit meiner Liebe zu dir, auch wenn du mich an die Grenzen meiner Kraft treibst. Ich liebe dich wie ein Fels, und du bist ganz normal und gesund.«
Es war so. Niemand wollte mit diesem neuen Kind etwas zu tun haben, nicht einmal sein eigener Vater. Ines war zu schrecklich und überhaupt nicht liebenswert, sondern häßlich und tyrannisch und irgendwie sonderbar. Sie gab kein Zeichen des Erkennens und der Zuneigung oder des Wunsches nach Nähe von sich. Während Klarissas gelegentliches Weinen in meinen Armen schnell verstummte, reizte Ines der körperliche Kontakt zu verstärktem Aufruhr. Manchmal schien es, als kämpfe sie gegen die körperliche Berührung, der sie sich nicht in gleicher Weise entziehen konnte wie dem psychischen Kontakt. Manch-

mal brachte ich sie zum Lächeln, wenn ich sie mit ihrem kleinen Giraffentier stupste. Aber sie lächelte dem Spielzeug zu. Sie lag fast niemals still. Ihre Hände waren ständig beschäftigt, die Arme und Beine zitterten und strampelten, und die Augen richteten sich nach jedem Laut und folgten der kleinsten Bewegung. Nur anschauen tat sie niemanden. Auch den Kinderarzt nicht.

»Ist das nicht seltsam?« fragte ich ihn. »Das Kind verweigert den Blickkontakt.« Die schlimmsten Diagnosen hatten sich in meinem Kopf ein Versteck gesucht. Ich entdeckte sie nur manchmal.

Der Arzt hielt sie auf seiner ausgestreckten Hand in die Luft, brachte sie in die Nähe eines Regales. Ines zitterte vor Verlangen, hineinzugreifen. Ihr Gesicht zeigte eine ungeheure Anstrengung. Der Arzt drehte sie ein wenig. Mit Begierde nahm sie die nächsten Gegenstände wahr. Dann hielt er sie im Arm und versuchte ihren Blick aufzufangen, aber es gelang ihm nicht. Sie lachte seinen Medizinschrank an. Er sagte: »Sie ist nun gerade sechs Monate alt. Wir wollen einmal annehmen, daß sie überaus neugierig ist. Ja, ich denke, sie ist nur neugierig und ein wenig nervös. Aber wir müssen es weiter beobachten.« Was hat Neugierde mit der Verweigerung von Blickkontakt und Anlächeln zu tun, fragte ich mich ganz leise tief innen.

»Ich hoffe, es ist wirklich nur Neugierde«, seufzte ich.

»Nun ja, denken Sie mal an die Schwangerschaft. Vielleicht waren Sie nach Klarissas Geburt doch ängstlich in der Erwartung des zweiten Kindes. So etwas kann sich übertragen und das Baby nervös machen.«

»Ich war nicht ängstlich. Ich weiß jedenfalls davon nichts. Aber vielleicht habe ich es verdrängt.«

Über Klarissa waren sich die Ärzte nicht im unklaren. Sie war unterdessen achtzehn Monate alt und hatte ihre dritte Frischzellimplantation komplikationsfrei überstanden.

Wie seit jeher machte ich mit ihr dreimal täglich Gymnastik. Seitdem sie mitten im Fasching vor zwei Monaten frei zu laufen begann, sparte ich mir eine Übung zu Hause und betrachtete unseren Spaziergang als gymnastische Übung. Außerdem ging ich seit Monaten ein- oder zweimal die Woche mit ihr zum Babyschwimmen. Sie hatte großen Spaß daran. Der erste meiner Babysitter bewachte in dieser Zeit Ines' Mittagsschlaf. Die Fahrten zur Krankengymnastin in das Kinderzentrum in der zwanzig Kilometer entfernten Kreisstadt belasteten mich zunehmend. Ich mußte zwei Kinder füttern, wickeln, anziehen, ins Auto schnallen, durch Schnee und Eis kutschieren. Dann wollte ich mich auf Klarissa und ihre Übungen konzentrieren, aber Ines schrie. Deshalb hatte ich an die »Lebenshilfe« geschrieben und um eine Haus-Frühförderung gebeten, sofern eine solche im Kreis vorhanden sei. Sie war es nicht, aber der Nachbarkreis verfügte über eine Frühförder-Pädagogin. Wir wohnten genau auf der Kreisgrenze. Es gab Schwierigkeiten bei der Kostenübernahme. Ich geriet in Rage. Die Entwicklung meines Kindes sollte wegen Finanzierungsproblemen zurückstehen!
Ich schrieb Briefe hierhin und dorthin, und schließlich einigten sich die Behörden mit der »Lebenshilfe«. Einmal in der Woche kam Frau Heil in unser Haus. Seitdem hatte sich unser Tagesrhythmus verändert. Ich übte zweimal am Tag mit Klarissa nach »Bobath«. Eine Stunde am Nachmittag spielte ich mit ihr und hielt mich dabei an die Empfehlungen und das Beispiel von Frau Heil. Eine weitere Stunde gingen wir zu Fuß spazieren. Ines nahm ich im Kinderwagen und später im Tragebeutel mit. Wenn ich eine weite Wanderung mit dem Hund vorhatte, nahm ich den Tragebeutel mit Ines vor die Brust und den Rucksacksitz für Klarissa auf den Rücken. Dort setzte ich sie nach Bedarf hinein. Wir gingen oft alleine spazieren, denn die

Berufstätigkeit meines Mannes weitete sich aus. Zwar verdiente er mehr, aber ich dachte sehnsüchtig an die Zeiten, als er nachmittags um sechzehn Uhr zu Hause war. Andererseits befreite mich seine Abwesenheit von vielen lästigen Arbeiten. Einkaufen und Menükochen fielen weg; Streiten und Weinen zu entbehren war eine Erholung, und alleine im Ehebett zu schlafen, ohne vom Schnarchen, Hin-und-Her-Wälzen und Asthmahusten ständig geweckt zu werden, war die reinste Lust. Wenn mein Mann nicht da war, verlief mein Leben in einem festen Rhythmus. Ich kam sogar gelegentlich zum Zeitunglesen. Kaum waren wir beieinander, traten Unstimmigkeiten und Mißverständnisse auf. Seit Monaten waren wir einander nicht näher gekommen als zu den üblichen Gute-Nacht- und Abschiedsküssen. Seit Klarissas Geburt ließen sich unsere intimen Begegnungen an einer Hand abzählen.

»Was ist los?« fragte ich.

»Nichts. Ich bin nur ziemlich überarbeitet.«

»Hast du eine Freundin gefunden?« bohrte ich weiter.

»Nein, wirklich nicht. Ich bin nur müde. Immer das Herumfahren. Und hier zu Hause nur Arbeit und Kindergeschrei. Und du hast auch keine Zeit. Immer nur Kinder, Kinder, Kinder.«

»Ja, aber die Kinder sind nun mal da. Und wir haben sie doch gewollt. Und nun müssen wir uns darum kümmern. Wenn du dich ein wenig beteiligen würdest an der Arbeit, hätte ich auch mehr Zeit.«

»Ach Quatsch! Du willst doch nichts mehr von mir wissen.«

»Aber doch. Nur, du merkst es gar nicht. Ich habe jeden Abend für dich Zeit. Ich spreche stundenlang mit dir über deine Karriere. Ich schreibe dir deine Geschäftsbriefe und was du sonst noch brauchst. Aber wenn du meinst, du

kämst zu kurz, werde ich in der nächsten Zeit mal aufschreiben, mit wem und wofür ich meine Zeit verbringe.«
Das tat ich denn auch. Säuberlich führte ich Buch über meine täglichen Beschäftigungen. Es kam dabei heraus, daß ich meinem Mann und nicht, wie er meinte, den Kindern den Hauptteil meiner Zeit gab. Die Kinder hatten mich nur selten ganz für sich alleine. Ich hielt sie bei den Haus- und Gartenarbeiten bei mir, aber meine uneingeschränkte Aufmerksamkeit konnte ich ihnen – außer bei Gymnastik und Spieltherapie – fast niemals zuwenden.
Die Zuwendungs-Buchführung trug nicht zur Verbesserung unseres ehelichen Verhältnisses bei. Eigentlich verhärtete sie eher die Fronten. Mein Mann hatte es nun schwarz auf weiß, daß ich ihn objektiv nicht vernachlässigte. Und ich konnte auf meiner These beharren, er vermöge sich der neuen Situation nur nicht ausreichend anzupassen.
»Wir machen alles so, wie wir es vor der Geburt getan haben«, hatte er sich selbst und unseren Bekannten vor der Geburt der Kinder versprochen. »Man kann doch nicht sein ganzes Leben umstellen, nur weil Kinder da sind.«
Er handwerkerte zu Zeiten, wenn Ines im Mittagsschlaf lag. Er kam laut hustend ins Zimmer, wenn ich Ines gerade stillte. Er öffnete unsanft die Türen und knallte die Schubladen des Schreibtisches zu. Klarissa nahm das eher gelassen. In ihrem ersten Lebensjahr hatte mein Mann Rücksicht genommen. Vielleicht weil sie ein behindertes Kind war. Doch bei Ines schwenkte er völlig um.
»Die schreit doch immer, egal was ist. Was regst du dich auf, laß sie schreien, irgendwann wird sie schon aufhören«, war sein üblicher Ratschlag.
»Bitte sei doch ein bißchen leiser«, bat ich ihn manchmal in höchster Verzweiflung. Er hatte ja keine Ahnung, wie mühsam das Stillen und Füttern war. Jede Störung warf

mich um mindestens eine Viertelstunde oder um eine nicht geleerte Brust zurück. Dennoch hatte ich ein schlechtes Gefühl, wenn ich ihn um Ruhe bat.
»Du Gluckenmutter«, stieß er hervor. »Was soll auch die ganze Stillerei. Du machst dich nur verrückt und wirst nervös. Soll ich vielleicht auf Samtpfötchen durchs Haus schleichen, nur weil das Kind sonst brüllt?«
»Nein, du brauchst ja nicht schleichen, nur ein wenig Rücksicht nehmen«, entgegnete ich.
»Wer soll hier Rücksicht nehmen? Ich? Wer bezahlt denn das hier alles, he? Also muß ich auch keine Rücksicht nehmen.«
»Aber wenn die Babys gut trinken und schlafen und wenn Ines einmal nicht schreit, dann kann ich mich doch auch ein wenig erholen. Du sagst, ich sei nervös. Ja, das stimmt. Aber du verhilfst mir nicht zur Ruhe.«
»Ach, wie du die Sachen immer drehst. Jetzt bin ich daran schuld, daß du nervös bist. Ich will dir was sagen: Du wirst mit deinen Kindern nicht fertig, das ist es.«
»Ich werde schon fertig, aber du stellst ja dazu auch noch Ansprüche, anstatt mir zu helfen, wie du es versprochen hast.«
»Was habe ich versprochen?«
»Du hast versprochen, mich bei der Kinderpflege hin und wieder abzulösen.«
»Arbeite ich noch nicht genug? Bin ich nicht jede Woche einige Nächte außer Haus, obwohl ich lieber hier wäre? Reicht dir das noch nicht? Soll ich mich ganz kaputtmachen?«
»Du sollst dich nicht kaputtmachen, nur nicht so laut husten, wenn ich Ines gerade stille.«
»Wie lange soll das mit der Stillerei noch gehen?«
»Du weißt, wie wichtig die Antiallergene für die Kinder sind.«
»Also, du spinnst.«

»Wir haben doch schon oft darüber gesprochen.«
»Dir sind meine Gene nicht gut genug.«
»Ich will nur nicht, daß die Kinder später auch mal Bronchialasthma kriegen, nur weil ich zu bequem war, sie zu stillen. Ines ist gefährdet. Sie hat Milchschorf, so wie du als Baby.«
»Na und, ich bin doch ganz gesund. Meine Mutter hat mich auch nicht gestillt.«
»Vielleicht bist du deshalb solch ein starker Allergiker. Muttermilch kann den Kindern einen lebenslangen Schutz geben. Das darf ich ihnen nicht vorenthalten, verstehst du das nicht?«
»Nein, du bist eine echte Glucke. Hätte nie gedacht, daß du auch mal so wirst. Aber die Frauen sind wohl alle gleich. Ihr braucht keinen Mann, nur Kinder.«
»Das stimmt nicht. Ich brauche einen Mann. Aber du bist ja keiner. Du benimmst dich wie ein Kind. Ja, verdammt, ich habe zwei Säuglinge, Haus und Hund und ein drittes Kind, nämlich dich. Anstatt mir zu helfen, läßt du mich mit allem alleine. Seit anderthalb Jahren leide ich unter chronischem Schlafmangel. Und du ...«, jetzt begann ich zu schluchzen, »und du willst auch nur versorgt und umtuttelt werden. Aber mich streichelt niemand. Ich bin doch auch nur ein Mensch.«
Mein Mann hantierte mit unbewegter Miene weiter an seinem Schreibtisch. Es knisterte, und Ines spuckte die Brustwarze immer wieder aus. Ich versuchte es mit der Flasche, aber sie drehte ihren Kopf von mir weg in Richtung der Geräusche.
»Siehst du, jetzt trinkt sie wieder nicht. Warum kannst du mich nicht mal in Ruhe lassen beim Füttern?«
»Was kann ich denn dafür, wenn deine Kinder bei dir nicht trinken. Außerdem verziehst du Ines. Sie muß sich daran gewöhnen, daß ich huste und bohre.«

»Natürlich. Aber warum ausgerechnet beim Stillen und bei den Mahlzeiten. Ich kann doch auch nichts dafür, daß sie so leicht erschrickt.«
In mir ballte sich etwas zusammen.
»Wenn ich so eine nervöse Mutter wie dich hätte, würde mir auch der Hunger vergehen.«
Das war zuviel. Ich sprang auf. Stieß ihn in den Sessel, drückte ihm hart das Baby in den Schoß und die Flasche in die Hand und sprach mit letzter Beherrschung: »Wenn du alles so gut weißt und so toll kannst, dann gib deiner Tochter jetzt mal die Flasche.«
Dann stürzte ich aus dem Zimmer, warf mich heulend auf mein Bett. Diese Qual! Sollte das immer so weitergehen, Tag für Tag? Ich könnte das nicht aushalten. Keinen Schlaf, keine Liebe, noch nicht einmal Freundlichkeit und Rücksichtnahme. Und die Angst, daß nicht nur Klarissa, sondern auch Ines nicht normal ist! Und keine Freunde um mich, mit denen ich mal hätte reden können. Keine Arbeitskollegen mehr wie früher in der Dienststelle, wo ich an jedem Morgen für meine Sorgen einen teilnahmsvollen Zuhörer finden konnte. Nichts und niemanden. Statt einem Mann ein Kind. Statt einem gesunden Kind ein behindertes und auch das zweite irgendwie seltsam ... Die Tür öffnete sich, und mein Mann streckte mir triumphierend die leere Milchflasche entgegen.
»Siehst du, so geht es, wenn man ruhig ist. In fünf Minuten ist die Flasche leer. Scheiß auf deine Brust. Die Kinder brauchen einfach eine ruhige Mutter.«
Es verschlug mir die Sprache. Ich brachte nichts mehr heraus, nur in meinem Kopf formten sich die Anfangsworte eines Satzes: Wenn du an meiner Stelle wärst ... Dann erhob ich mich. Die Arbeit wartete. Der Tag ging weiter.
Eines Tages brachte mein Mann ein Fahrradkörbchen mit nach Hause. Er ging damit in die Werkstatt, bastelte ein

wenig herum und führte mir kurze Zeit später ein Schneegefährt vor.
»Toll«, sagte ich begeistert. Er hatte das Körbchen auf dem Schlitten befestigt. Ich legte eine dicke Decke hinein und hüllte Klarissa darin ein. Ines trugen wir abwechselnd im Tragetuch auf der Hüfte. So zogen wir noch im April durch den Schnee. Der Winter dauerte in diesem Jahr sehr lange. Manchmal nahmen wir uns eine Wanderung in ein entferntes Dorf vor. Dort kehrten wir in einer Gastwirtschaft ein, stärkten uns, gaben den Kindern die vorbereiteten und im Rucksack warmgehaltenen Flaschen und wanderten aufgewärmt und zufrieden wieder zurück. Auf halbem Rückweg sank die Dämmerung milchgrau herab und hüllte uns ein. Die Konturen der Zäune und Gatter, der Tannen und Bergrücken verschwammen. Nur der Hund stob als schwarzer Kugelblitz über die violettgrauen Schneeflächen. Dann faßten wir uns bei den Händen, und unsere Herzen wandten sich einander zu. Wir hörten sie im gleichen Takt schlagen wie früher, und in mir keimte die Hoffnung, daß noch nichts verloren sei.
Wie ein gefrorener Hauch legte sich diese Stimmung über den abgrundtiefen See der Verlorenheit, an dessen Ufern wir das Auftauchen unserer ertrinkenden Liebe erwarteten. Der gefrorene Hauch verband unsere Ufer gleich einem Steg. Doch wenn wir ihn betraten, brachen wir ein.

Familienfest

Zu Pfingsten blühte der große wilde Ginsterbusch vor unserem Haus. Er blühte so golden wie jedes Jahr zu Pfingsten. Und wie in allen anderen Jahren strahlte die Sonne warm und sommerlich.

Klarissa tippelte munter durch den Garten. Alle zehn Meter ließ sie sich auf den Hosenboden plumpsen und lachte lauthals. Ines lag auf einer Decke, und ihre Augen waren ständig unterwegs. Sie drehte das Köpfchen in alle Richtungen – nur nichts übersehen, nur alles mitbekommen. Sie war so beschäftigt, daß sie weder nörgelte noch schrie. Aber wehe, wenn ein Sonnenstrahl ihr Gesichtchen traf! Manchmal holte Klarissa die Teeflasche und versuchte, ihre kleine Schwester zu füttern. Dabei schrie Ines seltsamerweise nicht, obwohl Klarissa ihr den Sauger über das Gesicht zog und unangenehm gegen Nase und Wangen stieß, bis sie endlich den geöffneten Mund traf. Mein Mann saß neben dem provisorischen Sandkasten und schippte kleine Häufchen, die Klarissa mit ihren Händen zerpatschte. Wenn die beiden miteinander ins Spiel vertieft waren, stach mein Herz vor Freude. Es gab nichts, womit mein Mann mich stärker für sich einnehmen konnte, als die Zuwendung zu seinen Kindern. Wenn er abends nach Hause kam, hatte er es sich angewöhnt, mit ihnen ein Weilchen im Kinderzimmer zu spielen. Da hätte ich stundenlang ganz still sitzen und nur zusehen können. Mir wurde dabei ganz friedvoll und glücklich zumute.
Am Pfingstmontag überließen wir Ines für drei Stunden meiner Mutter und wanderten mit Klarissa zum Frankfurter »Wäldchestag«. Anläßlich dieses traditionellen Festes bekommen die Frankfurter sogar den halben Dienstag nach Pfingsten frei. Für mich ist dieses Fest eine Institution meines Lebens. Schon meine Eltern wanderten Jahr für Jahr mit uns Kindern zum Fest ins Wäldchen. Nach Weihnachten war deshalb Pfingsten für mich immer das aufregendste und schönste Jahresfest gewesen.
Schon von weitem hörte man die Musik von den Karussellen. Mit dem Wind stieg der Duft von gebrannten Man-

deln und Bratwurst in die Nase und steigerte die Vorfreude und den Appetit.
Klarissa saß in der Rückentrage und betrachtete mit strahlendem Lächeln die Menschenmassen, die sich mit uns zwischen die Budenreihen drängten. Sie hatte einen guten Platz da oben, und wenn ihr jemand nahe kam, klatschte sie ihm aufs Haar oder die Glatze oder verstrubbelte die Frisur. Am Kinderkarussell setzten wir sie in das Feuerwehrauto. Ich hatte einige Bedenken, ob sie während der Fahrt aufstehen würde. Aber sie blieb sitzen, sogar als die Fahrt zu Ende war. Also ließen wir sie noch einmal kreisen. Sie schien sehr gefesselt von diesem neuen Erlebnis. Als wir später an einem Kinderkettenkarussell vorbeikamen, fragte ich meinen Mann: »Meinst du nicht, daß wir sie da mal mitmachen lassen können?«
»Lieber nicht, nachher fällt sie noch runter.«
»Ach wo, es geht doch ganz langsam. Komm, wir setzen sie rein.«
»Auf deine Verantwortung. Ich mache da nicht mit.«
»Aber schau doch, die anderen Kinder sind auch noch klein.«
Ich wußte natürlich, daß Klarissa sich stets sehr lümmelig mit dem Po an der Vorderkante des Stuhles hinsetzte. Egal, dachte ich und hob sie in die Plastikschale. Der Schausteller legte die Kette vor, was allerdings eine rein optische Sicherheitsmaßnahme war. Dann begann es sich zu drehen. Nach einigen Runden rutschte Klarissas Po zusehends dem Rand zu. Sie streckte gar noch die Beine gegen die Erde, als wollte sie aufstehen. Nun wurde es mir doch schwummerig. Ich drehte mich nach meinem Mann um, aber der war ein ganzes Stück weit weggegangen. Er wollte nicht dazugehören, wenn sein Kind vom Karussell fiel. Der Schausteller hatte Klarissas bedenkliche Sitzposition unterdessen auch entdeckt. Einen Moment über-

legte er wohl, ob es besser wäre, die Fahrt anzuhalten. Doch dann nahm er die Hand vom Bremshebel und lief statt dessen neben Klarissa her. Sie fand das besonders spaßig und strampelte jetzt noch zusätzlich mit den Beinen. Ich hatte den Eindruck, sie neckte ihn.

»Da hast du aber Glück gehabt«, bemerkte mein Mann, als ich mit Klarissa zu ihm trat. Er hatte also doch heimlich geguckt.

»Wieso Glück?« fragte ich zurück, »du weißt doch, wie Klarissa sitzt. Sie sitzt immer so. Nur: Woher soll der Schausteller das wissen? Sie wäre schon nicht heruntergefallen.«

»Es war aber nicht nötig.«

»Ach so. Nur weil sie behindert ist, soll sie nicht Kettenkarussell fahren, ja?«

»Wenn sie es eben noch nicht kann ...«

»Aber sie kann es. Und nächstes Jahr kann sie es noch besser. Meinst du, ich hätte keine Angst gehabt?«

»Warum machst du es dann?«

»Nur weil ich Angst habe, kann ich doch das Kind nicht von den Dingen des Lebens fernhalten.«

»Aber mußt du denn immer so übertreiben?«

»Ich habe gewußt, daß sie es kann. Schließlich ist sie zu Hause ja auch noch nie vom Stuhl gefallen.«

»Der hat sich auch noch nie gedreht.«

»Sie sitzt immer so komisch, und das muß doch mit ihrer Behinderung nicht unbedingt etwas zu tun haben. Vielleicht würde sie auch sonst so sitzen. Und dann würden wir gar nicht anfangen, darüber nachzudenken.«

Wir schlenderten weiter. Klarissa störte sich nicht an dem Lärm. Nachdem wir uns auf allen Waldlichtungen umgesehen und eine riesige saure Gurke gegessen hatten, bogen wir vor dem Riesenrad links in den dämmrigen Wald ein.

Auf dem Sandboden zwischen den hohen Kiefernstämmen waren Buden und Stände aufgeschlagen. Das Publikum konnte sich an langen Tischen auf langen, wackeligen Bänken niederlassen und Picknick halten. Wir setzten uns. In den durchbrechenden Sonnenstrahlen wogte der aufgewirbelte Staub. Wir sprachen nicht. Seit Klarissa und dem Kettenkarussell war die Stimmung gedrückt. Mit zugezogenem Gesicht vermied mein Mann jeden Blickkontakt mit mir. Meine Augen begannen zu schwimmen. Ich schaute lange hinauf in die Wipfel.

Eine wirkliche Freundin!

Britta kam zu Besuch. Wir waren seit einigen Jahren befreundet. Mit Brittas Ankunft endete meine Einsamkeit. Morgens trafen wir beim Frühstück aufeinander und beklagten uns über die gestörte Nachtruhe. Natürlich hatte Ines wieder geschrien, Klarissa war auch erwacht und im Hausflur herumgetrippelt. Mein Mann hatte gehustet, und ich war mehrmals die Treppe rauf- und runtergeschlichen, um Ines' Flasche zuzubereiten. Nach dem Füttern schlief sie dann morgens gegen vier Uhr ein. Aber um fünf Uhr brabbelte Klarissa bereits wieder und wollte aufstehen und spielen.
»So geht das jeden Tag«, erklärte ich.
»Das würde ich nicht eine Woche lang aushalten«, seufzte Britta, »wann schläfst du eigentlich?«
»Vor ein Uhr ins Bett zu gehen, habe ich mir schon lange abgewöhnt.«
»Deshalb siehst du wohl auch so – entschuldige – beschissen aus?«

»Seit Klarissas Geburt habe ich keine Nacht durchgeschlafen. Und seit Ines da ist, schlaf' ich von dem Rest nur noch die Hälfte.«
»Aber dein Mann. Macht der denn nichts.«
»Er hustet.«
»Na ja, er sah auch schon mal besser aus.«
»Ich glaube, er wird mit dem Problem ›Klarissa‹ nicht fertig. Seit anderthalb Jahren hustet er wie nie zuvor. Zweimal mußte ich schon den Notarzt holen, weil ich dachte, er erstickt. Manchmal, nachts, rennt er wie ein Verrückter aus dem Haus und schnappt nach Luft.«
»Sieht nicht gut aus mit euch?«
»Nein.« Ich kramte mein Taschentuch hervor.
»Aber daß er sich nicht mal nachts um die Kinder kümmert ...«
»Ich kann bald nicht mehr«, bekannte ich, »Klarissa schläft seit einem halben Jahr in drei Phasen. Um dreiundzwanzig Uhr etwa wird sie zum erstenmal wach. Sie brummelt und redet laut im Bett vor sich hin, und wenn ich mich nicht drum kümmere, beginnt bald das Weinen. Sie schläft dann wieder ein, und nach drei Stunden geht es von neuem los. Also gerade dann, wenn ich einschlafen könnte.«
»Das ist ja kein Leben ...«
»Ist es auch nicht, nein wirklich.«
»Kannst du denn tagsüber ein bißchen schlafen?«
»Schön wär's. Ich komme kaum zum Zeitunglesen. Und der Hund, zweimal am Tag muß ich mit dem raus. Aber nicht nur mal eben vor die Türe. Dann ist der so unausgelastet, daß er den ganzen Tag bellt.«
»Aber du wolltest den Hund doch gar nicht?«
»Na, was spielt das jetzt für eine Rolle? Er ist da und braucht seine Pflege.«
»Du bist wirklich unmöglich. Hund, Kinder, der Garten,

das Haus und wegen jedem Mist kilometerweit fahren. Die Natur ist ja hier herrlich, aber zum Leben ist es unmöglich.«

»Aber die Kinder können raus. Klarissa rennt schon die Straße hinauf. Und die Treppen ums Haus herum sind für sie auch kein unüberwindbares Problem. Ich sage dir, Britta, ohne diese Gegend wäre Klarissa nicht so weit.«

»Ja, aber die ständige Fahrerei. Das würde mich schaffen.«

»Das macht mir eigentlich nur im Winter bei Glatteis was aus. Da bleibt das Auto dann mal einige Tage stehen. Ich kann zur Not ja auch das Brot selbst backen. Und Vorräte habe ich immer genug. Vom Eingemachten alleine könnten wir uns ein paar Wochen ernähren.«

»Du bist eine richtige Hausfrau geworden.«

»Ich wundere mich selbst. Aber irgendwie kommt das von alleine. Es würde mir sogar Spaß machen, wenn ich nicht ständig so müde wäre.«

»Da mußt du dir was einfallen lassen.«

»Es gibt nichts.«

»Du resignierst?«

»Ja, ich versuche erst gar nicht mehr, zeitig einzuschlafen, weil das ständige Aus-dem-Schlaf-gerissen-werden mich dermaßen aggressiv macht, daß ich mich vergessen könnte.«

»Kannst du nicht mehr einschlafen oder warum?«

»Ich liege dann im Bett und höre die winzigsten Geräusche. Die Schränke und Holzwände knacken, der wild träumende Hund scharrt unten im Flur mit seinen Tatzen, Klarissa wälzt sich im Schlaf redend hin und her, und ich warte darauf, daß sie gleich wach wird und weint. Ich höre sie atmen, obwohl das unmöglich sein kann, denn ihr Zimmer ist gegenüber. Ich lausche auf das gleichmäßige Schmatzen von Ines, wenn sie an ihrem Schnuller nukkelt. Auch das ist zwei Zimmer entfernt, aber ich höre es dennoch ganz nah. In den Ohren dröhnt mir mein eigener Pulsschlag. Es ist zum Verrücktwerden. Ich versuche es mit autogenem Training. Bin ich dann endlich in einen oberflächlichen Schlummer geraten, reißt mir schon das leiseste Knacken oder Lallen den Kopf aus den Kissen. Gleichzeitig gerät mein Herz in ein rasendes Staccato. Auch wenn nichts war, braucht es mindestens eine halbe Stunde, bis es die alte Ruhe erreicht hat. Und dann hustet ausgerechnet mein Mann, oder er wirft sich auf der Matratze hin und her, daß das Bett nur so vibriert. Aber in den meisten Nächten kann ich trotz aller Müdigkeit gar nicht erst einschlafen, weil er schnarcht.«

»Hast du ihm das mal gesagt?«

»Na klar, aber er versteht nicht, daß mich das so sehr beeinträchtigt.«

»Du mußt woanders schlafen. Leg dich doch ins Büro.«

»Habe ich auch schon manchmal gemacht. Doch da schläft ja Ines. Und die merkt wohl, wenn ich da bin, und verliert alle zwei Minuten ihren Schnuller. Statt Geschnarche höre ich dann Geheule.«

»Und unten im Wohnzimmer?«

»Dann höre ich nicht mehr, was mit den Kindern ist. Außerdem ist da noch ein anderes Problem. Mein Mann interpretiert den nächtlichen Auszug als Liebesentzug.«

Da saßen wir uns nun redend und ratlos mit müden Augen gegenüber. Trotzdem ging es mir besser als seit Monaten. Ich hatte endlich einen Menschen bei mir, dem ich alles sagen konnte, der meine Klagen, mein Selbstmitleid, meine bittere Verzweiflung anhörte. Britta nahm mir ein wenig die Kinder ab, spielte mal mit Klarissa oder fütterte Ines, die ich unterdessen abgestillt hatte. So kam ich ein wenig zur Ruhe. Aber am erholsamsten war es, einmal so recht den Dampf ablassen zu können, den Zorn

und die Wut einzugestehen und der unendlichen Angst vor der Zukunft Worte und Bilder zu verleihen.
Während unserer nachmittäglichen Spaziergänge kamen all diese Dinge zur Sprache, aber ich zeigte Britta auch die Schönheiten der ländlichen Umgebung, den Blick über die Hügel, der mich jedesmal für eine kurze Weile von allen Nöten befreite. Diese Spaziergänge begannen oder endeten jedesmal auf dem Bauernhof. Dort deckte ich täglich meinen Bedarf an frischer Milch. Klarissa liebte die muhenden Kühe und drückte sich mit schreckgeweiteten Augen in meinen Rock, wenn die hungrig kreischenden Schweine gefüttert wurden. Ines geriet stets in Panik, weshalb ich sie im Wagen vor dem Stall stehenließ. Manchmal trug ich sie aber auf der Hüfte und mußte sie mit hineinnehmen. Sogleich begann ihr kleiner Körper fürchterlich zu zittern, dann schrie sie.
Insgesamt schien mir Ines' Geschrei in den letzten Wochen abgenommen zu haben. Oder besser: Ich wurde einsichtig und erkannte die Gründe für ihr Weinen. Nachts schlief sie durch, wenn sie von Klarissas Weinen nicht aufgeweckt wurde. Ines war derart empfindlich, daß leiseste Geräusche sie aus der Ruhe brachten.
Im Frühjahr, als während des Manövers Hubschrauberangriffe auf unser Dorf geübt wurden, geriet sie immer in einen Ausnahmezustand. Auch wenn die Düsenjäger mit Überschallgeschwindigkeit ihre Lärmkuppel urplötzlich über uns warfen, verfiel sie in panische Reaktionen. Ich mußte alles stehen, fallen oder liegen lassen und zu ihr laufen. Dann nahm ich den dünnen, wie Espenlaub zitternden Körper schützend in die Arme und hielt ihr die Ohren zu. Sie endete ihr jämmerliches Geschrei erst nach vielen Minuten. Ich barg sie an meiner Brust, umhüllte sie und verspürte unbändigen Haß auf alle Dinge, die mein Baby derart verstörten. Einmal hielt ich sie so an

mir, sprach ihr in beruhigendem Singsang zu und versuchte wie immer, ihre Blicke einzufangen. Da schaute sie mich tatsächlich an. Ganz kurz nur, doch nun hatte ich Hoffnung. In den nächsten Tagen konnte ich mich sehr intensiv um sie kümmern, denn Britta nahm Klarissa morgens zu sich ins Bett und gab ihr dort die Flasche. Klarissa, die seit mehr als einem halben Jahr das Pattex-Syndrom entwickelt hatte (so nannte ich ihren furchtbaren Drang, sich an mich zu klammern) und niemals von meiner Seite wich, ohne mein Entschwinden aus ihrem Gesichtsfeld mit Gebrüll zu quittieren, wurde mir untreu und lag selig ausgebreitet an Brittas Busen gebettet. Ich war glücklich. Endlich Zeit für Ines. In diesen Tagen begann Ines, mich anzulächeln. Sie war nun ein halbes Jahr alt und begann, mich dauerhaft anzuschauen und anzulächeln. Obwohl sie abgestillt war, legte ich sie zum Nukkeln an die Brust. Sie wehrte sich nicht mehr.
Wie soll ich die Erleichterung nach all den allein getragenen Ängsten, die ich wegen ihrer autistisch anmutenden Verhaltensweisen ausgestanden hatte, beschreiben? Eine Last fiel von mir ab. Doch war mein Organismus durch die fortdauernde Schlaflosigkeit bereits so beeinträchtigt, daß ich kaum Frohsinn verspürte. Dem Funktionieren stand ich damals näher als dem Lebendigsein. Ich ahnte nicht, daß dieser Zustand sich bis zum Zusammenbruch steigern würde.
Klarissa akzeptierte Britta auch im Wasser. Zum erstenmal konnte ich mit Ines im Schwimmbecken beim Babyschwimmkurs spielen. In den Wochen vorher war der Babysitter mit ihr in das Becken gestiegen. Oft genug hatte ich einen Tausch versucht, aber Klarissa hatte sofort schreiend protestiert. Nun paddelten und planschten wir zu viert fröhlich im Wasser herum. Ich müßte mehr Zeit für Ines haben, dachte ich.

Einen Tag bevor Britta wieder abreiste, machte sie ein Foto unserer Familie. Mein Mann und ich sitzen auf einer Bank. Jeder von uns hat ein Kind auf dem Schoß. Er hält Klarissa im linken Arm und mich im rechten. Friedlich lächelnd strampelt Ines in meinen Händen. Es ist ein schönes Bild. Wir sehen jung aus auf dieser historischen Aufnahme. Wer hätte uns für unglücklich halten können?

Vom Familienleben

Der Sommer des Jahres 1982 brachte eine Kirschenernte, daß die Zweige unter den Lasten brachen. Ich entsteinte und kochte die Früchte ein, die mein Mann zentnerweise von den Bäumen holte, und fragte mich nach den ersten fünfzig Einmachgläsern: Wozu das alles? Für die Kinder hatte ich kaum noch Zeit. Klarissas Laufstall stand in der rechten Küchenecke, und Ines schaukelte in der Wippe in der linken Küchenecke. Zum Füttern mußte ich mir Zeit nehmen, obgleich es jetzt bedeutend schneller ging als noch vor drei Monaten. Der Hund wurde nur einmal täglich spazierengeführt und mußte sich ansonsten mit dem großen Garten begnügen. Das reichte ihm nicht, weshalb er mehrmals über den Zaun in die Felder sprang. Zwar war er kein Jagdhund, aber ich hatte dennoch Angst, daß einer der Wildhüter ihn abknallte. Es gab immer eine Riesenaufregung, bis er nach einer Stunde hechelnd wieder zurückgekehrt war. Solche Ereignisse reizten die Wut meines Mannes. Er schimpfte auf den Hund, und ich widersprach, daß der Hund ja nichts dafür könne, wenn wir nicht die nötige Zeit hätten. Wegen des Hundes gab es oft Streit.

Der Kinder wegen gab es keine Auseinandersetzungen.

Irgendwann kurz vor Klarissas Geburt hatten wir die Rollen vertauscht. Da mein Mann nicht so häufig mit den Kindern zusammen sein würde wie ich, sollte die disziplinierende und strafende Funktion mir zufallen. Dieser Entscheidung lag mein intensiver Wunsch zugrunde, die Kinder mögen kein negatives Vaterbild entwickeln. Aus meiner eigenen Biographie hatte ich das tiefe Bedürfnis nach einer liebevollen Vater-Kind-Beziehung. Ich hätte es nicht ertragen können, wenn mein Mann gegen eines der Kinder – sei es auch nur im Affekt – die Hand erhoben hätte. Wie konnte ein Kind seinen Vater als liebevoll erleben, wenn er abends nach Hause kam, seine Ruhe haben wollte und mit den Kindern schimpfte oder sie gar handgreiflich strafte? Pflegende Funktionen zu übernehmen, lehnte mein Mann mit der Begründung ab, das könnten Frauen besser. Aber wer sein Kind nicht pflegt, der kann es nicht strafen, ohne ein Ungleichgewicht hervorzurufen. Deshalb legten wir für ihn die Rolle des »Spielvaters« fest. Sie sollte vorerst für die Säuglings- und Kleinkinderzeit gelten. Trotz manchen späteren Versuchs, sich dieser Rolle zu entledigen, gelang es meinem Mann nicht, denn er wollte nun zwar nicht mehr nur mit den Kindern spielen – aber er wollte ihnen auch nicht die Windeln wechseln oder mit ihnen baden. »Ich kann nichts mit kleinen Kindern anfangen; wenn sie erst mal acht sind, können wir etwas unternehmen«, sagte er manchmal. Es half auch nichts, daß ich ihm dann antwortete, er sei doch ein guter, lieber Vatcr.

Die Kinder indessen hatten schnell erkannt, wofür ihr Vater sich eignete. Nämlich zum Spielen. Klarissa jauchzte, wenn sie ihn von weitem sah, und stolperte ihm entgegen, so schnell sie es vermochte. Er riß dann die Arme auseinander und drehte sie im Kreis. Dieses Karussellspiel liebte auch später Ines sehr. Sobald sie im Spätsommer krab-

beln konnte, jagte sie ihrem Vater im Eiltempo auf Knien entgegen. Und sie lachte.
In diesen Momenten der Harmonie zwischen Vater und Kindern empfand ich ein Glück, das mich vollkommen erfüllte und mein Gesicht strahlen ließ. Mir ging damals das Verständnis für jene Mütter ab, die eifersüchtig reagieren, wenn der Vater sich innig und häufig mit seinen Kindern befaßt. Ich hatte kaum einen stärkeren Wunsch als den, daß Vater und Kinder miteinander im Spiel versanken und jene warme gegenseitige Begeisterung ausstrahlten. Tief in mir hellte sich eine Dunkelheit auf und füllte sich ein leerer Brunnen. Ich fand die Erfüllung einer langgehegten Sehnsucht.
Wegen der kleinen Kinder, der leeren Geldbörse und wegen der immer noch nicht vollendeten Hausrenovierung verbrachten wir den Urlaub zu Hause. Ich hatte keinen Drang, mich aus der gewohnten Umgebung zu entfernen. Hier zu Hause war alles organisiert und verlief in einem Rhythmus, auf den ich mich eingestellt hatte. Mit kleinen Kindern zu verreisen ist keine Wonne und mehr als anstrengend. Allein die Pakete fürs Essen zu packen samt gewohnten Flaschen, Tellern, Löffeln, Täßchen erforderte starke Konzentration. Und wehe, man vergaß den Schnuller! Das Leben geriet dann plötzlich aus den Fugen. Ohne Schnuller konnte Ines nicht einschlafen, und ich wurde durch ihr Gebrüll nervös und aggressiv. Schnell zur nächsten Drogerie oder Apotheke – Gott sei Dank gibt es die hier bei uns an fast jeder Ecke – und ein Paket Schnuller gekauft.
Als die Kinder etwas größer waren, mußte dann auch noch das Reisebett für den Mittagsschlaf, das Kopfkissen, das Schlaftier, die Lieblingszudecke, das Lieblingsbuch und Lieblingsauto mit. Der Kofferraum war schließlich für einen nachmittäglichen Besuch bei Freunden so

vollgeladen, als ginge es auf große Fahrt. Da blieb ich wirklich nur zu gerne in meinen vier Wänden und zog unsere ausgedehnten Spaziergänge vor.
Die Kinder schliefen abends von acht bis elf Uhr ohne Störungen durch. In dieser Zeit machten mein Mann und ich oft noch einen kleinen Abendspaziergang. Ich hing sehr an dieser Stunde mit ihm allein. Als er sich später weigerte mitzugehen, bedauerte ich das sehr.
Wenn ich von meinen einsamen Wanderungen zurückkehrte, saß er vor dem Fernseher. Ich setzte mich mit dem Strickzeug oder einer anderen Handarbeit neben ihn. Wir waren beisammen und fanden Gelegenheit, noch ein Wort miteinander zu wechseln, auch wenn wir nicht mehr viel zu sagen wußten. Unsere Themen beschränkten sich auf den Beruf und auf die Kinder. Einmal kamen wir über die Haus-Frühförderung ins Gespräch, nachdem mein Mann Frau Heil und Klarissa beim Spielen zugesehen hatte.
»Und das soll so schwer sein… kannst du denn nicht selbst mit Klarissa spielen?« fragte er.
»Es ist ja kein einfaches Spielen, sondern bestimmte Spielsachen und Bilderbücher werden dem Kind seiner Entwicklung entsprechend angeboten.«
»Aber du hast doch Pädagogik studiert. Du mußt das doch wissen.«
Wie oft hatte ich diesen Satz in den letzten anderthalb Jahren gehört! Von Leuten, die es mehr oder weniger gut mit mir meinten. Aber wie sollte ich den Menschen jene Hilflosigkeit verständlich machen, die mich in eigener Sache packte? Meine Tochter war kein pädagogisches Problem für mich, das ich lösen konnte. Sie war ein Stück von meinem Leben, Fleisch von meinem Fleisch und Blut von meinem Blut. Ich konnte nicht zum Therapeuten dieses Ablegers meines Selbst werden. Ich fühlte mich dazu

nicht in der Lage. Nicht einmal mein Mann begriff das. Viele Leute meinten, daß ein günstiges Schicksal mich vor Jahren zum Pädagogikstudium geführt hätte, denn dadurch wäre doch jetzt alles leichter. Nichts, war ich versucht zu schreien, nichts macht es leichter! Nur weil ich Pädagoge bin, fällt es mir auch nicht leichter, zu meinem Kind und zu dem veränderten Leben »ja« zu sagen. Daß ich mich kompetenter als mein Mann fühlte, hatte wenig mit meinem Pädagogikstudium zu tun.

»Mit diesem Gebiet habe ich mich kaum befaßt. Und auch wenn ich alles wüßte, so bleibe ich doch befangen, weil Klarissa mein Kind ist. Ich bin froh, daß die Frau Heil kommt.«

»Ich finde es ziemlich unpassend, daß das Sozialamt ins Haus kommt, obwohl meine Frau Pädagogin ist.«

»Ich brauche die Frühförderung, glaube mir. Und Klarissa braucht es auch. Ich lerne dabei so viel. Und außerdem kann ich mich auch einmal aussprechen.«

»Du immer mit deinem Aussprechen und Besprechen. Das bringt doch alles nichts.«

»Aber doch«, legte ich alle Überzeugungskraft in meinen Tonfall, »ich habe oft das Gefühl, ich bin für die ganze Woche gestärkt, wenn Frau Heil da war. Wenn sie mal nicht kommt, bin ich verstört. Es ist schlimm.«

»Das ist nur, weil du dich weigerst, mit den Sachen selber fertig zu werden. Du machst dich lieber von fremden Leuten abhängig.«

»Wieso weigere ich mich?«

»Du belästigst dauernd Institutionen und Leute mit unseren Problemen. Die interessieren sich doch gar nicht dafür.«

»Und ob! Dafür sind sie doch da. Sie sind dafür da, uns zuzuhören, uns zu helfen und zu unterstützen. Dafür bekommen sie doch auch ihre Gelder. Und die ›Lebenshil-

fe‹ entstand ja auch aus dem Bedürfnis nach Solidarität und Hilfe.«
»Ich finde trotzdem, daß wir die Almosen der Sozialämter nicht nötig haben.«
»Aber ich bitte dich. Was hat die Frühförderung mit Almosen und Sozialamt zu tun? Und außerdem spucke ich nicht auf Gelder, die meinem Kind das Leben etwas erleichtern.«
»Aber was macht die Frau Heil denn schon? Sie baut Türmchen mit Klarissa. Na und? Das können wir doch auch. Sie schaut mit ihr Bücher an und spielt Fangen und Verstecken. Sie fädelt eine Kette auf. Ist da irgend etwas, das du nicht mit Klarissa machen könntest? Du hast doch auch immer die Gymnastik mit ihr gemacht, und du bringst ihr das Sprechen bei. Warum holst du dir dann zum Spielen einen Fremden ins Haus?«
»Ich glaube, du willst es nicht verstehen.«
»Ich weiß nur, daß du ständig über deinen Büchern hängst und nachliest, wie das Leben gehen soll und muß. Und wenn es dann drauf ankommt, kannst du anscheinend nicht mal mit deinem Kind spielen. Ich begreife das nicht.« Kopfschüttelnd schaute er mich an. Die Wand zwischen uns wurde immer undurchdringlicher.
»Hast du schon mal gehört, daß Lehrer oft die schlechtesten Erzieher ihrer eigenen Kinder sind?« versuchte ich es von der anderen Seite.
»Nur weil ich Pädagogik studiert habe, bin ich doch nicht schon unbedingt cin guter Spieltherapeut für mein eigenes Kind. Man kann doch sein eigenes Kind nicht distanziert mit objektiven Augen sehen.«
»Du redest und redest, bist ein reiner Theoretiker. Aber auf die Praxis kommt es an.«
»Wenn ich doch weiß, jemand anders kann es besser als ich, warum soll ich ihn dann nicht bitten, mir zu helfen?«

»Streng dich mal an, dann kannst du es.«
»Das sind doch Unsachlichkeiten. Ich vermute, du schämst dich, ja?«
»Allerdings ...«
»Ja, aber warum?«
»Na, eine studierte Pädagogin, die sich nicht zu helfen weiß. Die Leute werden das gleiche denken.«
»Die Leute ... erstens denken sie so nicht, und wenn, spielt das für mich keine Rolle. Ich muß doch tun, was ich für gut und richtig halte. Es gibt auch noch etwas. Gerade weil ich viel weiß, aber mit behinderten Kindern keine praktische Erfahrung habe, fühle ich mich hilflos. Welche von all den Dingen, die man tun kann, sind die richtigen für mein Kind? Ich will Klarissa nicht von Montag bis Freitag therapieren lassen, aber sie soll eine oder zwei gute Förderungen erhalten. Und sie soll dabei nicht nur auf mich angewiesen sein. Für sie ist es auch gut, wenn Frau Heil mit ihr spielt. Ich würde oft mit ihrer Leistung nicht zufrieden sein, weil ich denke, sie kann mehr. Ich würde ungeduldig und aggressiv werden, wo Frau Heil die Sache mit Humor nimmt. Frau Heil kann auf Klarissa ganz anders eingehen, weil sie nicht die Mutter ist.«
Da gab mein Mann es auf.
»Na gut, du bist hier die kompetente Autorität, wenn du es sagst ...«
An den Wochenenden, wenn die ganze Familie beisammen war, fiel es mir schwer, den Rhythmus beizubehalten, der sich die Wochentage über eingespielt hatte. Angefangen beim späten und ausgiebigen Frühstück, war kaum etwas wie am Alltag. Das Essenkochen verlief zeitraubend. Alltags kochte ich keine Extramahlzeiten. Ich aß den Milch- oder Gemüse- oder Obstbrei der Kinder mit. Die Mahlzeiten bereitete ich immer frisch zu. Ich verwendete keine Fertignahrung. Die Tage waren immer

noch vom Füttern bestimmt, und danach mußte ich mich auch am Wochenende einrichten. Das hieß also um sechs Uhr aufstehen. Beide Kinder bekamen da ihre Flaschennahrung. Das dauerte mit Anziehen und Wickeln mindestens neunzig Minuten, meistens zwei Stunden. Dann ging ich ins Bad, zog mich an und ließ Hund und Katze raus. Anschließend bereitete ich das Frühstück und erledigte dabei gleichzeitig so manche kleine Hausarbeit. Wenn ich den Tisch gedeckt und den Tieren Futter gegeben hatte, weckte ich meinen Mann, wenn er noch nicht aufgestanden war. Zwischen halb zehn und zehn hielten wir dann Frühstück. Für die Kinder war es bereits die Vormittagsmahlzeit. Gegen halb zwölf mußte ich wieder in die Küche, das Mittagessen vorbereiten.

Die Kinder aßen noch nicht mit uns am Tisch. Ich fütterte sie vor. Zuerst Ines. Sie bekam etwas Gemüsebrei, wurde danach gewickelt und zum Mittagsschläfchen hingelegt. Dann nahm ich Klarissa mit in die Küche und setzte sie in ihren Hochstuhl. Der Stuhl hatte vorne eine große Tischfläche, die bequem Platz bot für Teller, Tasse und Besteck.

Klarissa zeigte sich dem Löffel nicht abgeneigt, denn sie hatte schon sehr früh mit ihm Bekanntschaft geschlossen. Kaum älter als sechs Wochen, begann sie unter starken, nach kurzer Zeit stets erneut wieder auftretenden Durchfällen zu leiden. Ich versuchte, mit ärztlich verordneten Medikamenten, mit Heilnahrung, mit Apfel- und Bananenmus, mit Teetabletten und Coca-Cola der auf Dauer gefährlichen Gesundheitsstörung Herr zu werden. Schließlich gab meine Mutter mir einen Tip aus ihrem Mütterbuch, das sie zu meiner Geburt erhalten hatte. Ich kochte nach einem dort angegebenen Rezept eine Karottensuppe. Diese mußte allerdings löffelchenweise gefüttert werden. Aber der Erfolg war ungeheuerlich. Bereits nach wenigen Stunden war der Durchfall eingedämmt. Seitdem erhielt Klarissa täglich eine Karottenmahlzeit zur Vorbeugung. Verschlimmerte sich der Durchfall, ersetzte ich eine weitere Milchmahlzeit durch die Karottensuppe. So war diese Belastung weitgehend aus der Welt geschafft.

Der Löffel gehörte also zu Klarissas täglichen Erlebnissen. Sowie ich Klarissas gesteigertes Interesse am Löffel wahrgenommen hatte, ergriff ich die Gelegenheit beim Schopf und trainierte mit ihr Tischmanieren. Ich wollte erreichen, daß sie sich später problemlos mit uns auf Besuchen, im Urlaub und im Restaurant zu benehmen wüßte. Das würde sowohl ihr als auch uns das Leben unerhört erleichtern. Auch für mich wäre ein am Tisch manschendes und einfach nur unerzogenes Kind eine starke Beeinträchtigung. Deshalb wappnete ich mich mit viel gutem Willen und noch mehr Geduld und der Überzeugung: So gut sie es vermag, wird sie es lernen.

Seit gut einem halben Jahr saß ich bei jedem Mittag- und Abendessen auf einer Bank hinter ihr, so als wolle ich sie umarmen. Meinen linken Arm legte ich um sie. Meine linke Hand ruhte auf ihrer linken Hand auf dem Tischrand. Mit meiner rechten Hand unterstützte ich dann ihre Bewegungen, den Löffel zu füllen und zum Mund zu führen. Zuerst war es sehr schwierig, aber Klarissa wurde des Übens nur selten überdrüssig. Sie hatte Ausdauer. Ich erlaubte ihr nicht, mit dem Löffel ins Essen zu platschen oder auf eine andere Art zu matschen oder zu spielen. Zum Ausleben dieser Bedürfnisse verschaffte ich ihr andere Gelegenheiten im Garten.

Nach diesem guten halben Jahr konnte Klarissa den Löffel fast perfekt handhaben. Allerdings rutschte ihr das Essen oft über den Tellerrand. Ich zeigte ihr deshalb, wie mit dem Schieber des Kinderbestecks das Essen bequem im

Teller festzuhalten oder auf den Löffel oder die Gabel zu schieben ist. Mit meiner linken Hand half ich ihr beim Einüben der Bewegungen.

Wenn Klarissa gegessen hatte und sauber im Bettchen lag, hielt ich am gewöhnlichen Wochentag nun ein kleines Weilchen für mich reserviert. Diese Pause, in der ich einmal zu mir selbst finden konnte, mich oft einfach nur einmal hinsetzen und die Augen schließen wollte, dieses Elixier mußte am Samstag/Sonntag ausfallen, weil ich nun für meinen Mann (und mich) Essen kochen mußte. Ich gab mir zwar immer Mühe und versuchte mich während der Arbeit mit den Argumenten der Eheberater anzufreunden, die eine gemeinsame und ungestörte Mahlzeit des Elternpaares als klimaverbessernd bezeichneten, dennoch ging mir meine verlorene Pause nie aus dem Sinn. Je schwieriger sich im Lauf des nächsten Jahres das Verhältnis zwischen mir und meinem Mann gestaltete, um so dringender verlangte es mich nach einer einsamen Mittagspause. Ich häufte da im Laufe von Monaten eine Menge Wut auf, die ich mir aber nicht zugestand, denn schließlich hatte mein Mann doch auch Rechte, oder?

Der Nachmittag und Abend verlief ähnlich wie an den Wochentagen, wenn ich es geschafft hatte, die Arbeiten des Vormittags aufzuholen.

Mein Mann versuchte nachmittags immer, Nachbarn oder Bekannte einzuladen. Wochenenden mit Besuch verliefen – bis auf wenige Ausnahmen – harmonischer, als wenn wir zu zweit gewesen wären. War der Besuch aus dem Haus, wurde die Atmosphäre oft wieder stickig. Wir nahmen das kaum bewußt wahr, fühlten uns eben etwas unwohl und unzufrieden und schoben uns die Schuld daran gegenseitig zu. Alle Versuche, darüber zu sprechen, prallten irgendwann auf eine Wand. Wir steckten in einer Sackgasse.

Doch in diesem Sommer 1982 hatten wir noch Hoffnung. Wir dachten, wenn die Kinder größer werden, verringern sich unsere Sorgen, und wir werden uns wieder besser verstehen können.
An jedem Freitag, wenn mein Mann nach Hause kam, brachte er mir Blumen oder getrocknete Aprikosen mit. Die liebte ich sehr. Wenn wir abends gemeinsam die Aprikosen naschten, erinnerten wir uns an unsere Reisen durch die Türkei. Dort waren wir von Freunden mit Malatya-Aprikosen eingedeckt worden. Wir gerieten ins Reden, manchmal stieg gar Freude auf, und wir kuschelten uns aneinander.
Der Sommer erlaubte uns auch eine andere Gemeinsamkeit. Wir trafen uns abends, wenn die Kinder schliefen, auf der Terrasse zum Grillen. Ich bereitete Salate zu, die mein Mann liebte und die sein Gemüt besänftigten. Er hingegen entfachte später ein Feuer und spielte auf der Mundharmonika, was mich glücklich machte. In diesen Abendstunden haben wir uns niemals gestritten. Wir saßen am Feuer, lauschten den Geräuschen der Nacht, die mit der zunehmenden Dunkelheit erwachten. Wir folgten in begeistertem Schweigen dem lautlosen Flug des Uhus, der dicht über unsere Köpfe hinüber zu den bewaldeten Hängen glitt. Oder wir versuchten einige der unzähligen Glühwürmchen zu fangen, die aus dem Gras und den Büschen unseres Gartens sanft emporschwebten.

Sand, Sonne, Wasser und freundliche Menschen

Der Sommer war herrlich und endlos. Nur zwanzig Autominuten entfernt lag im Wald ein kleiner See, an dessen vorderem Ufer weißer Sand angeschüttet war. Diese Seite des Sees war der Bevölkerung zum Schwimmen und Spielen zugänglich. Die andere Seite blieb Wassertieren und Spaziergängern vorbehalten. Dorthin fuhr ich mit meinen Kindern, sooft ich konnte. Während sie am Ufer herumkrabbelten und sich mit Schaufeln, Eimern und Förmchen fleißig als Kuchenbäcker und Köche betätigten, genoß ich die Vertrautheit dieses Ortes. Wenn ich eine Weile nur so dagesessen hatte, fand ich sogar Freude am Spiel mit den Kindern. Mit Klarissa stürmte ich parallel zum Strand durch die niedrigen Wellen, daß sie hoch aufspritzten und schäumend zurückfielen. Sie hatte keine Angst vor dem Wasser, denn wir gingen ja schon seit langer Zeit regelmäßig ins Schwimmbad. Ines entwickelte sich auch zu einer Strand- und Wasserratte. Sie war stets in dem sanften Wellengang zu finden, der den Sand hinaufleckte.

Klarissa erlebte ihren zweiten Sommer und Ines ihren ersten. Doch sie nahmen das Ganze, als hätten sie schon unzählige Sommer erlebt. Sie buddelten und schaufelten zielstrebig, rührten Sand und Wasser zu Grießbrei, bauten Berge und Häuser und zerstörten all ihre Werke in voller Absicht, patschten jauchzend mitten hinein in den Brei und manschten in ihm herum, setzten sich mitten in ihre Berge und Häuser und ließen den Sand am nassen Po festkleben. Wenn ich sie dann ringsum einschaufelte, schauten sie einander fasziniert an, war doch auf einmal nur der halbe Mensch zu sehen. Ines mußte immer wieder einen Fuß aus dem aufgeschütteten Sand hervorstrecken, um sich der Anwesenheit ihres Körpers zu versichern.

Daraus entwickelte sich dann schnell ein neckisches Spiel. Kaum hatte ich sie eingebuddelt, streckten sie schon ihre Füßchen raus. Ich sagte: »Na so was, wo kommen die denn her? Guten Tag, Herr Otto! Guten Tag, Frau Otto!« Darüber amüsierten sich die beiden so köst-

lich, daß ich mitlachen mußte. Wenn es nach ihnen gegangen wäre, hätten wir das sicher hundertmal machen können. Aber irgendwann hatte ich genug und ließ sie wieder alleine spielen.
Glücklicherweise war der See in diesem Jahr wenig besucht. Wir hatten viel Platz für uns, und ich fand zwischendurch die Muße für einige Gedanken. Einmal erinnerte ich mich daran, wie ich in Klarissas erster Lebenswoche um das Wunder »Tod« gebetet hatte. Wenn ich sie nun betrachtete, empfand ich, daß ein Wunder geschehen war, wenn auch ein anderes als von mir gedachtes. Statt des Todes waren meinem Kind Fähigkeiten zugewachsen, die sein Leben gut gelingen lassen könnten. Daß Klarissa bereits lief, ja rannte und gute sprachliche Fortschritte zeigte, betrachtete ich nicht allein als Ergebnis unserer heilpädagogischen Bemühungen. Kein Baum trägt reiche Frucht, wenn er in kargem, trockenem Boden wurzelt. Klarissa wurzelte in einem fruchtbaren Boden, den sie weder mir noch der Therapie zu verdanken hatte.
Einmal kam ich wieder an den See und zog gerade die Kinder aus, als ein älteres Ehepaar an uns vorüberflanierte. Wir grüßten uns, wie es üblich ist auf dem Land, und gerieten darüber ins Plaudern. Ines krabbelte unterdessen auf die Dame zu und hangelte sich an deren Beinen in die Höhe. Während sie nach dem Kind faßte, blieben ihre Augen an Klarissa hängen, die bereits fleißig schaufelte und ihre Beine eingrub.
»Ist das Kind krank?« fragte die Dame freundlich.
»Nein«, antwortete ich und fühlte mich auf einmal so anders.
»Hm, hm ...«, sie schaute intensiver, »die Augen ... es ist etwas mit ihren Augen ... sie sollten einmal zum Augenarzt gehen.« Sie blickte mir ins Gesicht und wiederholte: »Ist sie wirklich nicht krank, die Kleine?«

»Was meinen Sie mit krank?« gab ich die Frage zurück, und das, was sich in mir so anders fühlte, ließ mir den Schweiß ausbrechen.
»Na ja, irgend etwas mit den Augen ...«
»Das Kind ist nicht krank, es ist mongoloid.« So, jetzt hatte ich es bekannt. Das Schwitzen hörte auf.
»Ja, ja«, wandte sich die Frau ihrem Mann zu, drehte sich dann wieder zu mir, »ja, ja, ich wollte es nicht so direkt sagen und ... da kann man nichts machen?«
»Nein, nichts. Es ist ja keine Krankheit im üblichen Sinne. Es ist eine Mißbildung der Körperzellen, ein Chromosomendefekt.«
Ich kam mir vor wie ein Wissenschaftler, der vor einem Laienpublikum spricht. Ich muß mich anders ausdrükken, damit man mich versteht, dachte ich. Aber wie? Wie soll man eine schwierige Sache leicht ausdrücken?
Die Frau schaute wieder auf Klarissa und begann zu lächeln. Dann sprach sie zu ihrem immer noch schweigenden Gatten: »Schau mal, so ein süßes Mädchen. So ein weißblonder Lockenkopf. Ich war auch so weißblond in ihrem Alter ... und jetzt ..., hoffentlich bleiben ihre Haare so blond!«
Dabei fuhr sie sich mit der rechten Hand durch ihr braungraues Haar, während im linken Arm Ines herumhüpfte. Sie ließ Ines herunter und fragte dabei: »Und dieses Kind hier ist völlig gesund?«
»Ja«, entgegnete ich, »völlig. So ein Kind wie Klarissa kann jeder bekommen.«
»Ja«, jetzt sprach der Mann, »wissen Sie, unsere Nachbarn, der Mann ist promoviert, Doktor ist der Mann ... Das erste Kind ist völlig normal, das zweite ist mongoloid.« Lieb und bekümmert blickte er auf Klarissa hinunter. Ich lächelte. »Es ist ein Unfall der Natur, es kann jedem passieren.«

»Aber sagt man nicht, es trifft hauptsächlich Frauen über Vierzig?«
»Ich glaube, das stimmt nicht mehr. Ich kenne nur Frauen unter Dreißig, die solche Kinder bekommen haben.«
Über dieses Phänomen machte ich mir schon lange Gedanken und war zu einem für mich akzeptablen Ergebnis gekommen.
»Wie schön sie spielt, ganz versunken ist sie in ihr Spiel«, machte die Dame uns aufmerksam, »warum sollte sie nicht leben dürfen? Man kann die Schwangerschaft doch abbrechen, ja?«
»Ja«, sagte ich. »Vielleicht ist das der Grund, daß nur Frauen um die Dreißig solche Kinder haben, denn ab Fünfunddreißig bekommt man eine Fruchtwasseruntersuchung. Da ist das Kind so gut wie weg, wenn es einen Schaden hat.«
»Wodurch entsteht denn der Chromosomendefekt?« fragte mich der Herr.
»Man kennt die Auslöser noch nicht. Eine genetische Fehlinformation, fehlerhafte Zellteilung. Das kommt öfter vor, aber die meisten Embryos sterben ab, es gibt dann eine Fehlgeburt, die Chromosomenmißbildung wirkt tödlich. Aber bei Klarissas Behinderung ist das anders. Diese Art Fehlbildung ist nicht unbedingt tödlich.«
Nickend hörte mir der Mann zu. »Man weiß nicht, woher es kommt? Das ist schade.«
»Ich denke, daß es vielleicht durch Umwelteinflüsse zu Gendefekten kommt. Die oberirdischen Atombombenversuche in den fünfziger und sechziger Jahren, Chemikalien in Luft, Wasser und Nahrungsmitteln – vielleicht kommt es aber auch von meinem Mann. Er nimmt seit Jahren Cortison und andere Arzneien.«
Jetzt nickten beide.
»Aber wissen Sie, eigentlich ist mir die Ursache für mein

Kind persönlich nicht wichtig. Wichtig wäre es für die Wissenschaft, da mal nachzuforschen, aber die werden sich schön hüten. Ich kenne noch zwei weitere Familien mit solchen Kindern wie Klarissa. Seltsamerweise nehmen beide Männer seit Jahren die gleichen oder ähnliche Medikamente wie mein Mann. Aber darum kümmert sich die Forschung nicht. Ich glaube, die sind noch nicht einmal auf den Gedanken gekommen, daß Zusammenhänge bestehen könnten.«
Die Dame und der Herr schüttelten nun die Köpfe und schienen ein wenig fassungslos. Ich bemühte mich um innere Ruhe.
»Aber das Kind kann doch normal lesen und schreiben lernen und zur Schule gehen, nicht wahr?« fragten sie.
Nun merkte ich, daß Klarissas Behinderung eher als äußere Erscheinung betrachtet wurde.
»Ob sie so gut lesen und schreiben lernen wird wie normale Kinder, weiß ich nicht, denn sie gilt ja als geistig behindert.«
»Aber ja, natürlich«, redete die Dame ihrem Gatten zu und stieß ihn ein wenig in die Seite.
»Es ist kaum zu glauben«, sagte er, Klarissa anschauend, »es ist kaum zu glauben. Aber da gibt es doch auch Unterschiede?«
»Ja«, erklärte ich, »es ist wie bei normalen Menschen. Da gibt es weniger lernfähige und hochintelligente Menschen. Diese Palette besteht auch bei den mongoloiden Menschen. Es gibt schwachbegabte und hochbegabte, und viele haben zusätzlich auch noch körperliche Behinderungen, die die geistige Entwicklung ebenfalls beeinträchtigen können.«
»Aber ihre Tochter ist doch kein so schlimmer Fall, oder?«
»Ich weiß es nicht. Wer weiß schon, was in seinem Kind

steckt und was aus ihm wird. Man weiß es beim gesunden so wenig wie beim gehandikapten Kind. Ich lasse mich überraschen. Bei Klarissa und bei Ines.«
Wir verabschiedeten uns, und während das Paar Schritt für Schritt rückwärts ging, sprach die Dame mehrmals vor sich hin: »So ein hübsches Mädchen, wie schade ..., welch ein Kind wäre es gewesen ...«
Ich konnte mich nicht zurückhalten und bestätigte das. Da blieben sie noch einmal stehen. »Aber es merkt doch nichts, es ist doch zufrieden, oder?«
»Jetzt noch«, rief ich, »aber später. Später wird sie es sicher bemerken, und dann ...«; ich sprach nicht mehr weiter.
»Alles Gute Ihnen und Ihrem Kind, alles Gute«, riefen sie mehrmals herüber. Sie waren schon weit fort, als sie sich noch einmal umdrehten und winkten.
Ich war glücklich.
Später kamen drei Jungen zum Spielen zu uns. Sie wollten wie Klarissa und Ines ebenfalls eingegraben werden. Da hatte ich viel zu tun. Schließlich saßen alle fünfe wie die Orgelpfeifen nebeneinander. Jede Orgelpfeife steckte in einem dicken Sandhügel und schaute nur mit den Zehenspitzen und dem Oberkörper heraus. Einer der Buben hob Klarissa später ziemlich brutal aus ihrer Burg, aber es schien ihr nichts auszumachen. Vielmehr fand sie starkes Interesse an seinen Brustwarzen, worauf er ihr zeigte, daß sie auch welche hatte. Dann hob er sie wieder hoch, und sie hing wie ein kleines Äffchen an ihm. Er rannte mit ihr durch den Sand.
Es war wirklich ein glücklicher Tag.
Plötzlich traf mich ein scharfer Schmerz. Meine Klarissa würde niemals von einem Mann in die Arme genommen werden, sie würde keine Kinder und ich keine Enkel haben.

Nein, verbot ich mir das Weiterdenken und erinnerte mich meines Vorsatzes, nicht im Übermorgen zu planen und zu wühlen. Das Übermorgen würde mich in Abgründe ziehen.

Wir lernen voneinander

Klarissa spielte gerne. Beim Spielen bemerkte ich ihre Fortschritte. Hantierten ihre Finger geschickter? Auf einmal unterschied sie runde und eckige Formen. Sie steckte die Formen durch passende Löcher. Schwierigkeiten hatte sie allerdings mit Daumen und Zeigefinger. Ich kaufte ihr ein Holzpuzzle. Es waren dort einige Autos und Menschen und ein Eisenbahnzug mittels kleiner Knöpfchen, die auf diesen Gegenständen angebracht waren, aus der Holzplatte herauszuheben. Mit der Zeit gelang es Klarissa, diese Knöpfchen mit Schwung zwischen Daumen und Zeigefinger zu fassen und für einen Moment nach oben zu reißen. Nach Sekundenbruchteilen konnte sie die Stellung der Finger aber nicht mehr halten, so daß die Puzzleteile ihr aus der Hand purzelten. Ich übte diesen Pinzettengriff mit ihr bei allen Gelegenheiten. Von sich aus eignete sie dem Mittelfinger die Funktion des Zeigefingers zu. Unbeobachtet benutzte sie zum Greifen den Daumen und den Mittelfinger. Bald versuchte sie die Puzzle-Teile wieder einzusetzen, und wenn es nicht gelang, stemmte sie die Füßlein über die Hände und drückte und drückte. Ich ließ sie eine Weile probieren, faßte dann ihre Hände, und wir machten das Spiel gemeinsam. Besonderen Spaß machte es ihr, Holztierchen aus einem Marmeladeglas herauszuholen oder bunte Perlen durch einen Flaschenhals fallen zu lassen.

Eine ihrer liebsten Beschäftigungen war es, Bücher und Fotoalben zu betrachten. Nach der Geburt hatte ich für jedes Kind ein eigenes Album angelegt, das ich ihnen später, wenn sie einmal aus dem Haus gehen würden, zur Erinnerung mitgeben wollte.
Klarissa schritt mächtig auf ihren zweiten Geburtstag zu, und ihr zweiter Fotoband war bereits halb voll. Ich erzählte ihr zu den Bildern in den Büchern und Alben. Sie lauschte und versuchte alles nachzuplappern. Sie sagte Auto, Mama, Papa, Wauwau, Miau und eine Menge anderer Sachen, die ich aber nicht verstand.
Mit ihrem Vater baute sie am liebsten Türme, oder sie schauten Bücher an oder spielten Hund und Katze. Ich ließ die beiden bei ihren Spielen alleine. Mein Mann hatte einmal geäußert, er fühle sich beobachtet, wenn ich dabeisäße. Er meinte, ich würde die Qualität seines Spieles beurteilen. Ich erinnerte mich einiger Bemerkungen über den pädagogischen Sinn und Zweck von Spielmaterial. Besonders erklärte ich ihm die Fingerübung für die Feinmotorik am Puzzle. Worauf er kommentierte: »Du und deine ›Lebenshilfe‹, ihr mit euren pädagogischen Ansprüchen!«
Ich dachte nicht, daß mein Reden ihm den Spaß am Spiel mit seiner Tochter nehmen könnte. Ich wünschte mir nur, er würde mich ein wenig entlasten. Mit einer merkwürdigen Mischung von Neid und Gönnerhaftigkeit hielt ich mich fern. Wenn das Spiel zwischen Vater und Tochter gar zu leise wurde, schlich ich neugierig hinauf zum Kinderzimmer und spähte hinein. Nicht selten fand ich meinen Mann schlafend zwischen den spielenden Kindern liegen.
Klarissa war gut zu Fuß. Sie wanderte jeden Tag zwischen einem und drei Kilometern an meiner Hand auf unebenen Pfaden durch den Wald und über Wiesen. Das war besser als jede Gymnastik auf der Matte. Ines nahm ich

manchmal im Kinderwagen, aber meistens im Tragebeutel mit, da auf den Forstwegen mit dem Wagen kein Vorankommen war. Baumstämme lagen quer, oft mehrere hundert Meter weit, und machten die Pfade unbenutzbar. Beschwerden bei der Gemeinde wurden mit der Erklärung zurückgewiesen, daß es sich nicht um Spazierwege handele. Die Wege seien zur Holzernte geschaffen worden und für den Verkehr von Baggern und Lastwagen. Wie schön und bequem waren dagegen doch die gepflegten Parkanlagen und Uferpromenaden in Frankfurt! Auch Spielplätze gab es dort.
Hier im Ort lud man sich nicht gegenseitig in Haus und Garten ein, es sei denn, man war verwandt oder eng befreundet. Der Vorschlag, in unserem Zweihundertfünfzigseelendorf eine Schaukel und einen Sandkasten zu installieren, wurde in der Gemeinderatssitzung abgelehnt. Hatte nicht jeder seinen eigenen Garten, und die eigene Schaukel und den eigenen Sandkasten in seinem eigenen Garten?
Trotz der ansprechenden Landschaft ergriff mich gelegentlich eine gewisse Unzufriedenheit. Es waren die Tage, an denen ich über Kindergarten und Schule nachdachte. Ich wollte nicht, daß meine Kinder Stunden im Schulbus verbringen müßten. Aber zumindest für Klarissa schien das unausweichlich. Sogar in den Städten hatten sie schon Schulbusse.
Mein Mann wehrte Überlegungen ab, die auf eine Veränderung unseres Wohnsitzes hinausliefen. »Wir sind hier noch nicht einmal richtig eingezogen, aber du denkst bereits wieder ans Herumzigeunern«, warf er mir vor.
Worauf ich Ruhe gab. Es war ja noch viel Zeit. Nur mit Frau Held erörterte ich hin und wieder dieses Thema.
Klarissa entwickelte langsam, aber stetig neue Fertigkeiten. Sie konnte nicht nur wandern, sondern kletterte

auch begeistert die Treppen hinauf. Nur kam sie nicht mehr hinunter. Ich hätte den halben Tag in ihrer Nähe stehenbleiben und nur aufpassen können, daß sie nicht stürzte. Ich übte mit ihr unzählige Male, auf Knien wieder hinunterzuklettern, aber eines Tages hatte sie eine bessere Idee. Sie setzte sich auf den Hosenboden und rutschte die Stufen hinunter. Jetzt hatte ich keine Angst mehr vor einem Sturz und übte das Hinunterklettern nicht mehr auf der Treppe, sondern auf dem Bett. Ich ließ sie aufs Bett krabbeln und bäuchlings wieder über die Matratzenkante hinunterklettern, bis die Zehen einen Halt auf dem Fußboden fanden.
Klarissa beschäftigte sich gerne allein und auch recht ausdauernd mit Spielsachen im Kinderzimmer. Wenn es dann sehr still wurde, ging ich, um nachzusehen. Da lag meine kleine Tochter, hielt den Ring- und Mittelfinger der linken Hand im Mündchen und nickerte. Sie lag nie auf dem Teppich, sondern immer auf den Holzdielen. Ich ließ sie dort ausschlafen, wo sie eingeschlafen war. Nach einem Stündchen wurde sie dann munter, krähte und rief »Mama« und spielte weiter.
Die Freitage, an denen ich mit den Kindern und einem Kindermädchen zum Babyschwimmen ging, wurden unerträglich. Sowohl Klarissa als auch Ines klammerten sich im Wasser an mich. Jedes wollte nur mit mir schwimmen, und der Aufenthalt in den Armen des Kindermädchens wurde mit Geschrei quittiert. Ich dachte daran, den teuren Schwimmspaß, der schon lange zum Ärgernis geriet, aufzugeben. Im örtlichen Hallenbad hatte ich Erkundigungen eingezogen. Wenn die Kinder sauber und mindestens zwei Jahre alt sind, können sie kommen, erhielt ich zur Antwort. Ich schrieb an das Landratsamt des Kreises und bat um eine Sondergenehmigung, mit meiner behinderten Tochter am Warmbadetag beim Frauenbaden teil-

nehmen zu dürfen. Ich erhielt die Genehmigung nach einigen Wochen, und man bestätigte mir den kostenfreien Besuch des Kindes.
Damals war ich sehr glücklich darüber. Ich wußte nicht, daß in den großen Frankfurter Stadtbädern kleine Kinder immer freien Eintritt haben, egal, ob behindert oder nicht. Ich ließ Ines mit der Kinderfrau zu Hause und ging jeden Freitag eine Stunde mit Klarissa schwimmen. Es war herrlich. Da sie schon alleine mit Schwimmflügeln im Wasser herumpaddelte, konnte ich auch einige Zeit für mich verwenden. Ich zeigte ihr, wie man auf dem Rücken liegt und mit den Füßen Wasserfontänen schlägt. Sie machte alles nach. Wir hatten das Nichtschwimmerbecken, was allerdings auch nicht sehr groß war, fast für uns alleine. Ich genoß die Sonderstellung und fühlte mich ein wenig entschädigt.
Klarissa hatte sich schon bald in die Herzen der meisten Schwimmerinnen gelacht und geplappert. Ihr Mut wurde allseits bewundert. »Kaum zu fassen, daß solch ein kleines Kind schon schwimmt und gar keine Angst hat«, staunten sie über die kleine, lustige Wasserratte.
Entspannt kehrten wir nach Hause zurück, wo mich anfangs meist eine brüllende Ines empfing. Das gab sich, als die Kinderfrau ihr eigenes kleines Kind mitbrachte.
Die Lösung erschien mir gut, wenn ich auch manchmal bedauerte, mich Ines nicht ebenso wie Klarissa widmen zu können. Es lag auch einfach daran, daß sie eben das zweite Kind war. Außerdem entwickelte Klarissa in den letzten Monaten starke Eifersucht. Sie mochte es nicht, wenn ich Ines auf dem Arm trug. Dann wollte sie auch auf den Arm. Sie litt es nicht, daß ich Ines mit der Flasche fütterte. Dann wollte sie auch die Flasche. Ich hatte mal irgendwo gelesen, daß mongoloide Kinder niemals eifersüchtig seien, doch auf Klarissa traf das nicht zu.

Jetzt hatte ich bereits zwei Menschen im Haus, die von der Angst geplagt wurden, zu kurz zu kommen. Ich teilte mich aus und auf, aber es gab keine Lösung für dieses Problem. Am einfachsten war es, wenn ich Klarissa vormittags im Kinderzimmer spielen ließ und Ines zur Hausarbeit mitnahm. Sie lag in der Wippe oder saß im Laufstall. Doch anstatt friedlich zu sein, begann sie eines Tages ihre Spielsachen fortzuwerfen und brüllte, bis ich sie ihr wiedergegeben hatte. So kam ich mit der Arbeit nicht zu Rande. Ich brachte sie nach oben, wo sie dann ganz friedlich lag und ihren Beißring begutachtete.
Langsam kristallisierte sich eine Tatsache heraus, die ich nicht verstand. Immer, wenn ich Ines etwas Gutes tun wollte, erstickte sie meinen guten Willen in Gebrüll und Tyrannei, und ich verstrickte mich in die Aggressionen, die mein Kind in mir erweckte.
Laß sie doch mal brüllen! Alle rieten mir dazu. Ich versuchte es. Als sie drei Stunden gebrüllt hatte und kein Ende abzusehen war, gab ich auf. Seitdem ließ ich es gar nicht mehr zu stundenlangem Geschrei kommen. Wenn Ines schrie, rannte ich.
Nicht daß ich den Pinsel oder die Nadel augenblicklich aus der Hand fallen ließ, aber nach mindestens zwei Minuten lief ich. Auch nachts. Sie hatte immer ihren Schnuller verloren. Schlaftrunken suchte ich zwischen Kissen und Mullwindeln nach dem Schnuller, während sie ihr Weinen steigerte. Pst, pst, machte ich, gleich, gleich. Bloß kein Licht machen, denn dann schrie sie erst recht. Und wenn sie so recht schrie, weckte sie Klarissa auf. Und dann Schlaf ade! Also los, schnell, wo ist der Schnuller? Unter dem Teppich? Kurz die Couch abrücken. Aha, unter die Couch gerollt. In den Mund damit, Mullwindel darum gelegt, ganz locker. Ich hatte ein leidlich funktionierendes Schnullerbefestigungssystem entwickelt, da-

mit Ines ihn nicht so oft ausspucken konnte. Sie lebte und schlief nie ohne Schnuller. Er war ihr ein und alles, ihre Amme, ihre Mutterbrust, er machte sie still.

Leise zog ich die Tür zu und schlich zurück in mein Bett. Mein Mann schnarchte. Mein Herz pochte überlaut. Ob Klarissa wachgeworden war? Ein Blick auf die Uhr. Drei Uhr fünfzig.

Wie oft war ich in den letzten zwei Stunden schon aufgestanden? Ob ich wohl bis sechs würde durchschlafen können? Wenn er nur nicht so schnarchte! Ich stieß ihn mit dem Fuß in die Seite. Dreh dich rum, dreh dich rum. Er verstummte und begann nach einigen Minuten erneut. Beinahe wäre ich eingeschlafen. Oh, verdammt, ich halte es nicht aus, aber ich muß schlafen, schlafen, schlafen. Mit dem Kopfkissen über den Ohren schlief ich irgendwann ein und mit etwas Glück bis zum Morgen.

Klarissa saß jeden Morgen eine halbe Stunde auf dem Kindersitz auf dem Klo. Sie verrichtete ihr großes Geschäft und sang dabei. Wenn ich sie auf die Toilette gesetzt hatte, schlüpfte ich schnell noch einmal ins warme Bett. Eine kleine Frist mogelte ich mir auf diese Weise dazu. Wie gut, daß Klarissa bereits Anstalten zum Sauberwerden zeigte! Ich hatte mich in dieser Richtung wenig bemüht und nichts anderes getan, als sie morgens regelmäßig auf die Toilette zu führen. Der Kuhstall des Bauern, bei dem wir täglich unsere Milch abholten, hatte die neue Entwicklung eingeleitet. Seit Wochen schaute Klarissa hingerissen zu, wenn die Kühe ihre Notdurft verrichteten und die dicken Kuhfladen ins Heu platschten. Sie zeigte sich daraufhin an den eigenen Ausscheidungen sehr interessiert und bestand auf der morgendlichen erfolgreichen Sitzung. Ich freute mich und hoffte, sie würde sich bald auch in dieser Beziehung relativ altersgemäß verhalten,

so wie sie es ja auch auf sprachlichem und körperlichem Gebiet tat.
Ines hatte nach sieben Lebensmonaten zu krabbeln begonnen. An drei Tagen im Juli war sie unermüdlich damit beschäftigt, sich auf Hände und Knie zu stemmen und den Körper hin und her und vor und zurück zu wiegen. An diesen drei Tagen schrie sie so wenig wie nie zuvor. Sie war zu beschäftigt. Die neue Arbeit zog ihr alle Energien ab. Nach drei Tagen krabbelte sie. Ich staunte. Ich hatte sie nicht gestützt, hatte sie nicht massiert oder an der Gymnastik mit Klarissa beteiligt, ihr weder gut zugeredet noch sie in irgendeiner anderen Weise gefördert, aber sie krabbelte.
Klarissa war zuerst gerobbt und viel später gekrabbelt. Diese Fortbewegungsart zog sie auch noch vor, als sie bereits gut laufen konnte. Treppensteigen absolvierte sie prinzipiell auf allen vieren. Ines hatte sich das bereits abgeschaut.
Die Kinder gediehen. – Aber die Beziehung zwischen mir und meinem Mann blieb angeschlagen. Es kam häufiger zu Auseinandersetzungen. Die schlaflosen Nächte neben ihm nährten meine hilflose Wut. Ich mußte Abstand gewinnen.
Meine Mutter stellte mir während ihres Urlaubs für eine Woche das Haus in Frankfurt zur Verfügung. Mit Hund und Kindern traf ich am Montag dort ein. Die Luft war golden und warm. Die Kinder krabbelten und rollten durchs Gras. Keine Angst vor Bienen und Wespen. Keine Ameisen, die uns beständig den Sitz auf der Erde vergraulten. Ich lernte einen gepflegten, städtischen Garten schätzen. Natur hin und her, aber praktischer und ungefährlicher für kleine Kinder war ein kurz geschorener Rasen allemal. Warum plagte ich mich nur all die Zeit über mit meiner Naturwiese herum? Im Frühling hatten wir

gar noch Wiesenblumen in den Rasen gesät, und jetzt standen die bunten Sommerblumen hoch und lockten unzählige honigsammelnde Bienen, Hummeln und Wespen an. Welch eine Erholung, nicht mehr ständig aufpassen zu müssen. Vielleicht wäre es doch besser, ein Haus in der Stadt zu haben?

Am vorletzten Tag trat ich auf eine Biene, als ich die Kinderschaukel mit Klarissa anstieß. Ich hatte eine winzige Kleeblüte übersehen. Ich schaute genauer und entdeckte noch andere, die sich auf Miniaturstielen in der Grasnabe verbargen. Meine plötzliche Stadthausliebe fiel wie ein Strohfeuer wieder zusammen.

Ich beschloß, die Urlaubswoche an dem Weiher zu beenden. Ich telefonierte mit meinem Mann und bat ihn, am Sonntag nachmittag zum See zu kommen.

»Vielleicht«, sagte er.

Der See war sehr gut besucht an diesem von einer sanften Brise durchwehten Sonntag. Kinder warfen den Sand mit Schaufeln hoch und beobachteten, wie der leichte Wind die Körnchen ein kleines Stück mit sich trug. Ich saß zwischen ihnen und fühlte mich sehr wohl und ausgeglichen.

»Ist das Kind krank?« fragte ein siebenjähriges Mädchen, das sich schon eine Weile um die Aufmerksamkeit meiner Kinder bemühte.

»Ja.«

»Was hat es denn?«

»Es hat eine Krankheit, die sehr schwer zu erklären ist«, entgegnete ich. Komisch, daß immer hier am See solche Gespräche auf mich zukamen.

»Hat es etwas an den Augen?«

»Nein, nur sehen die Augen durch die Krankheit etwas anders aus.«

»Und der Mund ist so ...«, sie öffnete die Lippen und schob den Unterkiefer etwas vor.

»Ja«, antwortete ich, »man merkt es am ganzen Körper.«
»Geht das nie weg?«
»Nein, leider nie.«
»Auch nicht bis zum Tod?« bohrte sie weiter.
»Auch nicht bis zum Tod«, bestätigte ich.
»Wodurch kommt die Krankheit?«
»Eigentlich ist es mehr eine Behinderung«, erklärte ich, »richtig krank ist sie nicht, nur wird sie manches nicht lernen können, weil sie so behindert ist.«
Die Mutter des Mädchens schlenderte herbei. »Ist das Kind mongoloid?« sprach sie mich an.
»Ja.«
»Man sieht es aber nicht sehr bei ihr.«
»Das stimmt.«
»Ist sie deshalb weniger schwer behindert?« fragte die Mutter nach.
»Ich weiß es nicht, aber ich hoffe es«, bekannte ich.
»Machen sie denn irgendeine Therapie?«
Die Mutter schien Ahnung zu haben. Das kleine Mädchen blickte jetzt abwechselnd auf mich und seine Mutter und lauschte.
»Ja, ich habe Gymnastik gemacht, bis Klarissa laufen gelernt hatte. Ich gehe mit ihr schwimmen, und einmal in der Woche kommt eine Spieltherapeutin.«
»Diese Kinder sind doch meistens sehr zutraulich und kaum aggressiv, oder?«
»Sie ist recht verträglich und lieb, ja. Wenn man sich erst einmal mit diesem Kind abgefunden hat, ist es nicht mehr schwer, es zu lieben.«
Das kleine Mädchen lief zu Klarissa und begann, mit ihr zusammen eine Burg anzuhäufeln. Ines zog mich an den Händen, sie wollte ins Wasser. Als wir zurückkamen, saß die Mutter immer noch dort.
»Kann man das nicht heilen?« fragte sie.

»Nein, es ist noch unheilbar. Aber in hundert, ja vielleicht schon in fünfzig Jahren wird es anders sein.« Davon war ich zutiefst überzeugt.
»Wieso?«
»Die Gentechnologie wird es möglich machen.«
»Und die andere Kleine ist gesund?« fragte jetzt das Mädchen. Ich bestätigte es. Ein kleiner Bub lief herbei.
»Das ist mein Bruder«, stellte das Mädchen ihn vor. »Er ist ganz gesund und ein Jahr alt.«
»Es ist schön, daß er gesund ist. Und du bist auch gesund. Darüber kannst du sehr glücklich sein. Aber sicher ist dein Bruder etwas älter als ein Jahr.«
»Sechzehn Monate«, antwortete das Mädchen stolz, »und wie alt sind deine Kinder?«
»Klarissa ist fast zwei Jahre alt und Ines neun Monate. Und wie alt bist du?«
»Ich bin sieben. Und wie alt bist du?«
»Ich bin viermal so alt wie du.«
Sie schaute mich verdutzt an und fragte: »So alt wie mein Papa, dreißig Jahre?«
»Fast«, entgegnete ich.
»Wie alt ist dein Papa?« interessierte sich das Mädchen.
»Mein Vater ist schon gestorben«, erklärte ich.
»War er alt?«
»Nein. Er war krank. Und jetzt haben Klarissa und Ines hier leider keinen Großvater. Hast du einen Großpapa?«
»Ja, ich habe sogar zwei. Einen von meiner Mutti und einen von meinem Papa. Und auch noch zwei Omas.«
»Das ist schön.«
Während des Gespräches hatten wir begonnen, einander die Beine einzugraben. Ich spürte den Sand zwischen den Zehen. Ines kniff mich schmerzhaft in die Schulter.
Wie unbekümmert wir hier zu leben vermochten ohne direkte Bedrohungen durch Krieg und Folter! Dieser Frie-

den konnte morgen schon der Vergangenheit angehören. Nicht einmal zwischen mir und meinem Mann herrschte Entspannung und Abrüstung. Der trügerische Zustand, den wir gerne für Frieden halten wollten, war in Wirklichkeit nichts anderes als ein Waffenstillstand. Wenn wir eine Woche Urlaub ohne Kinder machen würden? Vielleicht könnte uns das helfen, einen gemeinsamen Weg zu finden. Mein Mann kam nicht an den See. Die Friedensbereitschaft fiel in Fetzen von mir ab wie verbrannte Haut.

Ein Spielkreis für Kleinkinder

Die Tage entglitten mir. Es schien, als träumte ich dieses Leben nur mehr. Etwas mußte geschehen.
So suchte ich den Pfarrer des Nachbarortes auf und erbot mich, einen Spielkreis für Kleinkinder zu organisieren. Er war einverstanden. Ja, einen Raum könnten wir bekommen, er wird es nach den Gottesdiensten mitteilen. Aus dem Kirchenbuch suchte ich die Eltern der im letzten Jahr getauften Kinder und sandte ihnen eine Einladung. Zum ersten Treffen kamen drei Mütter. Alle bezeugten, wie gelegen ihnen dieses Angebot käme. Eine gute Idee. Aber warum waren nur so wenige da? Nach einigen Wochen lud ich einen Reporter der Lokal-Zeitung ein. Er schrieb einen netten Artikel. Ein Foto unserer Gruppe erschien daneben. Das beflügelte uns. Gut, daß wir drei uns gefunden hatten! Wir redeten uns die schlaflosen Nächte, den Ehestreß, die Ungeduld mit den Kindern von der Seele. Wir unternahmen Ausflüge.
Wochen später hatte es sich herumgesprochen. Einige Mütter kamen probeweise und dann regelmäßig. Schließlich waren wir zehn Mütter mit elf Kindern im Alter von

sechs Monaten bis zu vier Jahren. Wir trafen uns dienstags.

Der Dienstag war mir heilig. Einigen anderen Müttern erging es ebenso. Wer dienstags hier war, schaffte die Woche besser. Vieles erschien weniger besorgniserregend, weniger deprimierend. Anfangs beschäftigten wir uns viel mit den Kindern, bauten, sangen und tanzten Kreisspiele. Später, als die Kinder älter wurden, vergrößerten wir den Raum des Freispiels und fanden dadurch auch mehr Zeit, uns über alle möglichen Fragen auszutauschen.

Wie beruhigend zu hören, daß andere Kinder nachts ebenfalls ins Bett machten, sich vor Wut auf der Erde rollten oder vor Eifersucht aggressiv um sich bissen! Die Probleme verringerten sich in dem Maße, wie sie auch bei anderen als den eigenen Kindern auftraten. Solcherart beruhigt, geriet die Suche nach dem Umgang mit Schwierigkeiten zu einem konstruktiven Prozeß für die Familien jedes einzelnen und für unsere Gruppe.

Wir hatten einige Verhaltensregeln aufgestellt: Essen, Trinken und Naschen hatten wir uns untersagt, das Stillen von Babys war ausgenommen, ja als Erlebnis für die Kinder sehr willkommen. Wir machten uns bewußt, was Essen und Trinken bedeutet, gesunde Ernährung war ein wichtiges Thema. Geburtstage wurden im Spielkreis mit einem Ständchen begangen. Wenn eine Feier stattfinden sollte, lud die Mutter dazu nach Hause ein. Wegen dieser klaren Verhaltens-Vorstellungen blieb unsere Gruppe die Jahre über eine kleine Gruppe, denn nicht jeder wollte unseren Überlegungen zum Verzicht folgen. Ebenso lehnten wir es ab, die Kinder ohne Mütter im Spielkreis zu betreuen, denn ein Ziel unserer Bemühungen war es, die sozialen Prozesse der Kinder untereinander und ihre persönlichen Entwicklungen zu beobachten und darüber zu

sprechen. Manche Mutter suchte nur einen Platz, wo sie ihr Kind für zwei Stunden abliefern konnte.
Die Kleinheit und Kontinuität unserer Gruppe wirkte sich auf Mütter und Kinder förderlich aus. Für beide entstand im Rahmen der Gruppe ein gewisser Druck zur innerlichen Beteiligung und Fortentwicklung.
Klarissas Behinderung, zu Beginn eine Konfrontation für die anderen Eltern, geriet bald nur noch sporadisch ins Bewußtsein. Die Kinder untereinander nahmen sich, wie sie waren. Da Klarissa kein körperliches Handikap hatte, fiel sie nicht auf.
Die soziale Aktivität riß mich aus der Lethargie des Alltags und verschaffte mir einen Ausgleich und ein Ventil für häusliche Unzufriedenheit. Vor zwei Jahren hatte ich meine Berufstätigkeit aufgegeben und war zu meinem Mann in das winzige Hintertaunusdorf gezogen. Es waren zwei Jahre ohne Berufsarbeit, ohne Kollegen, ohne täglichen Gesprächsumgang mit Erwachsenen. Das Reden mit den Kindern war etwas unvergleichlich anderes als der verbale Austausch unter Erwachsenen. Im Dorf konnten Tage vergehen, bis sich ein Schwätzchen ergab.
Wenn ich es nicht mehr aushielt, besuchte ich mit den Kindern die Post. Ein winziger Schalterraum, aber mit allem, was eine Post haben muß. Ich brauchte immer viele Briefmarken wegen meiner zahlreichen Korrespondenz. Ich hatte Artikel zu schreiben begonnen, die ich an verschiedene Verlage sandte. In der Post traf man immer irgend jemand. Mit dem Postbeamten ließ sich vortrefflich über postalische Angelegenheiten diskutieren. Über neue Regelungen und Vorschriften befand ich mich stets auf dem laufenden.
Der Sommer und der Herbst gingen vorüber. Die Kinder sprangen jauchzend im Heuschober herum, versteckten sich zwischen den Heuballen. Ich schaute ihnen zu und

fühlte mich seltsam berührt von ihrer unbeschwerten Art des Lebendigseins, von ihrer ungetrübten Freude und spontanen Begeisterung. In dem, was sie auslebten, erkannte ich meine Verluste. Der Augenschmaus buntgesprenkelter Laubwälder unter dem sonnigen Oktobergold besänftigte mich.
Als wir abends spazierengingen, sagte ich zu meinem Mann: »Laß uns im Frühling fortfahren. Eine Woche nur für uns allein. Wir beide ganz alleine, so wie früher.«

Vom Zusammensein und Auseinanderleben

Der Sommer nahm keine Ende. Auch die Arbeit nicht. Wir sammelten die Früchte von den wilden Bäumen an den Waldrändern. Die Zwetschgen waren kirschengroß und schmeckten sehr säuerlich. Das eingekochte Kompott gelierte ohne Zucker. Ich kochte tagelang Pflaumenmus.
Die Äpfel kelterten wir selbst in unserem Keller. Mein Mann hatte ein Schnitzelwerk und eine große Presse besorgt. Die Nachbarn trafen schon am frühen Morgen bei uns ein, denn wir machten die Arbeit gemeinsam. In der Wanne wurden die Äpfel gewaschen, dann drehten die Männer abwechselnd das Schnitzelwerk. Mit den Schnitzeln wurde die Presse gefüllt. Auch Klarissa und Ines fanden Vergnügen daran, den frischen Most zu probieren. Ines saß in der Wippe und Klarissa trippelte hinter uns her. Sie wollte auch Äpfel waschen. Ich mußte aufpassen, daß sie nicht kopfüber ins Wasser plumpste.
Es war ein fröhlicher Tag. Die Männer beendeten gegen Abend die Kelterei. Jeder brachte seine mit Apfelmost gefüllten Ballonflaschen in den heimischen Keller.

Wäre es nicht besser, in einer Gemeinschaft zu leben, überlegten wir in einem Gespräch mit meiner Mutter an diesem Abend. Sicher gab es befriedigendere Lebensformen als nur Vater, Mutter, Kind alleine in ihrem Häuschen mit Garten, wenn das auch noch so schön sein mag.
»Idealisiert nicht die Großfamilie. Oft genug war sie die Hölle«, mahnte meine Mutter.
»Es geht nicht um die Großfamilie alter Ordnung. Vielmehr um ein Zusammenleben Gleichgesinnter«, wandte ich ein.
»Dieses alleine Werkeln und Schaffen erscheint mir manchmal so nutzlos«, bestätigte mein Mann
»Es müssen ja nicht die Eltern oder Großeltern sein, mit denen man zusammenlebt.«
»Es gibt ja andere Möglichkeiten für Wohn- oder Lebensgemeinschaften ...«
»Damit macht ihr euch doch nur abhängig. Seid froh, daß ihr allein wirtschaften könnt, daß euch keiner reinredet«, sagte meine Mutter.
»Aber irgendwie sind wir so allein.«
»Vielleicht stimmt nur etwas mit eurer Ehe und Beziehung nicht.«
»Natürlich. Aber daran allein kann es nicht liegen.«
»Ach Kinder, ihr seid halt eine Wohngemeinschaftsgeneration. Aber das wird eure Probleme auch nicht lösen.«
»Wir haben es ja nie ausprobiert. Im Grunde leben wir ein Leben nach den traditionellen Vorstellungen. Aber es paßt irgendwie nicht mehr.«
»Obwohl ich altmodisch bin«, unterstrich mein Mann meine Aussage, »finde ich unsere Einteilung doch nicht ideal. Zwar bequem für mich. Ich brauche mich nicht mit Haushalt und Kindern abplagen. Dafür bringe ich das Geld nach Hause. Im Grunde möchte ich mit einer Frau auch nicht tauschen. Frauen haben doch ein beschissenes Leben, kommen nicht raus ... immer nur Kinder ...«

»Und von unseren Bekannten sehen wir auch kaum noch etwas, seit wir Kinder haben«, murrte ich.
»Ach was«, schloß mein Mann die Diskussion: »Freunde gibt es sowieso nicht. Ich brauch' auch keine … ich schaff' mein Leben schon allein.«
Dieser bitteren Einstellung meines Mannes konnte ich nicht folgen. Ich wollte ohne Freunde und Außenkontakte nicht leben.
In den letzten zwei Jahren hatte ich mir einen eigenen Bekanntenkreis geschaffen. Er bestand aus Frauen und Müttern und Kindern. Die meisten Ehemänner und Väter waren ausgeklammert, was sehr viel mit ihrer beruflich bedingten Abwesenheit zu tun hatte.
Ich begann ein eigenes Leben zu leben, indem ich verschiedene Dinge ohne meinen Mann tat. Vom beruflichen Teil seines Lebens war ich ausgeschlossen. Er ebenso zwangsläufig von dem unseren – von meinem und dem der Kinder.
Mochte es jeder für sich bislang totgeschwiegen oder beschönigt haben, die Kluft, welche sich zwischen uns auftat, war nicht länger zu verleugnen.
In dem Maße wie wir uns in den folgenden Monaten voneinander zurückzogen, machte er sich auch als Vater rar. Immer häufiger bat ich ihn, doch einmal mit den Kindern zu spielen, mit uns spazieren zu gehen. Aber er hatte dann plötzlich eine unerledigte Arbeit fertigzustellen.
Die Kinder waren daran gewöhnt, ihm zum Abschied aus dem Küchenfenster zu winken. Wenn sie den Wagen wiederkommen hörten, jauchzten sie laut »Papa« und standen hinter der Tür, um auf ihn loszustürmen. Da machte mein Herz einen Sprung.
Im Oktober hatte Ines noch vor ihrem ersten Geburtstag zu laufen begonnen. Seitdem hatte ich alle Hände voll zu tun, auf die beiden Mädchen aufzupassen. Das Haus

empfand ich jetzt manchmal als Gefängnis. Draußen fühlte ich mich ruhiger, belastbarer. Da sah mich keine Arbeit bedrängend an. Die Unruhe und das Gebell des Hundes machten mich weniger nervös, und die lebhafte Neugierde und Aktivität der Kinder fand einen Ausgleich, der mich nicht belastete. Im Haus hingegen stellten sie viel Unfug an, räumten regelmäßig ihren Kleiderschrank aus oder schmierten die von mir vergessene Kindercreme auf Fußboden und Möbel.

Am ersten November fiel der erste Schnee. So war es hier fast in jedem Jahr. Die Kinder drückten kurz ihre Nasen an der Fensterscheibe platt, doch dann hielt uns nichts mehr. Das Staunen über dieses Wunder fand kein Ende. Warm angezogen verbrachten wir Stunden zwischen den unaufhörlich herabschwebenden Flocken. Es war wunderbar windstill und gar nicht kalt. Nun hatte die Arbeit im Garten ein Ende. Ich freute mich auf ruhigere Zeiten.

Zum Advent band mein Mann einen riesigen Kranz aus Tannenzweigen. Er holte sie aus dem Sturmbruch. Dort lag ein ganzer Hang stattlicher Tannen vom Wind umgemäht. Den Kranz hängten wir an die Zimmerdecke des Wohnraumes.

Mein Mann bemühte sich, die Advents- und Weihnachtszeit über möglichst wenig auswärts zu übernachten. Er war jeden Tag dabei, wenn in der Dämmerstunde die Kerzen auf dem Kranz leuchteten. Er spielte Klarissa und Ines auf der Mundharmonika Liedchen vor und paßte an einem Abend in der Woche auf sie auf, wenn ich mit einigen Nachbarinnen an einem Kursus in Bauernmalerei teilnahm.

Die Kinder erlebten das Weihnachtsfest schon richtig mit. Beide tippelten durch den Wohnraum immer wieder zum Baum und zur Krippe hinüber. Jeden Abend zündeten wir die Kerzen am Baum an, und sie durften abwechselnd

die Streichhölzer ausblasen. Wir sangen und musizierten und erlebten es nicht ein einziges Mal, daß die Kinder auf den Tannenbaum losstürzten oder an seinem Schmuck herumzerrten. Davor hatte man uns intensiv gewarnt; ebenso wie vor dem Aufstecken echter Wachskerzen. Wir hielten die Kinder auf dem Schoß, im Laufstall, oder sie saßen in ihren Stühlchen neben uns. Sie schauten in die ruhig brennenden oder manchmal aufflackernden Flammen. Ines schrie erheblich weniger als in den vergangenen Monaten und Jahreszeiten.
Wenn wir aus den Fenstern die weiße Hügellandschaft erblickten, freuten wir uns, hier auf dem Land – am Ende der Welt, wie unsere Bekannten sagten – zu leben.
Silvester, Neujahr. Die Entscheidung wegen Klarissas Kindergarten müßte getroffen werden. Das belastete mich. Aber vielleicht wäre auch ein kleiner Urlaub für mich und meinen Mann drin.
Doch es sollte ganz anders kommen.

Probleme mit der Gesundheit

Im Januar war es auf einmal mit Klarissas »Sauberkeit« vorbei. Sie machte wieder alle Geschäfte auch tagsüber in die Windel. Ich war ein wenig enttäuscht, fragte mich, warum, und setzte sie weiterhin auf den Topf. Aber der vorherige, tagsüber trockene Zustand kehrte nicht zurück. Ich hatte wieder zwei Wickelkinder.
Klarissa wurde Ines gegenüber gelegentlich handgreiflich, riß ihr an den Haaren, biß sie oder warf mit Bauklötzchen. Ines tat mir leid, denn sie hatte solch eifersüchtige Anwandlungen nicht verdient. Schließlich kümmerte ich mich um Klarissa weitaus intensiver. Weshalb sie da

noch eifersüchtig war, schien mir rätselhaft. Ines zeigte keine derartigen Verhaltensweisen. Wenn ich bei den Kindern saß und mit ihnen spielte, riß Klarissa mir die Bausteine aus der Hand, mit denen ich für Ines ein Türmchen bauen wollte. Sie trieb es schließlich so schlimm, daß ich Ines ermuntern mußte, sich gegen ihre Schwester zur Wehr zu setzen. Darüber war nun wieder Klarissa sehr beleidigt. Wenn mir vor zwei Jahren jemand gesagt hätte, ich würde meinem gesunden Kind helfen müssen, sich gegen mein behindertes durchzusetzen, ich hätte es nicht geglaubt. Klarissa gegenüber empfand ich bisher eher das Gefühl des Beschützen-Müssens. Nun erlebte ich den gegenteiligen Anspruch. Ich mußte sie bremsen, ihrem Verhalten Grenzen setzen. Ich wurde zornig auf sie, als wenn sie ein normales Kind wäre. Aber begriff sie denn überhaupt, was ich von ihr wollte? Hartnäckig beharrte sie auf ihren Verhaltensweisen und ließ sich kaum von etwas abbringen, das sie sich in den Kopf gesetzt hatte. Beim Spazierengehen und beim Spielen versuchte sie zunehmend den Ton anzugeben. Ich geriet in die ersten Kämpfe mit ihr.

Mein Mann spürte davon wenig, er trug für seine Töchter den Nimbus eines Gottes. Ich dagegen kam mir eher vor wie ein Einrichtungsgegenstand. Daß ich immer da war, nahm mir den Status des Besonderen. Zwar freuten sich die Kinder nach einer kurzen Abwesenheit über meine Rückkehr. Jedoch war dieser Gefühlsausbruch nichts gegen jenen, mit dem sie ihren Vater begrüßten.

Die Kinder hantierten unterdessen recht geschickt mit dem Besteck und aßen mit uns zu Tisch. Unser runder Tisch war nun von allen vier Seiten besetzt. Das war ein gutes Gefühl.

An manchen Abenden spielte ich den Kindern zum Einschlafen auf der Gitarre vor. Sang auch leise mit. Klarissa

schlief regelmäßig dabei ein. Ines, seit ein paar Wochen im Kinderzimmer einquartiert, verfolgte mit den Augen jede Bewegung meiner Finger. Sie schlief bei den Schlafliedchen nicht ein. Einmal blieb mein Mann im Türrahmen stehen und sagte: »Die wissen gar nicht, wie gut es ihnen geht. Das hätte ich mit auch gewünscht, daß meine Mutter mir zur Nacht gesungen hätte.«
An einem Abend hustete Klarissa seltsam bellend. Sie hatte bisher wenig unter Erkältungen gelitten, trotzdem wunderte ich mich über die besondere Art dieses Hustens. Er steigerte sich Stunde um Stunde. Ich holte das Impfheft hervor. Gegen Diphterie war sie geimpft. Das konnte es nicht sein. Ob es Keuchhusten war oder etwa Bronchialasthma? Aber es klang so ganz anders. Es kam trocken und hohl aus dem Hals und nicht wie sonst üblich aus der Brust. Es nahm die Luft zum Atmen, schnürte die Kehle ein. Je mehr Klarissa um Luft kämpfte, um so mehr weinte sie vor Angst. Ich zitterte und schrie sie an: »Ruhig, ruhig!« An Schlaf war nicht zu denken. Dieser Husten war ein Überfall, der mir und Klarissa keine ruhige Stunde gönnte. Mein Mann ging irgendwann schlafen. Ich saß die ganze Nacht mit dem Kind auf dem Schoß und versuchte meiner inneren Panik Herr zu werden. Ich wartete auf den Morgen. Dann würde ich mit ihr zum Arzt gehen. Gegen fünf Uhr schliefen wir vor Erschöpfung ein. Nach dem Erwachen war keine Spur mehr vom Husten da. Der Arzt würde mich auslachen. Klarissa war gesund wie immer. Also ließ ich das mit dem Arztbesuch.
Am nächsten Tag gegen sechs Uhr abends begann es wieder.
Bellender, hohler Husten, Atemnot, Weinen, noch mehr Atemnot, eine verzweifelte Mutter, cin verängstigtes Kind. Bald konnte Klarissa kein Wort mehr sprechen, nur noch wimmern. Sie verlor ihre Stimme. Warum war ich

nicht beim Arzt gewesen! Wieder eine schlaflose Nacht und das Abklingen der Hustenkrämpfe in den frühen Morgenstunden.

An diesem Tag ging ich zum Arzt. »Es wird Pseudo-Krupp sein«, sagte er. Feuchte Tücher sollte ich über die Heizungen legen und im Notfall ein Cortisonzäpfchen geben, und wenn es ganz schlimm wäre, könnte ich ihn auch nachts anrufen.

»Woher kommt der Husten?« fragte ich den Arzt.

»Man weiß es nicht so genau. Man vermutet: bestimmte spezielle Wetterlagen, vielleicht ozonreiche Luft, vielleicht Luftverschmutzung oder eine allergische Reaktion oder ein sich anbahnender Infekt.«

›Mein Gott …‹, dachte ich.

»Zwischen dem sechsten und zwölften Lebensjahr verschwindet das aber völlig.«

Seit Ines im Kinderzimmer schlief, hatte ich im Büro mein Nachtlager aufgeschlagen. Aber die Geräusche der Nacht wurden noch überdröhnt vom Schlag des Herzens. Unter dem rasenden Puls geriet ich in Schweiß, drückte meine Ohren hilflos zwischen die Kissen. Aber sie hatten sich selbständig gemacht, sie gehorchten mir nicht und lauschten durch die Federn und das Leinen hindurch auf Kindergeräusche.

Die Nächte waren so kurz, vielleicht zwei oder drei ungestörte Stunden. Ich wurde wieder gereizt, weinte oft, meine Nerven lagen bloß.

Eines Nachts bekam mein Mann einen Asthmaanfall. Er japste nach Luft und rannte nach Atem ringend auf die Straße. Es war ein schwerer Anfall. Ich telefonierte dem Notarzt. Um drei Uhr nachts wurde er ins Krankenhaus gebracht.

Eine Nachbarin achtete auf die Kinder, als ich am nächsten Vormittag hinfuhr und ihm Wäsche brachte. Er hing

am Tropf. Sein Bett stand in einer Art Abstellkammer. Der winzige Raum war auf dem Fenster gegenüberliegenden Wand schwarz gestrichen.
»Hier bleibe ich nicht in dieser Totenkammer. Die haben mich schon zum Sterben abgestellt, oder was meinst du, warum die Wand schwarz ist«, begrüßte mich mein Mann. Ich versuchte ihn zu beruhigen. Später sprach ich mit dem Arzt. Ein schwerer Asthmaanfall, ja, eine Woche müsse er schon bleiben, es ginge ihm ziemlich schlecht.
Am nächsten Tag konnte ich meinen Mann nicht besuchen, weil ich niemanden hatte, der die Kinder hütete. So telefonierte ich ihm und versprach, anderntags zu kommen. Da brachte ich ihm dann etwas zum Trinken und zum Naschen, Handtücher und neue Wäsche. Er sah immer noch sehr hohlwangig und bleich aus, aber die Infusionen waren abgesetzt.
»Ich halte es hier nicht aus in dieser schwarzen Kammer. Verrate mir, wie man eine Wand in einer winzigen Kammer schwarz streicht, verrate es mir!«
»Sei doch vernünftig, du hast hier wenigstens deine Pflege«, bat ich ihn.
»Nein, die machen mich hier erst krank. Wollen wohl, daß ich abkratze. Willst du, daß ich abkratze, ja? Hier hält es kein normaler Mensch aus. Schwarze Wand. Die machen einen verrückt hier.«
Er konnte sich nicht beruhigen. Er war außer sich. Er schnappte immer noch nach Luft, und bei jedem Atemzug kam ein quietschendes Geräusch aus der Brust.
»Hörst du, wie schlecht es mir geht«, machte er mich auf das Quietschen aufmerksam und atmete noch einige Male besonders tief, damit ich es gut hören konnte. »So schlecht geht es mir, und mir wird's nicht besser gehen, solange ich hier in der schwarzen Sterbekammer meine Zeit

verbringen muß. Mir geht's wieder gut. Ich will nach Hause. Du kannst mich doch pflegen.«

»Bitte, das schaffe ich nicht. Denk doch, ich muß auch noch die Kinder versorgen. Und Klarissa kann auch jederzeit wieder ein Pseudo-Krupp anfallen. Sei doch vernünftig. Bleib noch ein paar Tage hier.«

Ich fuhr heim und betete, daß er dort bliebe. Aber ich kannte ihn. Am Nachmittag hielt ein Taxi vor unserem Haus.

»Ich habe denen alles unterschrieben, was sie wollten. Meinetwegen auf eigene Gefahr. Schert sich ja doch keiner, ob ich abkratze oder nicht.«

»Rede doch nicht so und geh, leg dich ins Bett. Aber daß du es gleich weißt: Ich kann nicht bei dir am Bett sitzen und dich trösten, du mußt dich schon selbst beschäftigen. Ich weiß kaum, wie ich die Arbeit schaffen soll.«

Ich war zornig. Er mutete mir zuviel zu. Jetzt sollte ich auch ihn noch pflegen. Anstatt mir zu helfen, wurde er einfach krank. Und ich? Bin ich nicht auch krank und am Ende? Aber breche ich deshalb zusammen? Vielleicht sollte ich einfach mal umkippen, doch wo sind meine Symptome? Leider habe ich keine. Keinen Husten, keine Triefnase, keine Allergie. Aber war ich deshalb gesünder? Es war doch so, daß man nur nicht sehen konnte, daß ich bald am Ende war. Müßte ich mir ein Symptom zulegen, damit er es merken würde?

Am Nachmittag kam der Hausarzt und untersuchte meinen Mann. – »Sie müssen zur Kur, sonst geht es mit Ihnen nicht mehr lange gut«, sagte er. Wir werden auf unsern Ehepaarurlaub verzichten müssen, dachte ich.

Seine Krankenzeit vertrieb mein Mann sich mit Telefonieren. Er erzählte den Leuten, was für eine hartherzige Frau er habe, die ihn nicht pflegen wolle, die ihn lieber im Krankenhaus in einer schwarzen Sterbekammer sehen würde.

Wenn ich mich nachts auf der Couch im Arbeitszimmer zum Schlafen legte, war mir alles egal. Nur hinlegen und schlafen und kein Schnarchen und kein Bronchialpfeifen hören. Nur Schlafen und die Welt verlieren und Kraft für einen neuen Tag finden. Ich beschloß, nicht mehr in das gemeinsame Schlafzimmer zurückzukehren.

Ein berufliches Projekt

Im Februar erschien nach langer Geduldsprobe mein erster Zeitschriften-Artikel. Die Zeitung war neu auf dem Markt und wollte für das Zusammenleben behinderter Menschen Akzente setzen.

Durch die Veröffentlichung weiterer Artikel in den folgenden Monaten fühlte ich mich ermuntert an meiner Idee für ein Kochbuch weiterzuarbeiten. Es sollte Eltern bei der Ernährung ihrer Säuglinge und Kleinkinder weiterhelfen. Besonders in Gesprächen mit Eltern gleichaltriger Babys stieß ich immer wieder auf eine gewisse Hilflosigkeit in Fragen der gesunden Beköstigung. Aber nicht nur das. Erzieherische Aspekte wollte ich einfließen lassen. Denn wann man ein Kind mit Besteck hantieren läßt, ob man ihm zur Belohnung Süßigkeiten schenkt oder ob es während der Mahlzeit am Tisch sitzenbleiben soll, erwiesen sich im Spielkreis und im Verwandtenkreis als kontrovers diskutierte Fragen, zu denen ich Stellung nehmen wollte.

Ich recherchierte zu ernährungsphysiologischen, psychologischen und pädagogischen Fragen und machte Notizen zu jeder Mahlzeit, die ich meinen Kindern und der Familie herrichtete. Das Thema nahm mich sehr gefangen und vermittelte mir außer Einsichten für meine persönliche

Praxis auch einen Ausgleich neben der Kinder- und Hausarbeit.
Wenn mein Mann zum Wochenbeginn fortfuhr, konnte ich die Schreibmaschine und Papiere im Wohnzimmer stehenlassen. Glücklicherweise meldete er sich immer telefonisch bei mir. So wußte ich, wann er Donnerstag oder Freitag zurückkehren würde und fand noch genügend Zeit, alle Arbeitsutensilien gründlich fortzuräumen. Mein Mann erfuhr niemals etwas von dieser Arbeit. Es war eine Arbeit, die ich ohne ihn machen mußte.
Bereits während meines Studiums hatte er kaum Verständnis aufbringen können. Wenn er mich lesend oder schreibend antraf, sah er irgendwie rot. Ähnliche Reaktionen wollte ich nicht provozieren.
So drifteten unsere Wege weiter auseinander. Ich führte zwei Leben, die sich sehr voneinander unterschieden. Wenn er zu Hause war, kehrte ich die Hausfrau und Mutter heraus. War er fort, schüttelte ich mich wie ein nasser Hund und war für die Zeit seiner Abwesenheit eine berufstätige Mutter.
Ich mußte mir Freiraum von Mutterpflichten und Hausarbeit verschaffen. Das ging nicht ohne schlechtes Gewissen und Schuldgefühle ab. War es wirklich recht, die Kinder zwei Stunden alleine oben im Haus spielen zu lassen? Sie hatten nicht nur Spaß miteinander, und oft mußte ich während dieser zwei Stunden hochrennen.
Schließlich verlegte ich meinen Arbeitsplatz nach oben ins Zimmer, in dem ich schlief. Dieses Arbeitszimmer meines Mannes war nun eigentlich dadurch, daß ich darin schlief und arbeitete, mein Zimmer geworden. Die Kinder tollten, während ich schrieb, auf der Couch herum, bauten sich mit den losen Kissen Landschaften und hüpften und sangen.
Solange ich einigermaßen gut geschlafen hatte, ließ sich

alles gut an. Die Arbeit ging trotz des ständigen Wechsels der Konzentration gut voran. Man muß sich vorstellen, daß kaum einmal fünf Minuten vergingen, ohne daß die Kinder mich in irgendeiner Form ansprachen. Sei es, daß ich ihnen die Nase putzen oder eine Beule bepusten oder ihnen Antwort auf eine Frage geben oder ein Lied vorsingen sollte. Und für mein Argument – die Mutti muß jetzt aber arbeiten – hatten sie überhaupt keine Antenne. War ich also wegen einer durchwachten Nacht in gereizter Verfassung, gab es hin und wieder Tränen bei den Kindern und Gewissensbisse bei mir. Manchmal fragte ich mich dann: Warum mache ich das, warum schreibe ich ein Buch, anstatt mit den Kindern zu spielen? Wozu all diese Mühen und Schuldgefühle? Ich fand keine Antwort, aber der Druck, die Arbeit weiterzuführen und zu vollenden, bestand gegen alle Widerstände.

Klarissa weinte viel. Sie verstrickte sich in Rivalitäten mit ihrer kleinen Schwester, die furchtbar enttäuscht war, wenn Klarissa ihr die Spielsachen fortriß oder sie ärgerte. Gelegentlich konnte ich beobachten, wie Klarissa ihre Schwester so lange piesackte, bis sie zu schreien begann. Manchmal setzte sich Klarissa vor Ines und schrie in hohen Tönen, bis diese in Tränen ausbrach. Dann ließ Klarissa befriedigt von ihr ab. Meine Reaktion auf solche Erlebnisse war jedesmal das Gefühl, ich müsse mich mehr um Ines kümmern.

Mich verwunderte der neuerliche Drang, meine gesunde gegen meine behinderte Tochter zu verteidigen und in Schutz zu nehmen. Müßte es nicht gerade anders herum sein?

Ines nahm meine Besorgtheit besonders gerne in der Nacht in Anspruch. Tagsüber eigentlich auch. Bis auf die wenigen Stunden, in denen ich mich mit dem Manuskript vor meiner Schreibmaschine abschottete, funktionierte ich wie ein Sinnesorgan auf die Bedürfnisse der Kinder.

An meiner Schreibmaschine hielt ich mich aufrecht und fest und rettete ein Stückchen meiner Haut. Um den Preis grübelnder Vorwürfe meines Mutterideals.

Konflikt zwischen Erziehen und den eigenen Idealen

Klarissas Interesse an der Sprache wurde immer größer. Nun, da Ines auch die ersten Worte sprach, kamen wir in kleine Unterhaltungen. Klarissa versuchte jedes Wort nachzusprechen, und sie zeigte dabei eine bewunderungswürdige Ausdauer und Frustrationstoleranz.
Ich hatte einmal gelesen, wie man taubstummen Kindern das Sprechen beibringt. Das und eine entsprechende Fernsehreportage regten mich an, mit Klarissa ebenso zu verfahren. Ich legte ihre Finger auf meinen Kehlkopf, während ich ein Wort langsam und deutlich aussprach. Danach legte ich ihre Finger auf meine Lippen und sprach das Wort noch einmal mit akzentuierten Lippenbewegungen vor. Sie sprach es nach, legte sich dabei anfangs selbst die Finger auf den Mund und formte das Wort mit den Lippen nach. So sprach sie schon bald auch schwierige Worte aus. Ines profitierte von diesem Sprechenlernen, wobei wir alle immer viel Spaß hatten. Bald beherrschten beide Kinder den gleichen Sprachschatz.
Noch heute – mit sieben Jahren – lernt Klarissa schwierige Worte mit dieser Methode. Sie legt automatisch ihre Finger auf meinen und dann auf ihren Mund, wenn sie eine schwere Aussprache erlernen will. Die letzten Worte, welche sie auf diese Art aussprechen lernte, waren: »Computer«, »ausnahmsweise« und »Björn«.
Mit zweieinhalb Jahren formulierte sie kleine Sätze und

drückte ihre Wünsche und Abneigungen aus. Ich konnte sie nun auch befragen, warum sie weine oder was sie spielen wolle. Sie antwortete dann: »auf Mamas Arm« oder »Teddy Stuhl setzen« oder »Spielkreis gehen«. So konnten wir uns nun schon ganz gut verständigen. Es gelang ihr aber nicht, Umlaute (ä, ö, ü) zu bilden.
Ich hatte weder mit Klarissa noch mit Ines jemals in Babysprache geredet. Ich benutzte immer die üblichen Vokabeln und sprach in ganzen, aber einfachen Sätzen. Gegenstände bezeichnete ich immer mit dem Artikel, sagte also nicht nur Hund oder Haus, sondern: der Hund und das Haus.
Bei Tisch regte ich Klarissa an, sich deutlich auszudrükken. Auf Geräusche wie äh oder dada, deren Bedeutung ich zwar erraten konnte, reagierte ich dennoch nicht. Ich fragte nach: »Möchtest du die Milch, ja?« Wenn Klarissa dies bestätigte, forderte ich sie auf, ihren Wunsch zu formulieren, und sprach ihr vor: »Mammi, bitte die Milch.« Anfangs blieb es bei »bitte Milch«, daraus wurde »bitte die Milch« und schließlich »Mama, bitte die Milch«. Verblüfft bemerkte ich immer wieder, wie schnell Entwicklungen sich bei Ines einstellten und aufeinander folgten. Viele Monate täglichen konsequenten Übens hatte es gebraucht, damit Klarissa am Tisch selbständig und geschickt hantieren konnte. Ines lernte es spielend in solch kurzer Zeit, daß ich ihr Können eher zufällig bemerkte. Sie konnte es eben auf einmal. Ich tat nichts dazu, und sie konnte es. Genauso verhielt es sich mit dem Laufen und mit dem Sprechen.
Das Leben meiner Kinder erinnerte mich an Bergsteiger, die einen steilen Hang zu erklimmen suchten. Doch während Ines wie ein Federchen von Stufe zu Stufe hüpfte und mühelos Höhe gewann, kraxelte Klarissa auf allen vieren den Hang hinauf. Sie strengte sich sehr an, und

dennoch gelang es ihr nicht immer, die Position zu halten. Manchmal rutschte sie ein Stück zurück und mußte sich zum dritten oder fünften Male mit der gleichen Strecke abplagen. Die Erfolge ihrer Schwester spornten sie an. Ohne Ines hätte sie es sicher schon manches Mal aufgegeben.
»Geschwister sind bessere Therapeuten«, beruhigte mich Frau Heil einmal, als Klarissa keine Anstalten machte, meinen Anweisungen zu folgen, mit Ines jedoch Minuten später beim gleichen Spiel viel Spaß fand. Die Erfahrung zeigte, wie sehr diese Aussage zutraf.
Ich gedachte, den starken Nachahmungstrieb zu nützen. Als erstes wollte ich Klarissa von der Flasche fortbringen. Sie war nun weit über zwei Jahre alt, und es wurde Zeit, sie das Trinken aus der Tasse zu lehren. Mit Ines' Hilfe gäbe es sicher keine Probleme. So gab ich beiden Kindern morgens nicht mehr die Flasche, sondern reichte ihnen am Frühstückstisch die Milch in sogenannten Lerntassen. Klarissa hatte große Schwierigkeiten, sich vom Saugen auf eine andere Art der Flüssigkeitsaufnahme umzustellen. Immerfort war ihr die Zunge im Weg, lief der Mund über. Oder sie bekam gar keine Milch in den Mund, weil sie die Trinköffnung nicht richtig bediente. Es dauerte viele Wochen, bis ich ihr im zweiten Schritt den »Schnabel« von der Tasse schrauben konnte, so daß sich nun eine erweiterte, kreisförmige Öffnung zum Trinken anbot.
Ines war fleißig dabei, ihrer Schwester das Trinken vorzumachen. Klarissa erfaßte zwar recht bald, wie die Milch in den Mund kommt, aber sie legte die Zunge immer noch an die Lippen, wodurch die Flüssigkeit ihr das Kinn hinunterrann. Ich führte ihr vor, wie die Lippen fest an den Tassenrand gelegt werden und wie der Mund dann fast geschlossen wird. Ich nannte ihr bei jedem Trinken folgende Stichworte: »Zunge in den Mund – Mund zu –

langsam trinken – schlucken.« Bei jedem Trinkvorgang wiederholte ich parallel diese Worte.
Einen Monat vor Klarissas drittem Geburtstag gab ich den Kindern Trinkyoghurt aus ganz normalen Tassen. Es ging völlig ohne Schwierigkeiten und Schmierereien ab. Als wäre es schon seit jeher so und niemals anders gewesen, setzte Klarissa die Tasse an die Lippen und trank.
Ich rief begeistert: »Du kannst es, du hast es geschafft ...!« Sie strahlte ebenso begeistert zurück.
So saßen wir würdevoll und siegesbewußt am Geburtstagstisch und genossen die Belobigungen der Gäste. »Mami, mehr Kakao trinken, bitte«, sagte Klarissa formvollendet und trank dann die Tasse leer, ohne daß ich ein einziges der uralten Stichworte aussprechen mußte.
Natürlich ging das nicht jeden Tag so glatt. Immer wieder kamen Zeiten, in denen ich meinte, mein Kind hätte alles verlernt. Manchmal trank sie die Tasse nicht aus, sondern schüttete den Inhalt auf den Tisch. In dieser Zeit half nur ein sehr energisches und vorausschauendes Verhalten. Oder sie begann während der Mahlzeit den Löffel herumzudrehen, so daß die Speise auf Kleidung, Tisch und Teppich kleckerte.
Eine Zeitlang gewöhnte sie sich an, den Löffel vor dem Mund herumzudrehen und die herunterfallende Nahrung mit der Zunge aufzufangen. Es war eine Heidenarbeit, ihr das abzugewöhnen.
Obwohl ich Geduld üben wollte, platzte mir doch häufig der Kragen. Ich dachte mir zwar, daß es sich um Experimente handelte, wie jedes Kind sie durchführt. Aber Klarissa zeigte eine Sturheit, die mich befürchten ließ, sie würde statt der guten Tischmanieren sich Unarten einprägen. Über Wochen, ja Monate konnte sie eine Unart beibehalten.

Verstärkt gewann ich den Eindruck, daß ich gezwungen wurde, sehr bestimmt und als Autorität aufzutreten. Klarissa in besonderem Maße, aber auch Ines zwangen mich zu klaren Anweisungen und zur Kontrolle. Sie matschten so lange am Tisch herum, bis ich streng wurde und auch Konsequenzen ergriff und beispielsweise das Essen zur Seite stellte. All meine vorhergehenden sanften Erklärungen und Ermahnungen schienen sie gar nicht zu erreichen. Beeindruckt zeigten sie sich nur von durchgreifenden, konsequenten Maßnahmen.
Diese Erfahrungen stellten meine erzieherischen Grundsätze teilweise in Frage. Ich hatte mir vorgenommen, die Kinder niemals mit Schlägen zu strafen, sie niemals anzuschreien, immer alles in Ruhe und mit Erklärungen zu tun, den Willen der Kinder nicht zu brechen, sie niemals weinen zu lassen, damit sie sich nicht alleingelassen oder der Liebe entzogen fühlen müßten. Ich hatte allergrößte Abneigung gegen die Kindererziehung, so wie ich sie zum Teil an mir erlebt hatte. Schon den Ruch von Autorität floh ich, da sie für mich zwingend mit autoritärem Verhalten gekoppelt schien. Ich wollte mit meinen Kindern partnerschaftlich umgehen.
Doch was geschah? Sie verlangten nach Beschränkungen und waren erst zufrieden und beruhigt, wenn sie die Grenzen erfahren hatten.
Begrenzungen vermitteln kleinen Kindern ein Gefühl der Sicherheit und Überschaubarkeit. Freiheit ist ihnen eine nicht zu bewältigende Last, deren Lust erst beim Heranwachsen erwacht. Freiheit muß gelernt werden. Dagegen verhindert völlige Freiheit am Anfang des Lebens die Orientierung und macht Angst. Ein innerlich ängstlicher Mensch aber ist unfrei, mag sein äußeres Leben auch noch so frei erscheinen. Das Erlebnis von Freiheit liegt im Verlassen von Begrenzungen, die ehedem Sicherheit bo-

ten. Diese Erfahrung macht jeder Mensch auf dem Weg des Erwachsen-Werdens.
Durch meine Vorstellungen von partnerschaftlicher Erziehung verhielt ich mich, was meine Grenzen anbelangte, ähnlich wie ein stark dehnbares Gummiband. Die Kinder weiteten ihre Möglichkeiten bis zum Es-geht-nicht-Mehr aus und kannten kein Einsehen. Sie gewannen ganz schnell die Macht und ich die Ohnmacht. Sie fraßen mich mit Haut und Haaren. Zuerst erwehrte ich mich bloß ihrer Maßlosigkeit. Dies äußerte sich immer als aggressive Handlung, die mir danach Schuldgefühle verursachte.
Später zwang ich mich dazu, von vornherein Grenzen zu setzen und auf ihrer Einhaltung zu bestehen. Nicht die konsequente Haltung war mein Problem, sondern die Grenzziehung. Ich schlüpfte immer wieder in die Rolle jedes meiner Kinder und versuchte, von diesem Standort aus festzustellen, was gut oder schlecht für sie war. So sprang ich zwischen meiner und ihrer Identität hin und her und fühlte mich im Grunde sehr unsicher. Ich erlebte mich selbst eher als schwankendes Schilfrohr denn als biegsamen Stamm.
Eine erfahrene Mutter riet mir einmal: »Du mußt quasi auf einem Hügel stehen, auf dem Hügel deiner Erfahrung und Reife. Von diesem Standpunkt aus kannst du vorausschauend das Leben deines Kindes mit sicherer Hand lenken und leiten. Denn du weißt, was ihnen gut tut und was nicht. Du bist der Souverän!«
Welch eine Vorstellung: auf einem Hügel stehen und souverän handeln. Momentan machte es mir sogar Schwierigkeiten, überhaupt einen Hügel zu erblicken, auf dem ich stehen könnte. Jeder Tag konfrontierte mich mit derartigen Erlebnissen. Ich war den Erfahrungen ausgesetzt wie einem Geburtsprozeß. Ich fühlte, daß sich da etwas ans Leben drängte, wußte aber nicht, was und was tun.

Ich reagierte ständig, sei es auf die Kinder, sei es auf den Mann. Aber ich agierte nicht. Ich war weit davon entfernt, auf dem besagten Hügel zu stehen und alle Fäden in der Hand zu halten und die Geschicke klug zu lenken.
Bald schien mir das Leben als eine Folterkammer, und ich war mein eigener Folterknecht. Gefesselt von meinen Idealen und ihren Ansprüchen, nährte ich die Sehnsucht, mit mir und meinem Leben ins Einvernehmen zu kommen, Klarheit über mich und Freiheit von mir selbst zu gewinnen.

Das Phänomen »Angst«

Grelle Mama-Hilferufe aus dem Garten. Ich lief hinaus. Ines stand am Zaun, vor dem ein kleinerer Lastwagen geparkt hatte. Ich ergriff ihre Hand und wollte sie zum Haus führen. Aber sie machte sich stocksteif und wurde vor Schreien schon blau. Sie blickte unentwegt auf die geöffnete Rückfront des LKW. Sie hatte Angst, furchtbare Angst.
Ich versuchte einen Schritt in Richtung LKW, da steigerte sie ihr Geschrei. Ich nahm sie auf den Arm und sprach ihr beruhigend zu, während ich mich schrittweise dem dunklen Viereck näherte. Ihre kleinen Fingerchen kniffen mit ungeahnten Kräften in mein Schulterfleisch. Sie zitterte und bebte am ganzen Körper. Dann standen wir vor der geöffneten Rückfront des Lastautos, die uns dunkel entgegengähnte. Ich wollte sie hinaufheben, aber sie klammerte sich an mich. Also stieg ich mit ihr im Arm in den Lastwagen. Sprang hinunter. Kletterte wieder hinauf. Sprang wieder hinunter.
Klarissa kam angelaufen, wollte auch auf die Ladefläche

und hinunterspringen. Für sie war das ein feines Spielchen. Nach einer Viertelstunde hatte Ines sich beruhigt und ließ sich auch zum Abspringen in das Auto stellen. Aber ihre Augen rollten voller Befürchtungen wie bei einem gehetzten, verängstigten Tier hin und her.
Am nächsten Tag weigerte sie sich, in den Garten zu gehen, denn das Lastauto stand wieder vor unserem Zaun. Ich ging mit ihr hin und wiederholte das Spiel von gestern: Aufsteigen, Abspringen. Klarissa half kräftig mit, ihrer Schwester die Furcht zu nehmen. Klarissa kannte weder Angst noch Scheu. Sie war ein Draufgänger, und in ihren Phantasien neigte sie überhaupt nicht zu Angstvorstellungen.
Am nächsten Tag war das Auto wieder da. Woher nahm ich diese plötzliche Ruhe und Geduld? Wieder lief ich mit den Kindern hin. Ines ließ sich nun alleine auf die Ladefläche stellen. Tagelang spielten wir Hinaufklettern und Abspringen.
Dennoch näherte Ines sich dem Auto nur mit Vorsicht und an meiner Hand. Nach zwei Wochen machte sie immer noch einen großen Bogen um das Gefährt und mied den Teil des Gartens, von dem aus sie das Auto sehen konnte, jedoch spielte sie wieder hinter dem Haus im Sandkasten. Das »schwarze Loch« blieb ihr immer ein wenig unheimlich.
Klarissa erwies sich jedenfalls in diesen Situationen als unbefangene Hilfe. Sie wirkte dadurch auf mich weniger behindert. Jetzt erschien Ines als eigentlich Behinderte. Klarissa hatte keine Angst empfunden. Aber Ines. Und Angst behindert.
Bei einer anderen Gelegenheit, an die ich mich erinnere, renovierten Nachbarn ihr Balkongeländer. Beim Abschleifen der Eisenteile entstand ein hohes, brüchig-hartes Summen. Mit der panisch schreienden Ines auf dem

Arm und Klarissa am Rockzipfel wanderte ich rüber zum Nachbarn.
»Darf Ines mal bei der Arbeit zuschauen?« fragte ich, »Sie hat nämlich große Angst vor dem Geräusch.« Natürlich durften wir zuschauen.
Auch bei einem anderen Nachbarn schauten wir vorbei. Er arbeitete an seiner Bandsäge und machte Winterholz. Angstbewältigung wurde zu einem festen Bestandteil unseres Lebens, dem ich mich mit Leidenschaft verschrieb. Wenn Ines einen Grund zur Angst verlor, büßte auch ich Furchtsamkeit ein.

Welcher Kindergarten ist der richtige?

Der Duft quoll aus den Schlehdornhecken. In der erblühenden Natur entdeckten die Kinder neue Spielgefährten: Regenwürmer und Weinbergschnecken. In Klarissa erwachte der Forscherdrang. Sie interessierte sich auch stärker für ihren eigenen Körper. Sie begann, ihn mit meinem und dem der Tiere zu vergleichen. Sie beklopfte sich vor dem Spiegel stehend sehr stolz und kommentierte dazu: »Dickbauch« und »Nackedei«. Meine Tochter, mochte sie auch behindert sein, machte deutliche Fortschritte. Und so kam die Zeit, in der ich das Problem »Kindergarten« nicht mehr länger vor mir herschieben konnte. Frau Heil kam freitags noch immer zur »Frühförderung« in unser Haus. Zuerst »spielte« sie mit Klarissa im Kinderzimmer. Ines durfte dabei sein und mitspielen. Seit einigen Wochen nahm ich an der »Spielstunde« nicht mehr teil, denn Klarissa sollte sich daran gewöhnen, daß ich abwesend sein könne. Sie schien auch freier zu spielen, wenn ich nicht da war. Dann saß ich mit Frau Heil bei einer Tas-

se Kaffee zusammen. »Ich muß Ihnen sagen, daß die Frühförderung mit den Sommerferien endet«, erklärte sie.
Diese Aussage traf mich wie ein Schock. Ich hatte mich so sehr an die Freitage gewöhnt und an Frau Heil als meinen im Grunde einzigen Gesprächspartner in Sachen Klarissa und Kindererziehung.
»Klarissa wird nach den Sommerferien drei Jahre alt, sie ist dann ein Kindergartenkind. Die Frühförderung wird nur bis zu diesem Alter finanziert.«
»Sie wissen aber, daß ich Klarissa erst mit vier Jahren in den Kindergarten geben möchte«, warf ich ein.
»Ja, deshalb mache ich Ihnen einen anderen Vorschlag. Ich denke daran, eine Rhythmikgruppe für Vorschulkinder anzubieten. Ines könnte auch mitmachen.«
Ich spürte schlagartige Entlastung. »Da mache ich natürlich mit«, stimmte ich sofort zu. »Wo soll die Gruppe stattfinden?«
»Wir treffen uns im hiesigen Sonderkindergarten, dort dürfen wir die Räumlichkeiten und die Geräte benützen.«
»Wunderbar.«
»Haben Sie sich schon einmal umgeschaut, in welchen Kindergarten Sie Klarissa geben wollen?« fragte Frau Heil.
»Ich weiß es immer noch nicht. Letzte Woche habe ich mir einen Integrierten Kindergarten angeschaut …«
»Und …?«
»Ich bin unschlüssig. Der Integrierte Kindergarten kann zwar Klarissa und Ines aufnehmen, aber nur Klarissa wird transportiert, weil sie behindert ist. Ines müßte ich jeden Tag mit dem Auto hinfahren und abholen.«
»Vielleicht kann eine Ausnahme gemacht werden, haben Sie sich erkundigt?«
»Ja. Es ist nicht möglich. Mich ärgert das. Ein Kind wird

mit dem Sammelbus befördert, denn weil es behindert ist, zahlt das Land die Transportkosten. Das Geschwisterkind kann aber in diesem Auto nicht mitgenommen werden, denn es ist ja gesund, und da kann man keine Unkosten abrechnen. Unser Problem ist wohl doch, daß wir so weitab wohnen ...«

»Nun schauen Sie sich erst noch ein wenig um«, riet Frau Heil, »waren Sie schon im Waldorfkindergarten?«

»Nein, aber ich habe einen Termin. Doch wie auch immer ... bis Frankfurt ist es fast eine Stunde. Wir werden umziehen müssen. Ich weiß nur nicht, wie ich es meinem Mann beibringen soll.«

»Versuchen Sie ihm klarzumachen, daß die Zukunft des Kindes auch Ihre Zukunft ist.«

Eine Woche später hatte ich die Vorstellung im Kindergarten der Frankfurter Freien Waldorfschule hinter mich gebracht. Das Kollegium zeigte sich nicht abgeneigt, Klarissa im Kindergarten und eventuell auch in der Schule aufzunehmen, wenn eine entsprechende Empfehlung des Kindergartens nach den drei Besuchsjahren vorläge.

Trotzdem geriet ich gerade nach der Zusage in ein tieferes Nachdenken. Was versprach ich mir von den Jahren unter normalen Kindern, warum hing ich dieser Idee so sehr an? Verfolgte ich sie im eigenen oder im Interesse des Kindes? Und was würden die Folgen sein, wenn Klarissa sich nicht wohl fühlte, wenn das, was ich mir versprach, nicht eintrat? War es überhaupt sinnvoll, ein Kind Integrationsbemühungen zu unterziehen in der ziemlichen Gewißheit, daß es irgendwann früher oder später dennoch zu einer Ausgliederung kommen wird?

Die mir bekannten integrativen Kindergarten- und Schulprojekte reichten in keinem Fall über die vierte Grundschulklasse hinaus. Müßte ich also spätestens dann mein Kind nicht doch einer Sonderschule zuführen?

Fragen über Fragen. Ich stürzte nach meiner Freude über die Zusage des Waldorf-Kollegiums wieder in die alte Unsicherheit und Entscheidungsunfähigkeit zurück.
Abends informierte ich meinen Mann über die geknüpften Kontakte. »Heute war ich in der Waldorfschule in Frankfurt. Sie nehmen Klarissa. Nach dem Kindergarten kann sie vielleicht sogar die Schule besuchen, je nachdem, wie sie sich entwickelt.«
»Wie stellst du dir das vor? Fährst nach Frankfurt in die Schule, was willst du in Frankfurt? Wir wohnen hier!« entgegnete er verärgert.
»Aber ich kann Klarissa nicht einfach so in den zuständigen Kindergarten und in die zuständige Schule geben. Ich kann es einfach nicht. Ich möchte, daß sie nicht nur intellektuell getrimmt wird. Sie hat soviel musische Anlagen. Die werden gerade in einer anthroposophischen Schule gefördert.«
»Du kannst es nicht ... Aber du kannst mich aus meinem Paradies vertreiben! Das hier ist alles, was ich besitze. Ich habe es mit meinen Händen geschaffen. Ich habe tonnenweise Erde umgeschichtet. Ich habe mich kaputtgemacht für unser Heim. Und nun kommst du und willst nach Frankfurt. Nichts ist dir gut genug. Bleib doch mal auf dem Boden der Realität mit deinen Ansprüchen!«
»Ich will nicht unbedingt nach Frankfurt. Ich liebe das hier doch auch alles. Aber noch wichtiger ist mir das Kind und seine Zukunft. Das sind nicht einfach nur Ansprüche, sondern unterdessen Gewissensentscheidungen für mich«, erklärte ich. »Außerdem ist Klarissas Zukunft auch die unsere.«
»Ein Professor wird aus ihr sowieso nicht ...«, entgegnete mein Mann.
»Lohnt es nur für einen Professor der Mühe? Meinst du das wirklich ernst?«

»Na klar. Sei doch mal Realist. Was soll aus ihr werden? Eine Pianistin vielleicht? Wir können froh sein, wenn sie schreiben und lesen lernt. Wir werden uns halt bis zum Lebensende um sie kümmern müssen.«

»Aber genau diesen traditionellen Weg möchte ich nicht einschlagen. Wir können neue Wege finden. Es gibt Dörfer, in denen behinderte und nichtbehinderte Menschen zusammen leben und arbeiten und sich selbst erhalten: beispielsweise durch Produkte aus der Spinnerei, Weberei, Schreinerei oder der Landwirtschaft. So etwas schwebt mir für Klarissa vor.«

Zwar verstand ich den Kummer und die Abwehr meines Mannes angesichts der Möglichkeit, all das von uns mühsam Geschaffene zu verlassen. Aber ich konnte seine grundsätzlich ablehnende Haltung nicht akzeptieren. Er war nicht einmal zu Überlegungen bereit, bezichtigte mich statt dessen pädagogischer Faxen und Spinnereien und nannte mich eine Zigeunerin, die an keinem Ort verweilen könne. Er schien der Meinung zu sein, ich schöbe Klarissas Interessen vor, um das Dorf verlassen zu können.

Die Spannungen zwischen uns gerieten nicht mehr ins Lot. Wir lebten miteinander im Bewußtsein der Wünsche des Partners, die den eigenen entgegenliefen. Das stand fortan zwischen uns, auch wenn wir äußerlich von den Menschen, die uns nicht so gut kannten, immer noch als harmonisches Paar angesehen wurden. Im Dorf hielt man uns für eine Art Bilderbuchfamilie, und es gab Momente, in denen wollte ich uns auch dafür halten. Wenn wir mit den Kindern spielend die Straße hochliefen, oder wenn mein Mann die beiden in der Schubkarre bei der Gartenarbeit die Hänge hinauf und hinab rollte, bis das Kinderlachen ins Haus einbrach, kam mir nie der Gedanke, daß dies eines Tages zu Ende sein könnte.

Eine schwierige Ehe

Trotz meiner Unentschlossenheit, und obgleich die Zeit nicht drängte, denn bis zu Klarissas Kindergarteneintritt dauerte es noch mehr als ein Jahr, begann mein Mann an jedem Wochenende den Immobilienmarkt in verschiedenen Zeitungen zu studieren.

»Hast du dich entschieden?« fragte ich ihn. »Nein«, antwortete er, »aber du hältst es doch hier nicht mehr aus. Was bleibt mir da übrig?«

Der Kurtermin meines Mannes war unterdessen mitgeteilt worden. Er würde den ganzen August im Sanatorium sein. Ich freute mich für ihn, denn ich dachte, daß der Abstand von uns ihm guttäte. Und ich hoffte darauf, daß die Abwesenheit unserer Zuneigung neue Nahrung schenken würde.

»Warum willst du, daß ich unbedingt in Kur gehe?« fragte mich mein Mann immer wieder.

»Damit du gesund wirst, natürlich«, erwiderte ich.

»Ich bin gesund und wäre noch gesünder, wenn du dich mehr um mich kümmern würdest«, erklärte er.

»Aber ich kann dich doch nicht gesund machen. Du weißt doch, was der Arzt gesagt hat.«

»Ach, die Quacksalber ...«

»Außerdem ist es doch auch eine Chance für uns. Wenn wir ein wenig Abstand voneinander haben, sehen wir uns vielleicht in neuem oder anderem Licht.«

»Ich sage dir, das geht nicht gut«, prophezeite mein Mann.

»Ich brauche eine Frau, die mich bei sich haben möchte und nicht eine, die mich in die Kur schickt und froh ist, wenn ich fort bin.«

»Aber ich schicke dich doch nicht fort. Ich möchte nur, daß du gesund wirst, daß wir besser miteinander auskommen.«

»Und da meinst du, ist es der rechte Weg, mich fortzuschicken, ja? Wie sollen wir uns besser verstehen, wenn ich gar nicht zu Hause bin. Bin sowieso kaum noch zu Hause. Die Woche über unterwegs. Und am Wochenende ist auch nur alles Mist ...«
»Wenn du dich von uns erholt hast und zurückkommst ... paß auf, dann siehst du vielleicht manches anders.«
»Kommst du mich besuchen?«
»Aber nein, das geht doch nicht. Diese weite Fahrt mit den zwei kleinen Kindern.«
»Du kannst sie doch mal abgeben.«
»Wer soll sie denn nehmen, ein ganzes Wochenende lang? Deine Eltern wollen von mir und den Kindern nichts wissen. Meine Mutter ist krank. Meine Geschwister sind mit sich selbst beschäftigt. Ein Babysitter ist kaum aufzutreiben und auch zu teuer. Und außerdem sind die Kinder noch zu klein, um sie so lange alleine zu lassen.«
»Du willst nur nicht. Wenn du wolltest, würdest du sicher einen Weg finden«, beharrte mein Mann.
»Ich will ja, aber es gibt keinen Weg.«
»Lies doch mal in einem deiner schlauen Bücher nach! Du hast doch so viele. Da wird doch etwas darüber drinstehen, wie man seinen Mann hält, wenn man ihn liebt. Aber darüber liest du nicht. Immer nur über Kindererziehung ... vielleicht steht aber auch nichts darüber in deinen schlauen Büchern. Denn das Leben mußt du selber leben. Frag mich doch mal anstatt deiner Bücher, wie das Leben geht.«
Nun hatte mein Mann es sich im Mai in den Kopf gesetzt, bis zu seinem Kurantritt Anfang August ein neues Haus für uns zu finden. Meine Einwände, daß die Zeit nicht drängt, überhörte er.
Jeden Freitagabend und Wochenende für Wochenende verbrachte er mit Telefonanrufen und Hausbesichtigun-

gen. In fast jeder Wochenendausgabe fand er ein Haus, das genau zu uns und zu unserem Geldbeutel paßte.
»Aber wir müssen doch erst dieses Haus hier verkaufen.«
»Ach, nicht unbedingt, mit der Bank, das regele ich schon«, beruhigte er mich.
Mit jedem Haus, das er mir vorführte, war ich nicht zufrieden. Er hörte meine Begründungen nicht an und fühlte sich persönlich verletzt. Deshalb fiel es mir schwer, ihm zu sagen, daß dieses oder jenes Haus nicht das rechte sei. Im Verlauf eines solchen Gespräches warf er mir vor:
»Wenn du mich lieben würdest, könntest du nicht fortwährend all meine Vorschläge ablehnen! Du berätst dich mit deinen Freunden. Aber du sollst auf mich hören. Wenn du mich lieben würdest, würdest du auf mich hören. Wer kümmert sich schon um dich außer mir – etwa deine Familie und Freunde? Daß ich nicht lache! Die lassen dich aus der Hand rutschen wie einen faulen Apfel. Und du hörst auf die!«
Das Verhalten meines Mannes machte mir angst. Dann entdeckte ich eines Tages die Schulden auf unserem Konto. Meine Angst wurde existentiell. Ich sah mich mit den Kindern bereits in einer Notunterkunft hausen.
»Es sind unabgerechnete Spesen, und wir haben ein bißchen über die Verhältnisse gelebt: das Haus, die Renovierungen, das Auto ...«, erklärte mein Mann.
»Wir müssen ein Haushaltbuch führen«, forderte ich.
»Hast du denn kein Vertrauen zu mir? Ich kriege das schon wieder hin. Warte nur erst mal die Steuerrückzahlung ab. Wir zahlen doch auch zuviel Steuern.«
Er rechnete mir vor, wie die Schulden durch die Haushaltführung entstanden seien, doch da ich das Haushaltsgeld abhob und einkaufte, wußte ich, daß seine Angaben nicht stimmten. Fortan lebten wir noch bescheidener als zuvor.

Aber der Schuldenberg wuchs. Ich geriet in Verzweiflung. Was geschah nur mit dem Geld?
»Wenn wir ein neues Haus kaufen und das alte verkaufen, können wir die Schulden mitfinanzieren. Dann sehen wir wieder gut aus«, erklärte mein Mann eines Tages. Er war nun also für den Hausverkauf, wenn auch aus anderen Motiven heraus als ich.
Ein andermal sagte er: »Uns bleibt gar nichts übrig, als dieses Haus hier zu verkaufen und ein neues zu kaufen. Denn mit unseren Schulden können wir bald die Hypotheken nicht mehr bezahlen. Deswegen: Je eher wir ein neues Haus finden, um so besser.
Da ich mich trotz all dieser Argumente nicht für eines der Objekte entscheiden konnte, die er mir Wochenende für Wochenende vorschlug, warf er mir an einem Sonntag die Zeitung vor die Füße und explodierte: »Ab heute kümmerst du dich um die Angelegenheit. Mal sehen, ob du es besser kannst. Ich rühre keinen Finger mehr, ich besichtige kein Haus mehr! Das wirst du ab jetzt tun. Und ich passe auf die Kinder auf.«
Irgendwie war ich erleichtert. – Bald hatte ich Kontakte zu den bisher verschmähten Maklern im Umkreis aufgenommen und mußte eine herbe Enttäuschung erleben. Der angesetzte Kaufpreis war nicht realisierbar. Das Haus befand sich in »ungünstiger« Lage (kleines Dorf im Hintertaunus).
Unterdessen waren wir in eine finanzielle Zwangslage geraten. Mein Motiv zum Verkauf galt nicht mehr länger. Vielmehr mußte jetzt verkauft werden, möglichst sofort, um die Schulden abzuwerfen.
Von Montag bis Freitag gelang es mir recht gut, die Sorgen zu ignorieren. Am Wochenende jedoch drehte sich das Leben ausschließlich um Haus und Geld.
Es gab keine gemeinsamen Spaziergänge oder Ausflüge

oder Spielstunden. Die Wärme und Schönheit der frühen Sommertage machte uns nur inniger die Kälte und Einsamkeit fühlen. Jeder lebte in seinem persönlichen Vakuum, abgekapselt und sehnsüchtig und dennoch ohnmächtig.
Zum zehntenmal feierten wir unseren Jahrestag, und obgleich mir alle Illusionen und Träume abhanden gekommen schienen, geschah etwas Seltsames. Ich spürte eine Kraft in mir, die noch Mut zur Hoffnung hatte, über alle Eiswüsten hinweg.
Ausharren, ohne den Haß zu lernen! Beharrlich treu sein, ohne sich in Gleichgültigkeit abzuriegeln! Geduldig sein! Nicht verzweifeln, nie der Liebe entsagen!
Diese Tugenden, welche ich meinem Mann entgegenbringen wollte, waren nicht verschieden von jenen, die ich meinen Kindern erwies und von denen ich wünschte, daß sie auch mir erzeigt wurden.
Aber das Leben in der Wüste hatte uns sprachlos werden lassen. So gab es nur den Willen des einzelnen in seinem Vakuum und die Beharrlichkeit seiner Zuneigung.
In diesen Zeiten des Abschieds von alten Träumen und geschaffenen Realitäten erfaßte mich in unvermittelten Momenten beim Anblick der Kinder ein Gefühl der Unwirklichkeit. Ihr Leben spielte sich wie auf einer Insel ab, scheinbar unberührt und unbeeinträchtigt von tatsächlichen Ereignissen.
Mein Mann und ich lebten ein ganz anderes Leben auf einer anderen Insel. Dann gab es noch jenes Leben, das ich mit den Kindern alleine führte, und jenes andere, das mein Mann alleine mit sich lebte.
Die Kinder existierten sorgenfrei im Kummer oder in der Fröhlichkeit des Augenblicks. Sie richteten ihr Trachten nicht nach vergangenen oder zukünftigen Ereignissen. Sie sannen auf sofortige Befriedigung ihrer Wünsche und

Bedürfnisse und rissen mich damit fort aus dem Strom meiner Sorgen ums Gestern und Morgen. Das Maß ihrer Bedürftigkeit begrenzte mein Dasein und richtete es ein. Es warf mich ebenso zu Boden, wie es mich aufrichtete. Ging es den Kindern gut, dann ging es mir gut. Und umgekehrt.
Ein ähnlich symbiotisches Verhältnis hatte in den kinderlosen Ehejahren zwischen mir und meinem Mann bestanden. So vieles hatte sich geändert seit den Geburten. Und daß so vieles sich geändert hatte, lag nur zum Teil an der Behinderung unserer Tochter. Wir müßten neue Wege finden ...
Solchen Gedanken nachhängend, saß ich spät abends im Garten. Die Kinder schliefen lange schon, und die ersten Fledermäuse kreisten um die sacht baumelnde Laterne. Das Igelpärchen raschelte und raunzte unter der Tanne. Vor meinen Füßen lag der Hund augestreckt wie ein Teppich. Nur seine Ohren stellten sich hin und wieder spitz auf. Unweit leuchteten die runden Phosphoraugen der Katze. Wohlig zog ich die Decke fester um die Schultern und seufzte. Warum kann es nicht immer so sein, so bleiben ...

Kleine Welt und große Stadt

Anderntags schien die Sonne schon sehr früh recht heiß herab. Ich holte das Gummiplanschbecken aus dem Keller und pumpte es mit Luft voll. Dann füllte ich lauwarmes Wasser ein und ließ die Kinder den Nachmittag über herumplanschen. Derweil hatte ich vom Balkon einen Blick auf sie und konnte gleichzeitig an meinem Manuskript weiterarbeiten.

Immer wenn es die in Haus und Garten anfallenden Arbeiten zuließen, brachte ich die Kinder mittags nach dem Schlaf in den Garten und setzte mich dann zu meiner Arbeit auf den Balkon. So kam ich ein gutes Stück voran. Der Garten war ein eigenes Stück Landschaft mit einem steilen Geröllhang. Zu Anfang hatten wir große Pläne. Doch war es nie dazu gekommen. Über die Winter quartierten sich in den kleinen Schieferhöhlen des Hanges die unbekanntesten Tiere ein. Und in jedem Frühling entdeckten wir neue Himbeer- und Brombeersprossen sich zwischen den Steinen emporwinden und spekulierten auf eine reiche Ernte. Mitten aus dem Hang wuchs ein kräftiger Stamm und breitete seine knorrigen Äste schattenspendend über die Pflanzen. Welch unbeschreiblichen Reichtum an knackigen, gelbrot gefärbten Kirschen er später trug! Man mußte schnell sein und den Wespen zuvorkommen. Begannen die Früchte vor Reife zu platzen, eroberten die gelbschwarz gestreiften Insekten brummend und summend alle Zweige, versteckten sich hinter Blättern, und kaum ließ sich unterscheiden, ob einem das Gelbe der Kirsche oder der Wespe entgegenleuchtete. So war es klüger, die Finger von den Früchten zu lassen, statt sich die Wut der aggressiven Schwärme zuzuziehen. Was uns blieb, war der süße und bald ins süßlich-faulige umschlagende Geruch der unsauber abgefressenen Kerne und des zu Boden gefallenen Obstes. Außer den Wespen taten sich auch die Eichelhäher und Stare gütlich. Unter dem Baum und im Schiefergeröll, zwischen dem sich – wer weiß woher – Erdbrocken einfanden, sprossen und wucherten die sogenannten Unkräuter. Dazwischen die wachsgelben Schlüsselblumen. Im ersten Jahr nur eine, im zweiten Jahr waren es fünf, und danach hörten wir auf zu zählen. Die Natur festigte das abschüssige Gelände mit unbändigen Büschen, deren Wildwuchs sich wie ein

Feldzug ausnahm, und mit Pflanzen, deren Wurzeln meterlang zwischen den Steinen hindurchfaßten, sie umwikkelten und an der Stelle fixierten. Nach zwei Jahren schlugen wir einen kleinen Pfad in das Dickicht. Sehr schmal, ließ er gerade einen Menschen hindurch. Mein Mann trieb leichte Holzpflöcke in das Erdreich und legte ein Brett davor. Das war eine Stufe. Im Hochsommer ließ die üppige Vegetation nur ein Durchkommen, wenn wir die wilden Beerenbüsche zur Seite banden.

Mit sonderbarer Ehrfurcht erlebten wir Städter dieses Stück Garten. Pflanzen, die wir nur aus den Büchern oder dem Museum kannten, wuchsen plötzlich von ganz alleine, ohne daß wir eine Hand gekrümmt und einen Samen in die Erde gelegt hatten. Die Kinder hielten die erste Ernte ihres Lebens. Wilde Himbeeren.

Im Sommer huschten die Blindschleichen über den schmalen Steig. Wir freuten uns, wenn wir eines der Tierchen entdeckten. Die praktisch veranlagte Klarissa faßte gleich zu, aber das Schlänglein entschlüpfte noch im Hochheben ihrer Hand. Auch Kröten hatten dort Unterschlupf gefunden. Immer wenn es nachts sehr stark regnete, hüpfte eine von ihnen bis zu unserer Haustür und stellte sich dort unter. Manchmal saß sie noch am nächsten Morgen dort, und die Kinder ließen sie über Grashalme und kleine Stöckchen hüpfen. Eines morgens lag die braune Kröte mit zwei abgerissenen Beinen und am Bauch verwundet im Hauseingang. Sie war wohl schon tot. Wir waren alle sehr traurig.

War es richtig, den Kindern diese höchst natürliche Umwelt zu entziehen? War es nicht auch für uns Erwachsene besser, hier wohnen zu bleiben? Dies alles zu verlassen bedeutete, Verluste zu erfahren. Würde sich ein Gewinn einstellen, der sie je aufzuwiegen vermochte?

Ich saß auf dem Balkon und bemerkte eine ungewöhnli-

che Stille. Wo waren die Kinder? Ich lauschte. Vielleicht waren sie in den Vordergarten gelaufen. Ich rief den Hund und lief vor das Haus. Da waren sie auch nicht. »Klarissa, Ines …!« Keine Antwort auf mein Rufen. Das Gartentor war zu. Ich öffnete es und lief mit dem Hund die Straße hinauf bis zur Ecke. Nichts zu sehen.
»Such doch mal!« forderte ich den Hund auf. Schwanzwedelnd rannte er ein Stück voraus, blickte sich um, schnappte ein Stöckchen und brachte es mir. »Du dummer Hund, wir suchen die Kinder, such Klarissa, such Ines, such!«
Dabei lief ich in anderer Richtung der Dorfmitte zu. Es kann ja nichts geschehen, sprach ich mir zu. Aber im Dorf lief so mancher Hund frei herum, und ein dutzendmal am Tag fuhr auch ein Auto durch, und die Kinder waren ja noch Winzlinge. Wie sie wohl aus dem Garten gekommen waren? Dann hörte ich von ferne helles Lachen. ›Klarissa‹, dachte ich und ging weiter in die eingeschlagene Richtung. Das Gelächter wurde lauter, bald hörte ich auch Kinderstimmen.
Dann sah ich sie. Beide standen splitternackt vor dem Hühnerhof am Rande des kleinen Dorfplatzes gegenüber der Poststube. Sie bemerkten mich nicht, gaben sich lustige Zurufe und ermunterten einander, noch mehr Grashalme vom Wegrand abzuraufen und durch die Maschen des Zaunes zu drücken. Auf der anderen Seite warteten die Hühner und pickten und scharrten und stürzten sich auf das Grünzeug. Die Kinder jauchzten.
Klarissa entdeckte mich und rief: »Hier, Mama, hier!«, streckte den nackten Po in die Luft, riß blühenden Löwenzahn ab und drückte mir das Kraut in die Hand, damit ich auch die Hühner füttern könnte.
»Zwei Nackedeis beim Hühnerfüttern. Aber Kinder … Kinder … ihr könnt doch nicht nackend durchs Dorf lau-

fen … Das konnten sie gar nicht verstehen. Sie wollten nicht heimgehen, aber nach einer Weile faßte ich mit jeder Hand ein nacktes Kind, und nach Hause ging's.
Abends saß ich mit den bettfertigen Kindern auf dem Mäuerchen im Vorgarten. Es dunkelte, und kühle Schwaden Luft flossen neben noch tagwarmen, sonnigen Strömen. Wir ließen uns einlullen vom Tschilpen und Quinkelieren unzähliger sangesfreudiger Vögel. Wir wohnten im Vogelschutzgebiet. In der Frühe überlistete der Vogelgesang mit unüberhörbarer, kunstvoller Gewalt die Schläfer. Nur hinter geschlossenen Doppelglasscheiben konnte man sich noch einmal im Bett rumdrehen.
Und nun in der Dämmerung lauschten wir dieser schwelgerischen Sinfonie. Wenn die Dunkelheit sich vollends über den Himmel gezogen hatte, schwang sich noch manch ein verspäteter Sänger auf den Heimweg und warf dunkle Schatten gegen den Himmel.
Die nächtliche Stille lebte, und Kraft entströmte ihr.
An manchen Tagen erfaßte mich eine Unruhe. Es waren jene, an denen mir nichts erstrebenswerter erschien, als in das pulsierende Leben einer Großstadt einzutauchen. Ein Hunger biß mich so schmerzlich, daß die Idylle des Landlebens mir wie ein Gefängnis vorkam. Blumen erinnerten mich ausschließlich an einen besonders exklusiven Blumenladen in der City, und die Vogelkonzerte assoziierten sich mit großen Orchesterkonzerten. Sogar für die Kindererziehung wendete sich das Blatt. War mir die Verkehrsarmut und kulturelle Abgeschiedenheit zuvor eher positiv erschienen, nannte ich sie nun Weltfremdheit. Sollten meine Kinder später wie »Dörfler« in der Stadt herumirren und Angst vor Aufzügen haben? Sie mußten erfahren, daß die Welt größer war.
An diesen anderen Tagen fuhr ich mit ihnen nach Frankfurt. Wir besuchten Kaufhäuser und Parks. Wir fuhren mit

der U-Bahn. Aber meine Lust an der Stadt erschöpfte sich schnell. Die Kinder freuten sich in der Stadt ebenso ihres Lebens wie auf dem Land. Nur hatten sie viel weniger Freiraum, mußten an der Hand gehen und immer aufpassen. Aufpassen, daß sie nicht verlorengingen, daß sie nicht die Rolltreppe hoch- oder runterstürzten, daß sie nicht beim Taubenfangen gegen Tische und Stühle des Straßencafés rempelten, daß sie nicht in den Kaufhäusern alles anfaßten.
Andererseits erlebten sie hier eine ihnen bisher unbekannte Straßenszenerie: Pflastermaler, Straßenmusikanten, Gaukler und Zirkusleute, die mit Lama, Esel, Pony oder Ziege vertreten waren.
All das bunte Treiben, Laufen und Rufen schien die Kinder nicht zu verwundern. Sie bewegten sich auf dem Pflaster, als hätten sie nie etwas anderes getan. Einzig ihr Verkehrsverhalten ließ auf eine ziemliche Unbedarftheit schließen, denn Autos, Fahrräder, Mopeds und gar erst Busse oder Lastwagen nötigten ihnen keinen Respekt ab. Klarissa konnte fließenden Verkehr überhaupt nicht einschätzen. Sie wäre oft mitten in die Autos gelaufen, hätte ich sie nicht fest an der Hand gehalten. Ines war noch so klein, daß ich sie die meiste Zeit im Tragetuch trug.
Wenn ich mit dem Auto gegen Abend aus der Stadt fuhr, dünnte sich der Verkehr hinter den ersten Taunushängen zusehends aus. Die Schlange der Pendler wurde nach dreißig Minuten Fahrt lückenhaft. Nach weiteren zehn Kilometern befand ich mich fast allein auf der Fahrbahn. Hinter dem letzten Hügel lag unser Dorf. Langsam kreuzte ich die Kuppe. Dem Blick öffnete sich dahinter wie durch Zauber eine liebliche Landschaft mit bewaldeten Höhen und winkligen grün- und goldfarbenen Feldern. Jedesmal an diesem Punkt atmete ich befreit auf.

Kinderstreiche und ein Nervenzusammenbruch

Der Sommer kam, und Klarissas Pseudo-Krupp-Anfälle schwanden. Nun hätte ich in den Nächten zum Durchschlafen kommen können. Doch es war wie verhext. Denn nun begann Ines wieder unruhiger zu werden. Klarissa versuchte immer stärker ihren Kopf durchzusetzen. Sie trotzte, verweigerte sich oft der nachmittäglichen Spielstunde und tat alles, was verboten war. Mein Co-Therapeutentum endete. Mit Zwang war nichts auszurichten. So ließ ich alle Sonderaktivitäten und beruhigte mich damit, daß Klarissa weiterhin von Frau Heil angeleitet wurde, die alle Albernheiten und Aufsässigkeit in Spiele und Späße umwandelte. Meine zwei Töchter führten miteinander schon kleine Unterhaltungen. Sie verständigten sich darüber, was man spielen könne. Die schönsten Spiele wurden schließlich durch meinen Aufschrei beendet. Dennoch: Mit schöner, fast täglicher Regelmäßigkeit räumten sie den Kleiderschrank aus. Er wurde zum Alkoven umgewandelt. Immer wenn ich die Babycreme nach dem Wickeln nicht fortgeräumt hatte, erwarteten mich cremeverschmierte Kinder, Spielsachen und eingecremte Wände und Fußböden.
Die beiden Kleinen heckten große Streiche aus. Sie müssen irgendwann beobachtet haben, wo der Schlüssel für die Putzkammer lag. Während ich in der Küche beschäftigt war, spielten sie einträchtig. Als ich nach einiger Zeit nachschauen ging, traf mich das Entsetzen. Sie hatten die Putzkammer ausgeräumt und alle Flaschen, Dosen, Eimer und Gerätschaften in den Zimmern verteilt. Natürlich schimpfte ich. Als Klarissa etwas antwortete und ich sie genauer betrachtete, fiel mir ein weißer Streifen auf, der vom Mund über das Kinn hinablief.
»Habt ihr etwa Putzmittel getrunken?« schrie ich und

forderte die Kinder auf, den Mund zu öffnen. Weißer Belag auf der Zunge, knirschende Zähne und ein Geruch nach »Wannenwichtel« aktivierte mich. Ich suchte in allen Zimmern nach den zwei Flaschen des Reinigungsmittels, fand aber nur eine. Und die war leer. Jetzt wußte ich aber genau, daß im Regal eine fast leere und eine fast volle Flasche gestanden hatten. Welche Flasche hielt ich nun in der Hand? Die sowieso fast leere? Dann hätten die Kinder wohl keinen Schaden zu befürchten. Oder die ehemals volle? Dann müßten sie sofort ins Krankenhaus.
»Habt ihr davon getrunken?« fragte ich nochmals und hielt ihnen die Flasche vor. Sie nickten.
Ich suchte noch einige Minuten nach der zweiten Flasche, konnte sie aber nirgends finden. Dann rief ich den Hausarzt an.
»Sofort ins Kreiskrankenhaus«, riet er.
Zwanzig Minuten später traf ich im Krankenhaus ein.
»Die Kinder haben Putzmittel getrunken«, erklärte ich.
»Wissen Sie die Inhaltsstoffe? Wir kennen uns damit nicht aus.« Unsichere Blicke auf die Kinder. »Sie sehen ja noch ganz munter aus.« Ein Blick in die Schlünde, ob Schaum hochquoll. »Es ist nichts zu sehen. Wieviel haben die Kinder vermutlich zu sich genommen?«
»Ich weiß nicht. Entweder war es ganz viel oder kaum etwas.« Ich erklärte das mit den zwei Flaschen, von denen ich nur eine hatte finden können.
»Wir können hier nichts machen, sie müssen in die Kinderklinik nach Frankfurt.«
Einige Minuten später lagen die Kinder auf Bahren festgeschnallt im Notarztwagen, der mit Blaulicht und Sirene durch Gassen, Kurven und über die Autobahn raste. Ich schaute die ganze Zeit auf die Kinder. Sie wirkten munter und gesund. Ich wußte nicht, was mich stärker beängstigen sollte, die todesmutige Raserei des Sanitäters am

Steuer oder die möglicherweise unsichtbar fortschreitende Vergiftung meiner Kinder.
In der Kinderklinik mußten sie zuerst einen Entschäumer trinken; für alle Fälle. Bis zum Abend sollten sie beobachtet werden. So verbrachte ich den Tag mit den munteren Kindern, die keine Spur einer Beeinträchtigung zeigten, in einem Warteraum. Um sieben Uhr abends durften wir nach Hause fahren.
Zwei Tage später fand ich die volle Flasche mit dem Reinigungsmittel. Die Kinder hatten sie hinter die Wickelkommode geworfen.
Die Putzkammer hatte ich umgehend ausgeräumt und in den Keller verlegt. Aus ihr war nun eine Spielhöhle geworden, in der die Kinder ihre Kissen und Tücher ausbreiteten und es sich gemütlich machten.
Als sie diesen Spaß eingehend genossen hatten, schritten sie zu neuen Taten und schauten nach, was unter dem Linoleumboden war. Da entdeckten sie den Mörtel und abgefallenen Putz und ein dickes Loch im Fußboden, denn früher war die Kammer mal ein Klo gewesen. Fleißig schabten sie Putz und Mörtel ab und füllten damit allerei Gefäße und natürlich das Loch. In grauklebrigen Staub gehüllt, strahlten sie mir entgegen, als ich die Treppe hochkam, und stellten mir begeistert ihr Werk vor. Doch mein Humor war schon lange irgendwo verspielt. Ich sah wiederum nichts als Arbeit und Putzen vor mir.
Irgendwann in diesen Tagen gab es einen kleinen Anlaß und eine Überreaktion von mir. Klarissa sträubte sich wieder einmal, beim Aufräumen zu helfen. Sie sollte nur die Bausteine in den Karton tun. Aber sie weigerte sich. Da nahm ich ihre Hand und führte sie zu den Klötzen und räumte mit dieser Hand auf. Und je stärker sie sich widersetzte, um so unsanfter und härter wurde mein Griff. Sie versuchte sich zu entziehen, und ich zwang sie, aufzuräu-

men. Sie weinte, mein Zorn steigerte sich, ich konnte ihn kaum noch im Griff halten. Ich begann zu zittern und packte fester zu. Ihr Wehren und Weinen hörte nicht auf, und ich fand nicht den Absprung. Ich wollte aus dem Zimmer flüchten, aber meine Hand lag wie im Krampf um das dünne Handgelenk. Und dann begann ich, Klarissa zu schütteln. Etwas warnte mich, aber ich konnte nicht mit dem Hin- und Herziehen und Schütteln aufhören. Das Schluchzen meines Kindes, sein Blick aus den riesigen dunkelblauen Pupillen – ich stürzte aus dem Kinderzimmer, schloß es zu, rannte zum Auto und raste die fünfzehn Kilometer zur Stadt. Weinkrämpfe schüttelten mich, kaum sah ich, wohin ich fuhr. Meine Augen waren blind. Es kümmerte mich nicht, wo ich parkte. Ich rannte die Stufen des alten Hauses hoch. Klingelte. Als der Sozialarbeiter der Lebens- und Erziehungsberatungsstelle mir die Tür öffnete, fiel ich ihm entgegen und stammelte immer nur: »Ich kann nicht mehr, ich kann nicht mehr …«
Aber plötzlich wurde mir siedend heiß bewußt, daß die Kinder ganz allein in dem Haus waren. Zwar im abgeschlossenen Zimmer, aber wer weiß, was sie dennoch anstellten?
Ich ließ mir einen Termin geben und jagte zurück nach Hause, hastete die Treppe hinauf. Die Kinder spielten so friedlich wie selten. Ich warf mich zwischen sie auf den Rücken, zog sie auf den Leib und koste sie: »Der Mama geht es nicht gut. Aber es wird besser werden. Es wird bestimmt wieder besser …« Es darf nie mehr passieren, dachte ich. Die Kinder drückten mir Spielsachen in die Hände. Da saß ich und baute Türmchen aus Plastikwürfeln und hatte doch gerade zuvor erlebt, wie ein Abgrund in mir sich auftat. Ich war von Entsetzen und quälender Scham erfüllt.
Seit diesem Tag beobachtete ich mich mit Argusaugen.

Was war ich eigentlich für eine Mutter? Welche Gefühle erlebte ich im Verhalten zu meinen Kindern? Niemals wurde ich den Verdacht los, versagt zu haben und weiter zu versagen. Ich sehnte mich nach einem objektiven Beobachter, der mir hätte bestätigen können: Ja, du bist eine schreckliche Mutter. Oder: Nein, du machst deine Muttersache doch ganz ordentlich. Ich wünschte mir jemanden, der mir ehrlich und offen Feedback gab. Da dieser Wunsch aber ganz unmöglich zu erfüllen war, spielte ich monatelang mit dem Gedanken, ein Tonband in der Wohnung aufzustellen, welches zumindest einen akustischen Eindruck vermitteln könnte. Damit wäre es mir möglich gewesen, mich zu kontrollieren, meinen Tonfall – den ich mir schrecklich vorstellte – selbst zu erleben und natürlich die Inhalte des Gesprochenen anzuhören und nachzudenken. Allein technische Schwierigkeiten verhinderten eine Durchführung dieses Vorhabens.
Glücklicherweise hatte ich schon bald einen Termin in der Lebensberatung erhalten. Dort fand ich zum erstenmal seit der Geburt von Klarissa einen unbeteiligten, aber teilnehmenden Zuhörer.
Diese Gespräche, die eigentlich sehr einseitig erschienen, weil ich dauernd redete und die Therapeutin nur gelegentlich intervenierte, entlasteten mich einerseits. Andererseits nahm mich das Nacherleben beim Erzählen so stark mit, daß mich jedesmal das Zittern packte.
Nach einigen Terminen war ich mir darüber im klaren, daß ich weiterhin mit meinem Mann zusammenleben wollte. Nur müßten wir unseren tragischen Kreislauf sprengen und neue Wege finden, auf denen wir gemeinsam gehen könnten. Als fatal erwies sich dabei die ablehnende Einstellung meines Mannes gegenüber Hilfsinstitutionen. Er hatte es immer rundweg abgelehnt, irgend jemanden mit unseren Problemen zu beschäftigen, und

tat das auch zum jetzigen Zeitpunkt. Wenn er aus der Kur zurück ist, dachte ich, würden wir ausreichenden Abstand voneinander haben, um darüber erneut zu sprechen. Um seine Ablehnung nicht zu provozieren, verschwieg ich ihm vorerst meine regelmäßigen Termine in der Beratungsstelle.

An den Wochenenden kamen immer noch Menschen, um unser Haus zu besichtigen. Die meisten verliebten sich sofort, aber nahmen dann doch Abstand von einem Kauf. Wir unsererseits hatten unterdessen ein geeignetes Objekt am Taunusrand, nur eine halbe Stunde von Frankfurt entfernt, gefunden. Von diesem neuen Wohnort würde ich die Kinder recht problemlos zu Waldorfeinrichtungen fahren können. Der Termin für die Kur meines Mannes rückte heran, und obgleich unser Haus schwer verkäuflich schien, wollte er nicht abwarten, sondern den Kaufvertrag für das neue Haus sofort unter Dach und Fach bringen. Ich hatte genug von der Sucherei und stimmte zu. Drei Tage vor seiner Abreise unterschrieb ich den notariellen Vertrag.

Seitdem ich regelmäßig einmal in der Woche in die Beratungsstelle ging, hatte sich das Verhältnis zwischen mir und meinen Kindern entspannt. Die Kinder wurden dort im Spieltherapiezimmer betreut, während ich mich in Ruhe aussprechen konnte. Einmal wurde mir bewußt, daß diese neunzig Minuten die einzige Zeit in der Woche war, in der ich mich ausschließlich um mich selbst kümmern konnte. In diesen neunzig Minuten rief garantiert keines der Kinder nach mir, konnte ich alle Verantwortung ruhen lassen und mich auf mich selbst konzentrieren. Ich konnte trotz all der Verletzungen und Anspannungen, die in diesen Gesprächsstunden aufbrachen, Atem schöpfen. Es war wie ein Ausatmen und Einatmen. Ich fühlte Erschöpfung und Kraft zugleich.

Meine Scham, eine schlechte Mutter zu sein, wich nicht so schnell. Mitleidlos sprach ich mir selbst das härteste Urteil. Ich war mein unbarmherziger Richter und hatte im Drang nach Perfektion bisher keinerlei Einwände gelten lassen. Die hohen Ideale erzeugten einen Anspruch, dem ich niemals würde gerecht werden können.
Die Herausforderung bestand nun darin, mir selbst gegenüber rücksichtsvoller und realistischer zu werden. Dieses ständige »mich an die Kandare nehmen« bewirkte eine Härte, die vor den Kindern nicht Halt machte. Die Gefühle des Versagens und der Ohnmacht eskalierten möglicherweise in schlimmeren Aktionen als jener, wegen der ich vor einigen Wochen fluchtartig die Beratungsstelle aufgesucht hatte.
Ich war dreißig Jahre alt, und mein Leben war an einen Punkt geraten, der sich seit zwei Jahren vorbereitete. Es hatte mit Klarissas Geburt oder schon mit der Schwangerschaft begonnen. Nun konnte ich nicht mehr ausweichen. Veränderungen standen zwingend an. Ich mußte einen Weg finden, mit mir und der Welt, das heißt, mit mir und meinen nahen und fernen Angehörigen ins reine zu kommen.
»Sie sind auf dem Weg«, ermunterte mich die Therapeutin. Aber ich ahnte nicht, wie lang und dornig der Weg sein würde.

Verlassen

Es war August und mein Mann seit drei Wochen im Kur-Sanatorium. Ich vermißte ihn und freute mich über seine regelmäßigen abendlichen Anrufe. Er schien sich zu langweilen und gab sich immer noch den Anschein von Gekränkt-sein, weil ich ihn zu seinem Geburtstag nicht besuchen fuhr.

In den letzten drei Wochen war es mir ganz deutlich vor Augen gestanden: Die Kinder sollten in einer vollständigen Familie aufwachsen und weder Vater noch Mutter entbehren müssen. Es würde sich ein Weg finden, friedlich miteinander zu leben. Ich war zu Opfern bereit.
Ich erinnerte mich noch ganz deutlich an ein Gespräch vor der Hochzeit. »Niemals werden wir aufgeben, wir werden durchhalten, auch in bitteren Zeiten.« Das versprachen wir einander damals mit allem Ernst.
Nun war es an der Zeit, das Versprechen einzulösen. Wir durchlebten die bitteren Zeiten. Sie würden vergehen, wenn wir nur die Geduld aufbrächten, es abzuwarten. Ich fühlte mich zu meinem Mann hingezogen wie schon lange nicht mehr. In dieser Stimmung schrieb ich ihm einige Briefe.
An einem Nachmittag riefen die Kinder mich in den Keller. Sie standen vor der Badewanne und bestaunten eine riesige schwarze Spinne. Mit einem Grashalm stupsten sie an das behaarte Insekt. Ich hatte von jeher einen überwältigenden Ekel gegen diese Tiere verspürt. Schon beim Anblick schauderte ich und wäre am liebsten geflohen. Ich nahm den Grashalm, gab dem Insekt mit zurückzukender Hand einen Stups. Es lief ein Stück und verharrte. Am Abend als die Kinder schliefen, kehrte ich vorsichtig in den Kellerraum zurück und spähte in die Badewanne. Dann holte ich einen alten Schuh meines Mannes und hieb die Spinne tot. Ich warf den Schuh zitternd von mir. Kurz danach klingelte das Telefon. Mein Mann atmete und sagte nichts.
»Hallo, was ist?« fragte ich.
»Im Westen nichts Neues«, antwortete er und legt auf.
Am nächsten Abend das gleiche, doch kam ich noch dazu, ihn zu fragen, was er denn habe, ob es ihm schlecht gehe. Er lachte schrill und legte auf.

Auch am nächsten und übernächsten Tag sagte er nichts anderes als: »Im Westen nichts Neues.«
Zuerst empfand ich Beunruhigung, später Angst.
Am Tag seiner Rückkehr erreichte mich gegen achtzehn Uhr sein Anruf: Er komme erst spät, ich solle die Kinder ins Bett bringen. Eine halbe Stunde später telefonierte meine Mutter mich an: Es müsse etwas geschehen sein, mein Mann habe angerufen und aggressive Drohungen ausgestoßen, ich solle ganz ruhig bleiben.
Die Kinder warteten schon seit Tagen auf ihren Papa. Sie waren so aufgeregt. Ich machte sie fertig, ließ sie aber aufbleiben.
Eine Stunde später fuhr das Auto vor die Garage. Die Kinder warteten an der Tür. Er schaute auf sie runter, sagte nur zu mir gewandt: »Warum sind sie noch nicht im Bett, ich habe dir doch am Telefon gesagt, daß ich sie nicht sehen will.«
»Aber wir freuen uns doch schon seit Tagen auf dich«, wandte ich ein, brachte die Kinder jedoch mit einigen beruhigenden Bemerkungen von »Papa ist müde« bis »Papa spielt morgen mit euch« schleunigst ins Bett.
Während ich das tat, brach mir das Herz. Und ich spürte keinen Schmerz. Einmal hatte mein Vater von einem Mann erzählt, dem sie die Beine weggeschossen hatten. Der Mann hatte zuerst keinerlei Schmerz empfunden. – Ich hatte ein gemütlichcs Abendessen vorbereitet, aber mein Mann lehnte es ab, sich zu mir an den Tisch zu setzen. Ich zwang mir ein Stückchen Käse mit Weißbrot in den Magen, nahm dann die Kanne mit Tee und setzte mich rüber zu ihm in die Couchecke.
»Ich hoffe, du wirst mir nun erklären, was mit dir los ist«, sagte ich.
»Ganz einfach«, antwortete er, »ich gehe.«
Ich fühlte immer noch nichts außer einer Art sumpfiger Ruhe.

»Möchtest du etwas Tee?« fragte ich.
»Ich ziehe aus.«
»Wenn du das tun mußt. Dann tu es.«
»Der Psychologe im Sanatorium hat gesagt, du machst mich krank. Du und die Kinder, ihr macht mich krank. Und das stimmt. Seit wir zusammen sind, ist mein Asthma hundertprozentig schlimmer geworden.«
»Ich mache dich krank, aha, ein kluger Mensch, dein Psychologe! Er kennt mich ja auch so gut!«
»Er hat gesagt, ich soll mal zuerst an mich denken.«
»Ich meine, du hast noch nie etwas anderes getan. Aber vielleicht ist dein Psychologe gegen die Ehe.«
»Du kannst sagen, was du willst. Es wird mich nicht davon abbringen. Ich suche mir eine Wohnung.«
»Ja. Ist gut. Und wie hast du dir das konkret vorgestellt?«
Nach zwei Stunden war geklärt, wann und wie, mit wem und mit welchen Einrichtungsgegenständen mein Mann ausziehen würde.
Als ich alleine in meinem Bett lag, stürzte die Welt über mir zusammen. Hatte ich ähnliches nicht schon einmal erlebt, damals, als Klarissa geboren wurde? Diese Last, die sich über mich wälzte! Die endlosen Stunden. Unbeherrschbares Zittern und Herzrasen. In der Wärme der Sommernacht kroch mir der Frost in die Glieder.
Am nächsten Tag begann er, seinen Schreibtisch aufzuräumen und seine Kleider einzupacken. Ich half ihm schweigend. Die Kinder hüpften um ihn herum. Er schien sie nicht zu beachten. Packte ungerührt.
»Wie kannst du ihnen das antun? Und mir? Hast du es dir gut überlegt? Siehst du keine Chance?« fragte ich.
»Nein«, antwortete er, »das hättest du mich gestern abend fragen sollen. Aber heute gibt es nur ein ›Nein‹.«
Ich versuchte in den nächsten Tagen, alles so ablaufen zu

lassen wie immer. Spielkreis, Einkaufen, Spielen, Spazierengehen. Nur Singen konnte ich nicht mehr.
Nachts im Bett überfiel mich die Zukunft. Eine Zukunft ohne Vater für meine Kinder. Die gräßlichste aller Visionen.
Ich hatte unbeschreibliche Angst. Allen Schrecken der Welt würde ich nun ausgesetzt sein, da er mich verlassen hatte und mir seinen Schutz entzog. Wie ein Puffer hatte er bisher zwischen mir und der Welt gewirkt. Er war meine kugelsichere Weste, mein Kettenhemd gegen die Speerstöße des Lebens. Ich fühlte mich enthäutet.
Beim Frühstück fragte er mich: »Habe ich dir zu deiner neuen Frisur eigentlich schon ein Kompliment gemacht?«
»Papa, Papa ...«, begrüßten ihn die Kinder.
Ich brach in Gelächter aus. Mußte lachen wie damals, als ich die Nachricht vom Tod meines Vaters erhielt.
»Es freut mich, daß du noch lachen kannst«, kommentierte mein Mann den Ausbruch, »das beruhigt mich sehr. Aber langsam müßtest du auch mal mit dem Denken anfangen. Dann wird dir das Lachen vergehen.«
Ich fuhr den Tag über fort. Als ich heimkam, war er verschwunden und die Pakete und Koffer auch.
Am nächsten Tag hatte Klarissa Geburtstag. Sie wurde drei Jahre alt. Mit den Kindern und Müttern vom Spielkreis feierten wir ein fröhliches Fest. Die Sonne hätte nicht goldener scheinen und die Kinder nicht fröhlicher lachen können.
Am Tag danach kam mein Mann. Er verlor kein Wort über den Geburtstag, brachte auch kein Geschenk mit.
»Ich glaubte schon, du wärst weg«, sagte ich.
»Du kannst es wohl nicht abwarten, bis du mich los bist, was? Übrigens habe ich eine Wohnung. Guck mal!« Dabei unterbreitete er mir einen Wohnungsgrundriß und blätterte in einem Möbelkatalog.

»Du kannst ruhig alles behalten«, ließ er nach einer Weile großzügig verlauten. »Ich werde mir Möbel kaufen, die zu meiner neuen Wohnung passen.«
»Aber wovon willst du etwas kaufen. Wir haben doch nur Schulden. Und in vier Wochen muß das neue Haus bezahlt werden. Dieses hier ist doch noch nicht verkauft.«
»Ach, das wirst du schon machen. Du hast doch so viel kluge Bücher. Die werden dir schon helfen.«
»Wenn du nicht bei mir bleiben willst, verstehe ich das«, lenkte ich ein, »aber denk doch mal an die Kinder. Die brauchen dich doch. Sie brauchen dich.«
»Mich braucht hier niemand. Und die Kinder haben dich. Das reicht! Meinst du, daß Kiefernmöbel zu Parkettböden passen?«
»Aber wovon sollen wir denn leben?«
»Da gibt es nur eins«, entgegnete er unbewegt, »du mußt endlich mal was arbeiten. Ich werde das Sorgerecht beantragen. Die Kinder kommen weg. Dich werde ich schon zum Arbeiten kriegen. Und wenn du am Bettelstab vor mir kriechst und flehst... ja, die Kinder kommen ins Heim, dafür werde ich sorgen.«
Erstickend schlug mir Haß entgegen. Ich rang nach Atem und nach Antworten. »Woher dieser Haß? Was habe ich dir getan?«
»Du bist doch so ein kluger Pädagoge und Pseudo-Psychologe. Du weißt doch immer alles. Oder etwa nicht? Solltest du wirklich nicht draufkommen, nein? Na dann schlag doch mal in deinen Büchern nach.«
»Die Kinder bekommst du nicht, niemals. Nur über meine Leiche«, schleuderte ich zurück.
Hatte ich nicht die Spinne getötet? Wovor hatte ich noch Angst?
»Du wirst bald erfahren was es heißt, einer geregelten Arbeit nachgehen zu müssen. Davor werden die Kinder dich

nicht bewahren. Auch nicht das behinderte, aus dem deine Erziehungsfaxen niemals einen Professor machen ...«, drohte mein Mann.
»Hör auf!« schrie ich. »Hör auf! Gehe ich etwa seit Jahren keiner geregelten Arbeit nach? Du weißt nicht, was du redest.«
Er faßte nach seinem letzten Koffer und verließ das Haus ohne Abschied. Ich stand mit den Kindern hinter dem Fenster. Er schloß das Garagentor wie immer. Die Kinder winkten wie immer. Er schaute nicht zu uns herüber. Ich hörte ihn Gas geben hinter der Kurve, die das Auto unseren Blicken entzog. Dann erstarb auch dieses Geräusch.

Der Kampf ums Überleben

Was nun kam, waren Not und Entbehrung.
Zuerst versuchte ich den notariell geschlossenen Kaufvertrag für das gerade erworbene Haus rückgängig zu machen. Dafür schrieb ich die Verkäufer an und informierte sie über meine veränderte persönliche und finanzielle Situation. Nach einigen Tagen erhielt ich als Antwort das Schreiben eines Rechtsanwaltes: Man ginge davon aus, daß ich wie vereinbart zahle, ansonsten wäre ein Prozeß unvermeidlich.
Daraufhin erläuterte ich in einem Gespräch mit den Herren von der Bank die Sachlage. Sie entwarfen einen Finanzplan, der mich höchstens ein halbes Jahr über Wasser halten würde, wenn ich rechtzeitig und zu angemessenen Preisen die beiden Häuser verkaufen könnte. Nach diesem halben Jahr würden sich Monat für Monat fünftausend Mark nur an Finanzierungskosten ansammeln.
Als ich die Bankauszüge durchsah, stellte ich bestürzt

fest, daß mein Mann sämtliche Ersparnisse abgehoben hatte. Ich sperrte die Konten.
Aber wovon sollten wir leben? Glücklicherweise hatte ich Dutzende von gefüllten Einmachgläsern. Milch, Eier und Kartoffeln gab es günstig beim Bauern. Es war genug zum Leben. Die Kinder waren noch klein und brauchten nicht viel, und mir selbst war der Appetit vergangen. Aber das Auto und das Benzin, Steuern und Gemeindeverwaltungskosten mußten bezahlt werden.
Es gab plötzlich ungemein viel zu regeln. Vom Kindergeld bis zur Hypothek mußte ich mein Leben umkrempeln. Während ich häufig mit Akten, Formblättern, amtlichen Schreiben, Rechnungen, Stellungnahmen und ähnlichen Schreibereien beschäftigt war, machten die Kinder Unfug. Ich fand kaum noch Zeit und erst recht keine innere Ruhe zum Spiel mit ihnen. Alles, was sie taten, geriet zum »Unding«. Alles, was wir miteinander taten – gleich ob tags oder nachts –, geriet zum Konflikt.
Klarissa fand Befriedigung im Kampf mit mir. Schon nach dem morgendlichen Anziehen war ich in Schweiß gebadet. Wie liebevoll ich mich auch bemühte, sie war nur mit Gewalt in ihre Kleider zu bringen. Kaum angezogen, riß sie sich die wieder runter. Fingernagel- und Fußpflege arteten zum körperlichen Kraftakt aus. Danach fanden wir uns einander umklammernd wieder, schluchzend und in Schweiß gebadet.
»Lieb sein ... lieb sein ...«, flüsterte Klarissa fortwährend, und meine verzweifelten Tränen versickerten in ihrem weißblonden Engelshaar.
Ines beobachtete uns mit großen Augen. Während ich mich noch damit plagte, nicht mehr »böse« zu sein, heckte Klarissa bereits die nächste Untat aus. Sie knallte unentwegt die Türen auf und zu, nahm Dinge von ihren Plätzen und warf sie herum. Dabei ließ sie keinen Blick von

mir. Sie erwartete meine Reaktionen, wollte ermahnt oder bestraft sein. Unser Verhältnis kannte bald keinen Tag ohne Krieg und Verzweiflung. In einem verhängnisvollen Spiel zogen wir uns an und stießen uns ab.

Irgendwann hatte sie es sich angewöhnt, beim Spaziergang meine Hand abzuschütteln. Ich wollte ihr auch die Freiheit lassen. Folgte ich ihrem Willen und ließ sie los, blieb sie jedoch auf der Stelle stehen und weigerte sich weiterzugehen. Mochte ich auch mit Ines hundert oder mehr Meter vorgelaufen sein. Klarissa verharrte auf der Stelle, wich keinen Zentimeter. Alles Rufen blieb erfolglos. Ich mußte den ganzen Weg zurück, sie an die Hand nehmen, was sie mit Protestgeschrei quittierte, und mit mir führen. Ließ ich ihre Hand nach einer Weile wieder los, begann alles von vorne.

In dieser schwierigen Zeit begann Klarissa Angst zu haben. Vor mir. Immer häufiger brach ich in unberechenbare Reaktionen aus. Das Ende der Beherrschung war erreicht. Ich schrie sie an, wenn ihre trotzigen Verhaltensweisen mich an den Rand der Fassung brachten. Ich floh vor den Kindern und entfloh ihnen doch nicht. Sie waren in mir. Mitsamt all den Idealen von »einer guten Mutter« und »einer heilen Familie«. Geplagt von nächtlichen Schuldgefühlen und Schlaflosigkeit hatte ich bald nur noch einen Wunsch: schlafen, einmal ausschlafen.

Von Nervenkrise zu Nervenkrise stolpernd, klammerte ich mich an das rhythmische Gerüst aus vergangenen Tagen. Montags besuchten wir Freunde; dienstags: Spielkreis; mittwochs: Rhythmik; donnerstags: Gespräch in der Beratungsstelle; freitags: Schwimmen; am Wochenende kamen mögliche Käufer das Haus besichtigen. Ohne dieses Gerüst hätte ich das Gefühl für die Zeit völlig verloren.

Die Disharmonien blieben auch auf Ines nicht ohne Aus-

wirkungen. In jeder Nacht erwachte sie schreiend. Klarissas Pseudo-Krupp-Anfälle häuften sich. Nachts war ich fast ebenso beschäftigt wie tagsüber.
Ich wurde in allem nur dem Überleben, dem Existenzminimum gerecht. Darüber hinaus war nichts mehr. Die Welt war nicht gut. Die Welt und das Leben war ein Leiden. Aber meine Kinder hatten das Recht auf die Erfahrung einer guten Welt, einer lachenden und gesunden Mutter. Sie hatten das Recht auf einen Vater. Auf Liebe, Geborgenheit, Gelassenheit und Güte. Davon konnte ich ihnen nichts bieten. Daran litt ich. Das konnte ich mir nicht verzeihen. Auch mit mir selbst lag ich im Krieg.
Ich hatte mich verloren. War mir abhanden gekommen in all den existentiellen Erschütterungen. Ich mußte mich wiederfinden. Vorher würde nichts heilen. Weder die Verlassenheit meiner Kinder, die mich bis ins innerste Mark traf, noch meine eigene Zerrissenheit. Erst mußte ich mit mir selbst Frieden schließen.
Im November wurde Ines zwei Jahre alt. Sie konnte schon sehr gut sprechen. Immer wieder fragten die Kinder nach dem Papa. Ist er noch im Urlaub?
»Er wohnt jetzt nicht mehr hier bei uns, sondern in einer anderen Stadt«, antwortete ich. Immer den gleichen Satz.
Ich hatte schon lange nichts mehr von ihm gehört. Er schickte zweihundert Mark im Monat. Davon sollten wir leben. Wir hatten wenig zu essen. Aus der Milch, die ich vom Hof kaufte, bereitete ich Joghurt, Quark, Sahne und Butter. Ich war stark abgemagert und verlor meine Haare büschelweise. Die Menschen im Dorf hatten es bemerkt.
Ob ich Kummer hätte, fragten die Nachbarn. Ja, ich hätte Sorgen, mein Mann hätte uns verlassen, erwiderte ich. Das ging wie ein Lauffeuer durch alle Stuben. Eines Tages gab man mir auf der Post die Adresse meines Mannes.

Die Dorfbewohner hatten Nachforschungen betrieben. Man wollte mir helfen. Einige Frauen strickten meinen Kindern Wollsocken, ein junger Mann reparierte mein Auto. Bezahlung lehnte er ab. In meiner Gegenwart sprach niemand schlecht über meinen Mann, aber immer wieder fragte man mich: »Warum?«, und teilte meine Fassungslosigkeit darüber, wie er die kleinen, hilflosen Kinder hatte verlassen können.
Der erste Schnee fiel. Weder dieses noch das andere Haus war verkauft. Ich vereinbarte mit dem Makler, die Verkaufsbemühungen bis zum Frühling einzustellen.
Ich verkaufte ein Fahrrad und den gesamten Vorrat an geschlagenem Kaminholz. Von dem Erlös besorgte ich Mehl, Gewürze, Weihnachtsgeschenke und ein Huhn. Ab nun buk ich jede Woche ein Brot und zwei Bleche Printen. Davon aßen wir morgens und abends. Das Huhn sollte unser Weihnachtsbraten sein.
In der letzten Adventswoche brachte die Post ein Lebensmittel-Paket von meinem Mann.
Ich hatte mich dazu durchgerungen, über die Feiertage daheim zu bleiben. Zum erstenmal verbrachte ich das Weihnachtsfest alleine mit den Kindern. Es verlief nicht ohne Spannungen. Nur am zweiten Feiertag folgte ich der Einladung einer Familie, mit der ich durch den Spielkreis bekannt geworden war. Die älteste Tochter der Familie hütete zuweilen meine Kinder. Es waren sehr liebe und warmherzige Menschen. Klarissa und Ines lachten und tobten wie lange nicht mehr und wichen dem Vater der Familie nicht von der Seite. Diesen herzensguten Menschen verdanke ich manche friedvolle Stunde und das Erlebnis wahrhaftiger Güte und Gastfreundschaft.
In der Silvesternacht zündete ich gegen Mitternacht die Lichter am Weihnachtsbaum an und prostete dem Neuen

Jahr mit einem Glas Sekt zu. Dann ging ich mit den Kindern, die vom Knallen des Feuerwerks erwacht waren, hinaus auf die tief verschneite Straße.
So klein das Dorf war, knauserten seine Bewohner nicht beim Feuerwerk. Es war viel schöner und ausgefallener, als ich es je in der Stadt gesehen hatte. Mit Krachern und Böllern wurden die bösen Geister vertrieben, und am dunklen Himmel entfalteten sich herrliche, vielfarbige Blüten. Die Sterne fielen gold- und silbersprühend herab, und leuchtende Kugeln tauchten die schwarz-weiße Landschaft ringsum in grellrotes oder schilfgrünes Licht. Rauchschwaden schwebten in der Kühle der Nacht und verbreiteten den Duft verbrannter Dochte und ausgelöschter Kerzen. Beim Nachbar gegenüber verzehrten sich gleißende Feuerräder. Wir wünschten einander ein gutes neues Jahr.

Veränderungen überall

1984. Schon nach wenigen Tagen erlebte ich eine unvorhergesehene Überraschung. Mein Buchmanuskript hatte einen guten Verleger gefunden. Die immense Arbeit, die auf mich zukam, scherte mich nicht. Immerhin mußte ich in den nächsten fünf Monaten das gesamte Manuskript überarbeiten und mit meiner alten Olympia, die teilweise nur noch halbe Großbuchstaben schrieb, auf Verlagspapier übertragen.
Eines Tages hielt das Auto meines Mannes vor der Tür. Ich ließ ihn ein. Der Hund stürzte sich auf ihn. Das Gesicht meines Mannes überzog sich mit einem Lächeln, das jäh endete, als er meinem Blick begegnete. Er hörte auf, den Hund zu tätscheln. Aus der Brusttasche zog er ein zusam-

mengefaltetes DIN-A4-Blatt und überreichte es mir wortlos.
Ich nahm es schweigend entgegen, entfaltete es und reichte es ihm bald mit einem Lächeln zurück.
»Du bist nicht in der Lage, Bedingungen zu stellen«, erklärte ich.
Er steckte das Papier wieder ein.
»Du wirst es bereuen«, sagte er.
»Nimm bitte den letzten Karton mit deinen Sachen mit. Er steht neben der Tür«, forderte ich ihn auf.
Er bückte sich, hob den Karton auf die Arme. Ich öffnete die Tür.
»Ich habe die Scheidung eingereicht. Auf Wiedersehen vor Gericht«, sagte er und fuhr davon.
»Wo ist Papa?« fragten die Kinder.
»Fort«, antwortete ich. »Er ist wieder fort.«
Noch im Januar entschied das Amtsgericht über die Unterhaltsansprüche. Nun verfügte ich über einen Einkommensnachweis. Diesen brauchte ich dringend für amtliche Anträge und die Wohnungssuche.
In diesem Monat schneite unser Dorf mehrmals ein. Es gab Tage, an denen keiner rauskam. Ich hatte Schnee – außer in meiner Kinderzeit – noch nie sonderlich gemocht. Doch hier, zwischen den weißen Hängen, erlebte ich den Reiz des Winters.
Jeden Tag trafen wir Nachbarn uns beim Schneeschippen vor den Häusern. Wer nicht beruflich nach Frankfurt oder Wetzlar mußte, freute sich an den prächtigen Schneewehen und angeschaufelten Bergen, in die die Kinder wild hineinsprangen, so daß es in weißen Wolken aufstäubte.
Auch Klarissa und Ines tobten ihre Begeisterung aus. Beide schaufelten nun statt Sand den Schnee in ihre Sandeimer. Dick verpackt verbrachten wir halbe Tage draußen. Der Schnee lag so hoch, daß es Schwerstarbeit bedeutete,

den Schlitten mit den Kindern zu ziehen. Deshalb spannte ich den Hund vor. Er war kräftig genug, jedoch zu ungestüm, so daß ich ihn an ganz kurzer Leine halten mußte.

Wohin sollte ich nur mit diesem Riesenhund? In eine Wohnung konnte ich ihn keinesfalls mitnehmen. Es würde schon schwer genug sein, überhaupt eine Wohnung zu finden.

Im Frühjahr, nachdem alle Möglichkeiten, den Hund zu behalten, ausgereizt waren, begann für ihn eine Odyssee, von deren Ende ich nicht weiß, ob es ein glückliches war.

Eine Zeitlang litt ich sehr unter der Entscheidung, das Tier weggeben zu müssen. Die Hilflosigkeit der Kreatur erschütterte mich. Auch am Unglück des Hundes empfand ich meine Schuldhaftigkeit.

Dieses Gefühl, an Mensch und Tier schuldig geworden zu sein, ließ sich auch durch die wöchentlichen Gespräche in der Beratungsstelle nicht eindämmen. Die Kehrseite der Schuldgefühle war eine immense Aggressivität, die ich gerade diesen Wesen gegenüber empfand. Die Reste meiner Kraft verflossen in dem Kampf zwischen den beiden Seiten einer Medaille.

Seltsam nur, daß ich meinem Mann gegenüber weder Zorn noch Wut empfand!

Klarissas Entwicklung schien eingefroren. Nur über Frau Heils Rhythmikgruppe und über Ines lernte sie hinzu. Bei mir verweigerte sie grundsätzlich alles. Sie kannte bald nur noch zwei Wörter, die sie willkürlich einsetzte: »nein« und »doch«. Obgleich sie nicht ohne Furcht vor mir lebte, gab sie dieser doch niemals nach. Sie zeigte Charakter. Und Härte. Ich war unfähig, ihr sonniges Gemüt wahrzunehmen, das ihr alle Menschen aus meiner Umgebung nachsagten. Sie zeigte kaum Neigung zu Zärtlichkeiten. Natürlich nahm ich Klarissa und auch Ines auf den Schoß und in die Arme, streichelte sie und sang ihnen Liedchen oder spielte mit ihren Fingerchen zu Kindersprüchen. Aber meine Zuneigung und Zärtlichkeit war wie erzwungen. Ich konnte nicht mehr lachen. Ich konnte mich weder freuen noch weinen. Ich war erstarrt und erstorben.

Britta kam uns auf ein paar Tage besuchen. Da ging das Leben leichter. Es schien tragbarer in diesen Tagen. Fast spielend gingen die täglichen Verpflichtungen von der Hand. Ich war nicht mehr allein. Die Schwere teilte sich.

Britta war über meinen Anblick erschrocken. Ich hatte fünfzehn Kilo verloren, und mein Körper war sehr geschwächt. Außerdem plagten mich seit einigen Wochen schwere Vereiterungen in den Fingernägeln. Ohne sichtbare äußere Einwirkung bildeten sich unter den Nägeln pochende Eiterherde. Ich hatte starke Schmerzen. Die Eiterungen behandelte ich mit heißen Seifenwasserspülungen und schwarzer Zugsalbe. Ständig trug ich einen der Finger in einem dicken Verband, der mir alle Handgriffe bei der Kinderpflege und im Haushalt erschwerte. Nach einem halben Jahr waren bis auf die kleinen Finger alle Nägel herausgeeitert. Es war, als eiterte mein Mann aus mir heraus.

Mit Britta, die uns nach einer Woche verließ, schwand auch der leichte Frohsinn. Schwer zog die ungewisse Zukunft herauf wie ein drohendes Unwetter.

In diesem Winter waren die Kinder und ich ständig krank. Klarissa hatte in einer Nacht einen beängstigend starken Pseudo-Krupp. Durch den Stimmritzenkrampf brachte sie gegen dreiundzwanzig Uhr kein Wort – nicht einmal mehr ›Mama‹ – heraus. Gegen zwei Uhr früh rief ich den Hausarzt an. Er war kaum älter als ich selbst, Vater von zwei kleinen Kindern und trotzdem ein Haus- und Landarzt im alten Sinne. Die dick vereiste Straße hielt ihn

nicht von seinem sofortigen Hausbesuch ab. Klarissa ächzte und quälte sich sehr. Der Arzt gab ihr Cortison, aber die Wirkung war nicht überwältigend. Gerade so, daß wir die Nacht überstanden.
»Sie dürfen nicht in Panik geraten«, riet mir der Doktor. »Je ruhiger Sie bleiben, um so besser für das Kind. Es sollte nie vor Angst weinen. Denn das verschlimmert die Empfindung der Luftnot und steigert die Angst.«
Fast jede Woche suchten wir als Patienten die Praxis auf. Wir waren noch nie so dauerhaft krank gewesen wie in diesem Winter. Es lag jedenfalls nicht am Wetter. Denn das war trocken und kalt.
»Ihre Immunabwehr funktioniert nicht mehr richtig. Klarissa ist durch ihre Behinderung ebenfalls leichter anfällig. Und sie beide stecken ständig die Ines an. So geht es nicht weiter. Sie müssen in die Kur. Außerdem müssen Sie etwas zunehmen. Es ist ja kein Wunder, daß Sie ständig krank sind.«
Natürlich wußte der Arzt von den Ereignissen in unserer Familie. Er war auch der Arzt meines Mannes gewesen. Er beantragte eine Mutter-Kind-Kur, die über den Caritas-Verband durchgeführt werden sollte.
Meine finanzielle Lage wurde immer prekärer. Die Banken drängten. Im März wurden die Häuser vom Makler wieder ins Angebot genommen. Fast jeden Tag kam eine neue Rechnung ins Haus. Für zwei Häuser entstanden von der Heizung über die Steuer bis zur Müllabfuhr eine Menge Unkosten. Mit der monatlichen Unterhaltszahlung konnte ich gerade die eingehenden Rechnungen begleichen. Zum Leben blieb nichts. So verkaufte ich im Laufe der nächsten drei Monate unsere Apfelweinpresse, die Schnitzelmaschine, die sowieso immer leere Kühltruhe und einige Möbelstücke. Es war eine erstaunliche Fügung, daß sich auf meine Inserate in der Heimatzeitung

stets problemlos Käufer fanden. Hin und wieder verdiente ich mit einem Zeitschriftenartikel fünfzig oder siebzig Mark.
Wir lebten äußerst bescheiden, aber ohne zu hungern. Nun kam es mir zugute, daß ich als Kind in ähnlichen Verhältnissen aufgewachsen war und gelernt hatte, aus »wenig« »viel« zu machen. Mit Konsumwünschen konfrontierte ich mich selten, da ich kaum in die Stadt fuhr.
Wenn schon die Erfahrungen um die Geburt meines behinderten Kindes mich nicht ungeschoren gelassen hatten, so verschärfte sich durch die Auflösung der Ehegemeinschaft meine soziale Lage. Familie und Freunde entfernten sich in eben jenem Maß, wie ich aus der Normalität fiel. Je weniger ich ein normales Leben – mit Mann, Haus, Kindern und gutem Einkommen – führen konnte, um so weiter rückten ehemals Nahestehende in die Ferne. Nur wenige Freunde erwiesen sich als echt. Und einige bislang Fernstehende überraschten mich durch ihre herzliche, freundnachbarschaftliche Verbundenheit.
Wie tief ich auf der sozialen Leiter gesunken war, machten mir verschiedene Kontakte mit Wohnungsmaklern in Frankfurt deutlich.
Wenn ich mich als Wohnungsbewerber meldete, lautete die erste Frage nach meinem Mann und der Höhe seines Einkommens. Darauf bekannte ich, allein mit zwei kleinen Kindern zu sein. Dann sollte ich Auskunft über meine Berufstätigkeit und meinen monatlichen Verdienst geben. Ich bin nicht berufstätig, aber ich erhalte Unterhalt, erklärte ich. Unterhalt ist eine zu unsichere Sache, als daß private Vermieter sich gerne darauf einlassen würden, meinten die Makler und rieten mir, die Wohnung für mich und die Kinder pro forma von meinem Mann anmieten zu lassen.
Einige Male inserierte ich sogar mit der Hoffnung auf

christliche Risikobereitschaft in einer Kirchenzeitung. Erfolglos. Die »ordentlichen« Familien wurden mir immer vorgezogen. Wofür man mich freundlicherweise um Verständnis bat, denn wenn ich anstelle des Vermieters wäre, würde ich wahrscheinlich ebenfalls das Risiko scheuen und auch den Mieter mit gesichertem Einkommen vorziehen. »Stellen Sie sich einmal vor, ihr Mann hat keine Lust mehr zu zahlen. Was machen Sie dann? Womit wollen Sie dann die Miete bezahlen?« begründeten Makler und Vermieter ihre ablehnende Haltung.
Meine Kinder nahm ich zu Wohnungsbesichtigungen nicht mit. Denn wenn herauskam, daß eines meiner Kinder auch noch behindert war, würden meine sowieso geringen Chancen auf dem Wohnungsmarkt unter den Nullpunkt sinken.
Für eines meiner beiden Häuser fand sich im März ein Interessent. Jedoch ließ er sich mit seiner Entscheidung wochenlang Zeit. Die Unsicherheit dieses potentiellen Käufers, der ständig hin- und herüberlegte, kostete mich eine Menge Nerven.
Monatelang blieb alles in der Schwebe. Weder fand ich eine Wohnung, noch verkauften sich die Häuser. Die Banken stundeten noch bis zum einunddreißigsten Mai. Danach würde versteigert werden. In diesem Falle mußte ich mit dem Verbleib eines Schuldenberges rechnen.
Mein Mann hatte die Scheidung eingereicht. Er rief mich oft an und drohte mir. Ich bekam bald mehr Angst vor ihm als vor dem Leben ohne ihn.
Die unerträgliche Situation eskalierte in einer schweren körperlichen Krise. Ich wollte nicht in die Klinik. Ich konnte doch die Kinder nicht alleine lassen. Ich erhielt Medikamente, doch die Wirkung war derart betäubend, daß ich sie schon nach drei Tagen absetzte. Statt zur Beratungsstelle ging ich nun zum Psychotherapeuten.

»Denken Sie nicht an die Kinder, denken Sie an sich!« lautete die ärztliche Anweisung. Aber ich konnte sie nicht akzeptieren. Waren die Kinder nicht wichtiger als ich?
»Eine gelassene, glückliche Mutter hat immer seelisch gesunde Kinder!« Das leuchtete mir schon eher ein. Aber wie sollte ich eine glückliche Mutter werden?
»Versuchen Sie es zuerst mit Geduld und Gelassenheit. Lassen Sie die Dinge kommen und gehen. Kämpfen Sie nicht. Alles wird gut.« Also versuchte ich, nicht mehr an die Zukunft zu denken, sondern im *Jetzt* zu leben. Was geschehen soll, geschieht. Und was geschieht, ist gut und sinnvoll. So sprach ich mit mir.
»Seien Sie eine gute Mutter und lassen Sie Ihre Kinder alleine wachsen. Sie sind wie junge Bäumchen und streben dem Himmel zu. Alle Erziehung ist nutzlos, wenn der Charakter schlecht ist. Haben Sie Vertrauen in das Wachstum ihrer Kinder.«
Ich war durchaus nicht mit allem einverstanden, was ich zu hören bekam. Aber ich ergriff jeden Strohhalm und ließ alle Gedanken in mich ein.
Der Hausarzt teilte mit, daß mir mit den Kindern ein Kurplatz in einem Mutter-Kind-Heim im Schwarzwald zugeteilt worden sei. Termin: Juni 1984.

Kindergarten und Schule – endlich eine Entscheidung!

Durch die Anmeldung meiner Kinder im Waldorfkindergarten kam ich in Kontakt mit Menschen aus der anthroposophischen Gesellschaft. Ich besuchte einen Kurs über Waldorfpädagogik. Dabei erlebte ich manch klärenden Augenblick. Das Fazit lautete: Erziehe dich selbst, dann

erziehst du dein Kind! Selbsterziehung ist die beste Erziehung. Ich ließ mich auf Veränderungen ein, die sich nicht von heute auf morgen vollziehen können.
Während ich an den Mittwochvormittagen an dem Kursus teilnahm, erlebten die Kinder einen Kindergartenvormittag. Mit Klarissa gab es keinerlei Probleme.
Einige Zeit später wurde ich vom Waldorfkindergarten, der Klarissa aufnehmen wollte, zu einem Gespräch eingeladen. Im Verlauf der Unterhaltung problematisierte die Kindergärtnerin die Vor- und Nachteile, die sich für Klarissa in dieser »Normal«-Einrichtung ergeben würden, und bat mich, darüber nachzudenken, ob eine Aufnahme im heilpädagogischen Schulzentrum nicht vorteilhafter und sinnvoller wäre.
Über Integration machte ich mir seit Klarissas Geburt Gedanken. Den Bemühungen zur Integration stand ich – nach anfänglicher Euphorie – zwar positiv, aber nicht mehr unkritisch gegenüber.
Ich hatte miterlebt, wie unter den behinderten Kindern eine Auswahl darüber getroffen werden mußte, welches Kind sich für eine integrierte Klasse eignete oder nicht. Regelmäßig fielen dabei die schwerer- und schwerstbehinderten Kinder aus dem Raster. Diese mußten weiter in der Sondertagesstätte oder in der Schule für praktisch Bildbare angemeldet werden. Bei den schwerstbehinderten Kindern entstanden manchmal sogar bei der Aufnahme in die Sondertagesstätte Probleme, so daß die Eltern sich mit der Frage, ob ihr Kind nicht in einem Heim oder Internat besser aufgehoben wäre, konfrontieren lassen mußten. Die Außenseiterposition von Eltern dieser Kinder verstärkte sich durch die forcierte Integrationspraxis.
Die Frontenbildung zwischen Verfechtern der Integrations- und der Sonderpädagogik wurde als eine zutiefst enttäuschende Situation erlebt, denn die Solidarität der

Eltern von behinderten Kindern zeigte plötzlich Risse. So sagten mir Eltern eines schwerbehinderten Mädchens einmal: »Sie haben es gut. Ihre Tochter ist nur mongoloid. Die Mongoloiden sind doch die Elite der Behinderten. Sie verfügen über Lobby. Aber unsere Tochter ..., ihre Chancen werden immer schlechter. Nicht mal mehr im Sonderkindergarten will man sie haben. Alle suchen sich nur die pflegeleichten Behinderten aus.«
Ähnlichen Schicksalen begegnete ich mehrmals und gewann den Eindruck, daß Integration auf Kosten der Schwerbehinderten gehen kann.
Ich kam mir privilegiert vor. Ein mongoloides Kind wie meines, das sich immer am unteren Rand der »Entwicklungsnorm« bewegte, verursacht geringere Schwierigkeiten bei den schulischen Integrationsbemühungen. Es konnte doch nicht der Sinn sein, jetzt auch noch unter den Behinderten zu sortieren. Ein Kind, wie auch immer behindert, kann ein erfüllter und froher Mensch werden, wenn die Behinderung in seinem Bewußtsein nicht zur unüberwindlichen Barriere stilisiert wird. Durch übermäßige Förderungsaktivitäten und durch ständiges Arbeiten an dem Kind erlebt es sich selbst als fehlerhaft.
Ich fragte mich: Versucht schulische Integration nicht allemal eine Anpassung an die »Norm« zu erreichen? Was geschieht mit jenen Kindern, die wegen der Schwere einer Behinderung niemals positiv auf die schulischen Nivellierungsbemühungen ansprechen können? Sie sortieren sich doch sozusagen von alleine aus. Was von jedem Menschen schließlich bleibt, ist seine ureigene Individualität. Ein jeder Mensch kann etwas. Davon muß man ausgehen, nicht von dem, was er nicht kann. Er entwickelt seine persönlichen Fähigkeiten im Wechselspiel mit der Umwelt, also der Familie, dem Kindergarten, der Schule, den Freunden und später dem Beruf.

Die traditionelle Schulerziehung strebt aber nicht nach der Ausbildung individueller Fähigkeiten und Fertigkeiten, sondern zielt auf den Erwerb von Wissen. Sie nimmt im allgemeinen auch kaum Rücksicht auf die persönlichen Eigenarten und Fähigkeiten des Schülers. Nur im besonderen – nämlich in den integrativen Grundschulklassen – erfolgt die Vermittlung des Lehrstoffes auch unter individuellen Gesichtspunkten, was den nicht behinderten Schülern ebenfalls sehr von Nutzen ist und die Eltern dieser Kinder davon überzeugt, daß behinderte Klassenkameraden kein Hemmschuh für intellektuelle Entwicklung sein müssen.
Mir scheint, daß bei all dem nur die Grenze der »tragbaren« und für die Umgebung »zumutbaren« Behinderung ein Stück nach unten geschoben wird. Wenn mongoloide Menschen noch vor einigen Jahrzehnten als »unwertes Leben« ausgerottet wurden und heute als durchwegs in der Normalschule beschulbar gelten, zeigt sich darin nicht unbedingt eine grundsätzlich veränderte Haltung und Toleranz Behinderten gegenüber.
Die besonderen Erfordernisse, die ein behindertes Kind mit sich bringt, zu verkleinern, zu beschönigen, gar zu verleugnen oder zu negieren, bewirkt nur vordergründig Vorteile.
Neben der Diagnose ist es wichtig, möglichst genau über die persönlichkeitsformende Art und Weise der Behinderung/ Krankheit informiert zu sein. Welche Möglichkeiten liegen in dem Kind? Wo sind seine Grenzen, was kann ich als Vater oder Mutter oder Lehrer erwarten? Was ist das Ziel?
»Durch den Kontakt mit unseren (behinderten) Kindern kann die Umwelt lernen, mit Behinderten umzugehen. Durch unsere Kinder können die ›Normalen‹ lernen, daß Behindertsein auch etwas Normales ist. Unsere Kinder

profitieren durch den Umgang mit den gesunden Kindern, sie entwickeln sich ganz anders.«
Natürlich haben diese Argumente ihre Berechtigung. Ich wünsche auch, daß mein Kind in der Umwelt gut angesehen und beliebt und integriert ist. Ich kenne niemanden, der sich das nicht wünscht.
»Integration in der Schule«, erklärte mir einmal eine Mutter, »und wenn sie auch nur die ersten vier oder sechs Jahre stattfindet, ist für mein Kind das beste. Was es dort gelernt und erlebt hat, ist unersetzbar. Ich habe auch keinen Kontakt zu anderen Behinderten.«
»Finden Sie es nicht grausam, ihr Kind irgendwann aus der Klassengemeinschaft herausnehmen und auf eine Sonderschule geben zu müssen?« fragte ich.
Der Weg über die Schulsysteme, so wie sie in Deutschland bestehen, bietet derzeit noch nicht die Möglichkeit echter Integration, die immer vom Können und den Begrenzungen des einzelnen auszugehen hat. Dort, wo ein Kind und ein Mensch so akzeptiert wird, wie er ist, dort wird Integration gelebt.
Schule bei uns in Deutschland bedeutet, zumindest ab der fünften Klasse, Konkurrenz und Wettstreit. Es müßten sich andere zwanglosere Wege finden lassen, um behinderte und gesunde Kinder miteinander in positiven Kontakt zu bringen, beispielsweise durch Sportvereine, Hobbykurse oder ähnliches. Ziel dürfte niemals sein, ein Kind auf »normal« zu trimmen.
Für Klarissa wollte ich eine Entscheidung in diesem Sinne treffen. Sie sollte ihre Unbeschwertheit nicht einbüßen. Sie sollte sich nicht als fehlerhaft erleben müssen, weil man sie eines Tages in der Schule aufgrund ihres intellektuellen Leistungsniveaus nicht für länger tragbar hält.
Durch meine Entscheidung wollte ich auch nicht die schulische Ausgrenzung schwerer behinderter Kinder unter-

stützen. Integration ist nicht nur zwischen Behinderten und Gesunden erstrebenswert, sondern auch zwischen Leicht- und Schwerbehinderten und zwischen körperlich und geistig Behinderten.
Der Gedanke an die Möglichkeit von Integration in der Behindertengruppe kam mir gar nicht abwegig vor. In einer gut zusammengestellten Gruppe sah ich für Klarissa sogar eher die Chance, sich bestimmter ihr eigener liebenswürdiger Verhaltensweisen bedienen zu können. Auch was die Ausbildung ihrer intellektuellen Fähigkeiten anbelangte, entsprach meiner persönlichen Vorstellung ein didaktisches Modell, das nicht die fachliche Leistung in den Vordergrund stellte, sondern die Bildung des Menschenwesens in seiner Gesamtheit.
Einen entsprechenden Lehrplan fand ich gerade bei der heilpädagogischen anthroposophischen Sonderschule.
Bei Klarissa erlebte und erlebe ich das Bedürfnis nach Kontakt und Begegnung. Sie möchte sich selbst nicht ständig als schwach, sondern auch als stark und hilfreich erleben. Ihre Neigungen und Fähigkeiten wollen Beschäftigung und Bestätigung finden.
Jeder Mensch findet im Laufe des Lebens seine Bezugsgruppe. Auch der Behinderte muß sie finden. Ob es da eine Hilfe bedeutet, das behinderte Kind in Richtung Normalschule zu fixieren?
Man weiß von sich selbst, daß Freundschaften und Begegnungen in einer Bezugsgruppe (also Pädagogen untereinander, Ingenieure untereinander, Ärzte untereinander oder in irgendeiner Form Betroffene in Selbsthilfegruppen untereinander usw.) eher möglich sind. So sucht auch der geistig oder körperlich behinderte Mensch seinesgleichen, ohne jedoch damit gleichzeitig einen Verzicht auf den Kontakt mit unversehrten Menschen deklarieren zu wollen.

Es müßte doch möglich sein, im Freizeitbereich Integration zu leben und nicht alles von Schule abhängig zu machen. Klarissa sollte weder heute noch morgen als schulisches Versuchskaninchen dienen oder als Objekt zur Durchsetzung bestimmter Ideologien mißbraucht werden können. Trotzdem wollte ich sie nicht in einer künstlichen, sondern in der realen Welt aufwachsen lassen.
Nach all diesen Überlegungen und einem Kontakt mit der heilpädagogischen Waldorfschule entschloß ich mich, Klarissa dort in den Kindergarten zu geben und einzuschulen. Ich beantragte ihre Aufnahme und erhielt die Zusage zum ersten August 1984.
In der Aufnahme- und Beobachtungsstufe (sprich: Kindergarten) würde sie die drei Jahre bis zum Schuleintritt im Alter von sieben Jahren verbringen. Der Weg und das Ziel hieß unverändert: Integration.
Der Abschied von unserem Wohnort rückte durch die Anmeldung im Kindergarten in greifbare Nähe. Was bisher nur als Möglichkeit erschienen war, mauserte sich zur Realität. Ich inserierte in der Heimatzeitung »Wohnungsauflösung« und verkaufte alles, was einen Abnehmer fand. Nur unsere Betten, Schränke, Stühle und Tische und natürlich die Bücher behielt ich. Besonders ergiebig waren die Schätze im Keller. Wagenräder, ein Mühlstein, Renovierungsmaterialien aller Art. Je leerer das Haus wurde, um so freier fuhlte ich mich. Ich machte in diesen Wochen eine beeindruckende Erfahrung: Befreiung von materiellem Gut ging Hand in Hand mit innerer und äußerer Befreiung. Die zunehmende Besitzlosigkeit vermittelte mir eine überraschende Erleichterung. Indem ich mich auf das Allernotwendigste beschränkte, erfuhr ich die Erweiterung meiner Lebensperspektiven. Gebunden blieb ich einzig an die Verantwortung für das Wohlergehen meiner Kinder.

Im Mai ging alles Schlag auf Schlag. Plötzlich war das Warten vorbei, und die Ereignisse überstürzten sich fast. Eine Woche vor dem Kurantritt waren die Häuser verkauft. Es geschah sozusagen im letzten Moment. Nach Begleichung aller Schulden (außer denen meines Mannes) verblieb mir noch eine kleine Summe, von der ich für zwei Jahre im voraus Klarissas Schulgeld bezahlte. Einen Tag nach dem Notartermin konnte ich einen Mietvertrag unterschreiben. Die Wohnung war klein und befand sich in einem Hochhaus, aber die Umgebung wirkte ruhig und grün. Außerdem hatte ich ja keine Wahl. Wahrscheinlich schätzte der Makler mich – wegen der Hausverkäufe – als finanziell sicher ein, weshalb ich den Zuschlag für die Wohnung erhielt. Ich mußte eine sehr hohe Kaution und die erste Monatsmiete bei Vertragsabschluß auf den Tisch legen. Das hätte ich ohne den Verkauf der Häuser nicht gekonnt. So kam alles zur rechten Zeit.
Es blieben mir gerade noch fünf Tage zum Vorbereiten des Umzugs, den meine Geschwister für mich durchführten. Während sie meine Utensilien und restlichen Möbel in die neue Wohnung transportierten, befand ich mich mit den Kindern auf dem Weg ins Mutter-Kind-Kurheim.

ICH und Du – Lieben und Loslassen

Das Haus lag zwischen leichten Hügeln unweit von Freiburg. Ich teilte mir Küche und Bad mit einer jungen Mutter, die ebenso ruhebedürfig schien wie ich.
Nach dem Frühstück gab ich die Kinder in den Kindergarten und absolvierte in den Vormittagsstunden die ärztlichen Anordnungen und Bäder. Im Haus war ein Hallenschwimmbad, das ich manchmal nachmittags mit den

Kindern aufsuchte, wenn das Wetter nicht zum Wandern oder zum Spielen auf dem Spielplatz einlud.
Verwundert stellte ich fest, wie wenig Probleme es machte, die Kinder – besonders Klarissa – im Kindergarten abzugeben. Die gerade zweieinhalb Jahre alte Ines mußte ich zwar oft mit Engelszungen überreden, denn sie vermochte sich nicht leicht von mir zu trennen. Dennoch hatte ich es mir sehr viel schwieriger vorgestellt.
Die erwarteten Schreiereien kamen aber denn doch noch, wenn auch an anderer Stelle. Nämlich am Nachmittag, wenn ich die Kinder bei mir hatte. Ines schrie und protestierte wegen allem. Sie warf sich strampelnd und um sich tretend auf den Erdboden, sie schlug nach mir. Im Kindergarten dagegen verhielt sie sich angeblich ganz ruhig und war sehr beliebt bei Kindern und Erziehern.
Es gelang mir, in der neuen Umgebung Kraft zu schöpfen und auf Ines Verhaltensweisen ruhig und scheinbar unbeeindruckt zu reagieren. Ich schimpfte nicht, sondern handelte. Dabei schämte ich mich auch vor den anderen Müttern und Leuten im Städtchen nicht, solch ein ungezogenes Kind zu haben. Trotz der Blicke, die man uns zuwarf, handelte ich mit einer bislang unbekannten inneren Sicherheit. Das war ziemlich neu für Ines und auch für mich.
Nach vier Wochen Kur waren dadurch einige Weichen für unser Zusammenleben neu gestellt.
Ein- bis zweimal in der Woche waren einzel- und gruppentherapeutische Gespräche mit einem Psychologen angesetzt, der sich in meine Situation gut einfühlen konnte.
Eines Tages lief ich verzweifelt weinend in sein Zimmer und berichtete, was geschehen war. Vor einigen Tagen hatte Klarissa begonnen, ihr großes Geschäft wieder in die Windel zu machen. Zuerst dachte ich, es sei ein Versehen, aber als es an drei Tagen hintereinander passierte, wußte

ich, daß etwas nicht stimmen konnte. Es mußte mit dem Kindergarten zusammenhängen. Ich sprach mit der Kindergärtnerin.
»Klarissa ist ein liebes, pflegeleichtes Kind«, sagte sie.
»Aha«, dachte ich, wenig angetan von dieser Aussage.
Ich fragte Ines, wie es im Kindergarten zugehe und erfuhr dabei von einigen Buben, die Klarissa ständig ärgerten und hauten.
Eines Tages entdeckte ich es selbst, wie sie ihr auflauerten. Ich saß gerade im Wartezimmer des Arztes. Und zwar so hinter der Tür, daß die Eintretenden mich nicht wahrnehmen konnten. Klarissa stand gegenüber und schaute aus dem Fenster. Zwei ungefähr fünfjährige Buben kamen herein. Ihre Blicke blieben auf Klarissa hängen. Sie schauten sich an, flüsterten, gestikulierten mit den Händen und begannen dann, die Stühle in einem Halbkreis um Klarissa herumzuschieben.
Klarissa drehte sich um. Die Buben grinsten. Klarissa versuchte sich zwischen den Stühlen durchzuquetschen. Die Buben drängten sie zum Fenster zurück. In Klarissas Augen hörte das Lachen auf. Obwohl sie spürte, daß das hier kein Spaß war, machte sie keinen ängstlichen Eindruck auf mich.
»Wir verhauen dich jetzt«, sagte der eine.
»Nein, nein!« rief Klarissa.
Der andere Junge grinste nur und hob seinen Arm.
»Ihr laßt Klarissa jetzt in Ruhe. Findet ihr es mutig, zu zweit ein kleines Mädchen zu verprügeln?«
Erschrocken drehten die beiden sich nach meiner Stimme um. Ich spürte, wie ungelegen ihnen meine Anwesenheit kam. Ich fühlte mich zu einer weitergehenden Erklärung bemüßigt.
»Ich bin Klarissas Mutter. Ich will euch nicht noch einmal dabei erwischen, daß ihr euren Spaß auf diese Art mit ihr sucht. Das ist feige und hinterhältig.«

Die beiden verließen notgedrungen das Zimmer.
Am nächsten Tag wurde ich Zeuge eines anderen Vorfalles im Sandkasten.
Klarissa war dort sehr beschäftigt, als ein ebenfalls fünfjähriger Junge, der regelmäßig in Schlägereien mit anderen Kindern verwickelt war, sich ihr mit einem Stock in der Hand näherte. Als sie sein Vorhaben erkannte, sprang sie schnell auf die Füße und floh. So streifte der herunterschlagende Stock nur ihren Hinterkopf.
Ich rannte hin, hielt die Hand des Jungen mit dem Knüppel fest und versuchte trotz meines Herzrasens ruhig zu sprechen. »Warum willst du Klarissa schlagen? Sie ist kleiner als du, schwächer als du!«
»Weil sie immer die Zunge heraushängen hat«, antwortete er und schaute trotzig zu mir hoch.
»Das ist ein Grund, sie zu schlagen?« fragte ich.
»Ja, mein Vater schlägt uns auch immer, wenn wir den Mund offenstehen lassen.«
»Dein Vater haut dich. Und wie geht es dir dabei?«
»Gut. Das macht mir nichts.«
»Das glaube ich dir nicht. Schläge tun weh. Findest du es schön, wenn es weh tut?«
»Nein. Eigentlich möchte ich nicht gehauen werden.«
»Du möchtest nicht gehauen werden?«
»Nein«, bekannte er.
»Meinst du, Klarissa möchte gehauen werden?«
»Vielleicht nicht ..., aber sie hat den Mund offen und hört nicht, wenn man sagt: Mund zu!«
»Weißt du, Klarissa kann den Mund nicht so gut zumachen wie du. Denn sie hat eine zu große Zunge. Die paßt nicht so gut in den Mund. Sie kann die Zunge nicht immer klein machen.«
»Aha. Warum?«
»Ich weiß nicht, warum. Aber es ist eben so. Sie hat es

schon seit der Geburt. Sie wird schon lernen, den Mund zu schließen, aber bestimmt nicht durch Prügel. Du könntest ihr helfen.« Er schaute mich gespannt an.
»Du bist schon groß und stark«, fuhr ich fort. »Willst du Klarissas Beschützer werden? Es gibt hier ein paar Jungen, die sie immer verhauen wollen.«
»Ich weiß«, sagte er, »da bin ich auch dabei gewesen.«
»Magst du aufpassen, daß keiner sie mehr verhaut?«
»Klar, gerne«, seine Augen strahlten. »Ich bin jetzt wie ein großer Bruder zu ihr«, verkündete er.
Ich streichelte ihm über den Kopf und sagte: »Danke. Dann kann ich ganz beruhigt sein.«
Nachdem ich alles erzählt hatte, weinte ich noch mehr.
»Ihr Kind heißt Klarissa. Sie heißen Angelika. Sie sind nicht ihr Kind«, erklärte der Psychologe. »Ihr Kind ist anders als sie selbst.«
»Das stimmt.«
»Sie können sie nicht vor dem Leben und ihrem Schicksal behüten. Sie können ihr das Leiden nicht ersparen. Kein Mensch kann dem anderen das Leiden ersparen. Jeder Mensch – ob gesund oder behindert – muß seine Erfahrungen selber machen. Jeder muß lernen, sich durchzusetzen.«
»Aber sie hatte von Anfang an nicht die gleichen Chancen. Sie ist schwächer ... hilfloser ...«, wandte ich ein.
»Sie halten sie für schwach und hilflos. Vielleicht ist sie es in Wirklichkeit aber gar nicht. Sie sind nicht der liebe Gott. Es steht nicht in Ihrer Macht, einen anderen Menschen – und sei es Ihr Kind – vollkommen zu schützen. Es wäre auch nicht gut.«
»Aber sie ist doch auf Hilfe und Menschlichkeit besonders angewiesen, das kann man doch nicht bestreiten.«
»Sie hat aber bestimmt Möglichkeiten in sich, mit den Situationen des Lebens fertigzuwerden.«

Ich überlegte, während ich weiter zuhörte.
»Klarissa kann ihre eigenen Möglichkeiten nicht entwikkeln, wenn Sie – als Mutter – ihr ständig im Weg stehen, weil Sie sie vor der Unbill der Welt beschützen wollen. So sehr ich den Drang, das eigene Kind zu schützen, verstehen kann, denn ich habe selbst Kinder ..., so sehr weiß ich auch, daß es ihm die Chance zur Entwicklung nimmt. Durch das Selbst-Tun und durch das Sich-selbst-Durchsetzen erwirbt das Kind Selbstbewußtsein und Selbsterfahrung. Das ist wichtig. Sie dürfen das nicht verhindern.«
»Hätte ich bei der Prügelei zusehen sollen?«
»Nein. Nicht unbedingt. Aber vielleicht muß Klarissa auch einmal eine Prügelei erleben. Haben Sie keine erlebt?«
»Doch. Ich bin viel verprügelt worden. Vielleicht macht es mir deshalb so viel aus, wenn man auf Klarissa losgeht. Es kommt mir vor, als würde ich selbst geschlagen.«
»Sie identifizieren sich mit Ihrer Tochter.«
»Ja. Wahrscheinlich.«
»Sie leiden anstelle Ihrer Tochter. Das Leid Ihrer Tochter erscheint Ihnen so untragbar, daß Sie es ihr abnehmen wollen.«
»Ich kann sie ihrem Schicksal nicht alleine überlassen.«
»Sie können Klarissas Leben nicht leben. Sie können ihr helfen zu leben. Aber nur, wenn Sie selbst ICH bleiben und Ihre Tochter ein ICH werden lassen.«
Plötzlich ging mir ein Licht auf. Ich sah mein Kind mit anderen Augen. Natürlich war sie ein anderer Mensch. Ich aber hatte sie die ganze Zeit über für eine Sonderausgabe von mir gehalten. Bei allen Ereignissen hatte ich mich an ihrer Stelle gewähnt. So war es auch geschehen, daß ich mich ständig fragte, was ich an Klarissas Stelle wohl von so einer Mutter wie mir halten würde. Immer hatte ich mir vorgestellt, ich wäre Klarissa, und aus dieser Identifi-

kation heraus beurteilte ich meine menschlichen und mütterlichen Qualitäten. Und genau das führte zu den schrecklichen Schuldgefühlen. Denn ich – an Klarissas Stelle – wäre natürlich mit mir nicht zufrieden gewesen.

Von Stund an unterlag das Verhältnis zu meiner Tochter einer wunderbaren Wandlung. Die Mauer zwischen uns war verschwunden. Zärtlichkeit wurde möglich. Meine innere Abwehr schmolz nun, da ich zwischen ihrem und meinem Schicksal unterschied.

Tag für Tag in den Wochen und Monaten nach der Erkenntnis mußte ich mir in allen möglichen Situationen immer wieder mit der Deutlichkeit eines Bildes klarmachen:

Klarissa hat ein Leben und ein Schicksal.

Ich habe ein anderes Leben und ein anderes Schicksal.

Wir sind zwei verschiedene Menschen.

Wir haben zwei verschiedene Wege.

Dadurch rückte mir mein Kind in eine heilsame Distanz. Ruhige, liebevolle Zuneigung wurde möglich, wo zuvor drängende Pflicht und heftige, wahrhaft verzweifelte Liebe geherrscht hatte.

Gerade die Distanz ermöglichte die bislang vermißte zärtliche Nähe. Ich nahm inneren Abstand von meinem Kind und erlangte für uns beide Freiräume. Die unglückseligen Fesseln schienen gesprengt, die verhängnisvolle Umklammerung von Angriff und Widerstand, Aggression und Schuldgefühlen und der Unfähigkeit zum Liebsein gelöst wie der Gordische Knoten.

Waren wir raus aus dem Teufelskreis? Nach Monaten antwortete ich mit Ja. Aber von Zeit zu Zeit, auch Jahre später, kamen Gelegenheiten, bei denen mußte ich mich immer wieder darauf besinnen, was meine Aufgabe diesem Kind gegenüber ist und was meine Liebe zu ihm bewirken soll: Klarissa frei machen von mir und meiner Lebens-

welt, damit sie ihre Welt selbst entdecken und ihren ganz eigenen Weg finden kann. Ihr die Kraft und Freiheit für eigenes Handeln geben.
Lieben und Loslassen ist wohl eines.
Und es ist ein langer Prozeß vom Gedanken, ein ständig hilfsbedürftiges Kind geboren zu haben, bis hin zur Einsicht, diesem Kind nicht die Welt bedeuten zu dürfen.
In den folgenden Jahren offerierte mir Klarissa in bestimmten Entwicklungsphasen deutliche Ablösungsbedürfnisse. Sie wollte ein großes Kind sein, ein großer Helfer bei verschiedenen Verrichtungen des Alltags. Sie wollte allein in den Kindergarten gehen (ohne daß ich sie bis zur Tür begleitete), sie wollte allein ihre Wohngegend erkunden (was einmal zu einer größeren polizeilichen Suchaktion führte), sie wollte ein Schulkind sein, lesen und schreiben lernen, sie wird später einmal die Familie verlassen wollen, um ihr eigenes Leben zu führen.
Es bereitete mir manchmal Schwierigkeiten, Klarissa diese Freiheiten zu gewähren. Ich hatte häufig gar nicht bemerkt, daß sie ihrer bedurfte. Bis sie mich mit massiven Trotzreaktionen auf ihre Bedürfnisse hinwies. Die Schwierigkeit für mich lag darin, daß sie zwar zur Selbständigkeit drängte, andererseits aber noch nicht über notwendige Fähigkeiten zur Durchführung bestimmter selbständiger Handlungen verfügte. So kann ich sie beispielsweise in der Großstadt auch mit sieben Jahren nicht alleine auf die Straße lassen, weil sie den Verkehr nicht richtig beobachten und einschätzen kann. Ich muß also nach anderen Wegen suchen, die es ihr ermöglichen, alleine spazieren und spielen zu gehen, ohne daß sie dabei sich selbst oder andere gefährdet. Es gab und gibt Situationen, in denen sich keine Lösungen anzubieten scheinen.
Nicht immer gelingt mir die Eindämmung der Vorwürfe,

die ich gegen mich selbst richte. Ich werde unzufrieden darüber, daß ich meinem Kind diese oder jene Sache nicht bieten kann (z. B. eine vollständige Familie, einen Garten mit einem Sandkasten, eine Freundin in der Nachbarschaft und ähnliches).
Es ist wohl ein lebenslanger Prozeß, sich von eigenen Ansprüchen und deren zwanghafter Verfolgung zu befreien und zu lernen, daß nicht die materiellen Tatsachen Wege zur Freiheit eröffnen.
Mit der Stadtwohnung, in die ich nach dem Kuraufenthalt mit den Kindern einzog, konnte ich mich nur schwer anfreunden, weil ich dem Leben auf dem Land nachtrauerte. Über Jahre lag mein Streben darin, Verlorenes zu ersetzen und ein neues Haus mit Garten zu finden. Ich meinte, die Kinder und ich müßten dann glücklicher sein. Aber im Innersten spürte ich, daß unser Glück nicht im Besitz von Haus und Garten liegt. Wir würden dort genauso glücklich oder unglücklich sein wie hier. Schließlich erinnerte ich mich noch sehr genau, welch eine Last mir der Besitz der zwei Häuser nach dem Fortgang meines Mannes war. Freiheit hatte ich damals in der Loslösung von Besitz erlebt.
Losgelöst-Sein ist Frei-Sein.

Das Leben zu dritt spielt sich ein

Der erste August war ein einschneidender Termin. Klarissa war nun ein Kindergartenkind. Vom ersten Tag an liebte sie den Kindergarten. Sie brachte niemals den Wunsch vor, lieber zu Hause zu bleiben. Sogar samstags wollte sie in den Kindergarten.
Durch die Kindergartentage Montag bis Freitag struktu-

rierte sich die Woche. Endlich erlebten wir wieder ein Wochenende, denn seit mein Mann weg war, verliefen alle Tage mehr oder weniger gleich. Es hatte lange keinen Unterschied zwischen wochentags und feiertags gegeben. Früher waren die Wochenenden und Feiertage durch die Anwesenheit des an allen anderen Tagen abwesenden Vaters erlebbar gewesen.
Erleichtert vermerkte ich, wie ein Wochenrhythmus sich einspielte, der Höhepunkte zuließ. Ich begann sogar, sonntags mit den Kindern in die Kirche zu gehen. In der Pfarrgemeinde waren Kinder sehr gerne gesehen. Ich erkannte ein außerschulisches Integrationsfeld. Bald hatten die Kinder beim ersten Glockenschlag die Schuhe in der Hand und wollten zur Kirche gehen, und mir blieb gar keine Gelegenheit, auch nur darüber zu spekulieren, ob ich heute eigentlich wirklich in die Kirche gehen wollte oder nicht.
Klarissa hat einen besonderen Sinn für Rhythmus und Gewohnheiten. Beides vermittelt ihr Freude und Geborgenheit. Sie lebt in diesen Gewohnheiten und bedauert es, wenn die eine oder andere gelegentlich geändert werden muß. Allerdings bleibt es bei einer kleinen Trauer, denn auch das Neue macht sie sich bald zur lieben Gewohnheit. Ihre Persönlichkeit entfaltet dabei eine Gelassenheit den alten und neuen Dingen gegenüber, von der ich mir eine Scheibe abschneiden könnte.
Die Waldorfpädagogik lebt von der rhythmischen Gliederung des Tages, der Woche, des Monats, des Jahres, ja des Lebens. Klarissa fühlte sich schon bald eingebettet in die zyklischen Abläufe des Kindergartentages. Sie gewann Sicherheit. Ihre Verkrampfungen, die sich seit fast einem Jahr in nächtlichem bronchitischem Husten manifestiert hatten, lockerten sich auf. Klarissas Verstörung und innere Verhärtung war ja durch meine übergroße, erdrücken-

de Liebe zu ihr in einer belastenden familiären Situation ausgelöst worden. Eine Veränderung hatte sich eingestellt, seitdem ich mich mit Klarissa nicht mehr identifizierte. Zusätzlich sorgte nun die Kindergartenatmosphäre für Entspannung.
Ich selbst fand in der Kindergärtnerin einen Menschen, der mir und meinen persönlichen Handikaps und Fragen offen und vor allem mit kritischem Mut begegnete. Diese Frau scheute sich nicht, mir zu sagen, wo ich mein Verhalten verändern könne. Schon nach kurzer Zeit hatte ich das Gefühl, wir ziehen beide am gleichen Strang Klarissas Entwicklung wegen.
Und wirklich, es ging mit kleinen Schritten vorwärts. Endlich machten wir uns an die »Sauberkeit«. Klarissa trug noch immer eine Windel, in die sie all ihre Geschäfte machte. Als erstes verzichteten wir auf die Windel. Dem Gang zur Toilette wurde periodisch im Tagesablauf Platz eingeräumt. Gleichzeitig erhielt Klarissa zwölf Behandlungen mit Gymnastik und rhythmischer Massage, die ihr ein deutliches Empfinden und Bewußtsein ihres Körpers und besonders Unterkörpers vermitteln sollten. In den nächsten drei Monaten geschah es immer seltener, daß ich Klarissas nasse Sachen – weil sie es nicht zur Toilette geschafft hatte – vom Kindergarten mit nach Hause nehmen mußte.
Hinzu kam als Anreiz Ines' Sauberkeit. Am Tag nach der Kur, als wir in die neue Wohnung eingezogen waren, hatte Ines ihre Windel abgelegt. Sie machte fortan weder in die Hose noch ins Bett, sondern benutzte von einem Tag auf den anderen das Klo.
Damals registrierte Ines, sie war noch nicht drei Jahre alt, zum erstenmal die Andersartigkeit ihrer Schwester. Ines fragte mich: »Mutti, bin ich älter als die Klarissa? Oder ist die Klarissa älter als ich?«

»Die Klarissa ist ein Jahr älter als du«, erwiderte ich.
»Aber sie macht doch noch in die Windel ... und ich nicht ...«
»Das stimmt. Aber du hast es auch eben erst gelernt, oder? Die Klarissa braucht halt länger dazu. Nimm sie doch einfach mit, wenn du aufs Klo gehst. Vielleicht will sie es dir nachmachen. Dann kann sie es auch bald.«
Ines und Klarissa gingen seitdem gemeinsam ins Badezimmer. Das unterstützte nun zusätzlich die allseitigen Bemühungen, Klarissa bei der »Sauberkeit« auf die Sprünge zu helfen. Im Frühling, nach einem halben Kindergartenjahr, war sie tagsüber sauber. Nur selten passierte ein Malheur. Nachts windelte ich sie noch ein.
Anscheinend schlugen seelische Störungen sich bei Klarissa am leichtesten im Bereich der Ausscheidung nieder. Wenn sie sich zu Unrecht von mir getadelt fühlte oder sich vor meinen Reaktionen ängstigte, ging alles sprichwörtlich in die Hose. Sie stand dann meist weinend vor mir, und zwischen den Fingern, mit denen sie sich den Po zuhalten wollte, rann das »Pipi« hindurch. Worauf ich sie immer aufs Klo schickte und fühlte, daß ich an dem Malheur schuld war.
In einem ärztlichen Ratgeber las ich einmal in einem Artikel über das Bettnässen folgende Gedanken: Nächtliches Bettnässen geschieht häufig in den Morgenstunden, wenn das Kind im Traum liegt. Im Traum verarbeitet es die vergangenen Ereignisse, es läßt sie los, es erleichtert sich, es trauert und weint. Bettnässen ist oft nichts anderes als eine besondere Art zu weinen.
Ich dachte diesen Gedanken nach. Ich erkannte, daß die Art und die Umstände des Einnässens bei Klarissa fast immer mit negativen Ereignissen zu begründen waren. Es bestand also eine Korrelation zwischen »in die Hose machen« und unangenehm oder angstvoll erlebten Zustän-

den. Mir fiel das Sprichwort ein: Jemand macht sich vor Angst in die Hose.
In den nächsten Jahren erwies sich der Wahrheitsgehalt meiner Erkenntnis. Klarissa reagierte wie ein Sensor. Je geringer ihre Angst im Leben und vor mir und anderen Menschen und Dingen wurde, um so trockener blieb sie. Erlebte sie – oft wohl nur unbewußt – bestimmte Situationen als angstvoll oder verkrampfend, dann näßte sie ein.
Schuldgefühle entwickelte ich mit der Zeit immer weniger und schließlich kaum noch, da die Ursachen von Klarissas Beängstigung nicht ausschließlich bei mir lagen, ja immer weniger bei mir lagen. Außerdem stehen Schuldgefühle einer positiven Begegnung im Wege. Wer sich schuldig fühlt, versucht sich zu entschuldigen und seine Schuld zu sühnen – indem er z.B. seinem Kind verstärkte Zuwendung zukommen läßt. Dies wiederum zehrt an den Kräften und kann auf Dauer nicht durchgehalten werden. Das eigene Unvermögen mobilisiert aggressive Empfindungen, die sich wiederum auf das Kind richten. Was wieder zu Schuldgefühlen führt usw. In diesen Kreislauf wollte ich nicht mehr geraten.
Deshalb nahm ich mir vor, zwar, wenn nötig, Schuld einzugestehen, aber dann einen Strich zu machen und zu sagen: Wir fangen neu an. Man kann jeden Tag neu anfangen. So einfach und leicht das anmuten mag, erwies es sich in der Praxis doch weitaus schwerer als das Verharren in dem Schuld-Aggressions-Kreislauf.
Da waren sich meine Therapeutin und Klarissas Kindergärtnerin auch aus eigener Erfahrung heraus einig: Nur tägliches Üben, also tägliche Selbsterziehung, hilft beim Erlernen neuer Verhaltensweisen. Nur wer täglich auf dem Klavier übt, wird das Klavierspiel beherrschen lernen. Und eines Tages geht es fast in Fleisch und Blut über. Ich befolgte diesen Rat und versuchte, Klarissas »nasse«

Reaktion weder als Schuldzuweisung an mich zu betrachten noch als den Versuch, mich zu tyrannisieren, zu bestrafen oder zu vereinnahmen. Ich übte mich darin, das nasse Bett oder die nasse Hose als Signal und Aufruf zu beachten mit der Bedeutung: Etwas stimmt nicht, etwas befindet sich nicht in der rechten Ordnung und Harmonie!

Statt der Frage: Warum macht Klarissa ins Bett (in die Hose)?, fragte ich mich: Was ist der Anlaß ihrer Tränen, was gibt ihr Grund zum Weinen? Bei einigem Überlegen und Nachfühlen erfaßte ich schon bald den Anlaß.

Ein anderes Problem bot immer wieder Zündstoff für Wut und Verzweiflung, blieb jedoch ungelöst. Es lag in unseren unterschiedlichen Schlaf- und Wachrhythmen.

Während Ines und ich miteinander harmonierten, gerieten wir mit Klarissas Rhythmus in Konflikte. Klarissas natürlicher Rhythmus hieß: früh ins Bett und früh aufstehen. Ich selbst bin eher ein Nachtmensch, und vor neun Uhr morgens fällt mir das Leben sehr schwer, empfinde ich alle Aktivität als sehr mühsam. Ines brauchte viel Schlaf, also abends früh und morgens spät und mittags ein kleines Nickerchen. Diese unterschiedlichen Rhythmen ließen sich in der kleinen Zwei-Zimmer-Wohnung nicht ausleben, denn für Rücksichtnahme mangelte den Kindern noch der Sinn. Hinzu kam bei uns dreien eine unterschiedliche Vitalität.

Klarissa war eindeutig die vitalste und setzte deshalb auch ihren Lebensrhythmus am unnachgiebigsten durch. Während Ines und ich noch im tiefsten Schlummer lagen und noch einige Stündchen Schlaf hätten brauchen können, wanderte Klarissa um fünf Uhr morgens bereits hellwach durch die Wohnung auf der Suche nach Beschäftigung. Dabei ging sie entsprechend ihrem Naturell nicht gerade leise zu Werke. Mochte ich auch schimpfen oder ihr einige Klapse geben, nichts half. Auch gutes Zureden nutzte nicht. Klarissa zeigte sich völlig uneinsichtig. Verstärkt gewann ich den Eindruck, sie wußte nicht, was sie uns antat. Es war keine Böswilligkeit, sondern schiere, ungebündelte Lebenslust, die sie allmorgendlich aus dem Bett hüpfen ließ.

Wenn die Kinder mich nachts mehrmals wegen böser Träume oder ähnlichem weckten, stand ich oft mehr als zehnmal auf. Meine Müdigkeit steigerte sich dann zur Verzweiflung und zur Wut. Es war die reinste Folter. Morgens war ich den Tränen näher als dem Lachen, der Erschöpfung näher als der Tatkraft. Dieses Problem hätte nur mit einem eigenen, abschließbaren Zimmer für Klarissa gelöst werden können.

Ines Erschöpfung äußerte sich in aggressiven Anfällen, anhaltendem Weinen, wütender Ungeduld. Ihr hohes Ruhebedürfnis war auch durch meinen Einsatz – indem ich Klarissa zu mir ins Bett nahm oder sie ganz leise immer wieder in ihr Bett legte – nicht zu befriedigen. Ines machte einen chronisch übermüdeten Eindruck und verhielt sich ständig gereizt.

Überhaupt wirkte sie, seit Klarissa den Kindergarten besuchte, unruhig und irgendwie amputiert. Nichts wollte und konnte sie machen ohne Klarissa. Sie spielte nicht gern alleine. Deshalb wendete sie sich mir zu. Wenn ich mal kurz aus ihrem Gesichtsfeld entschwand, brach sie in Weinen aus.

Einmal mußte ich etwas erledigen und gab sie für zwei Stunden zu meiner Schwester. Nach einer Stunde stand Ines bereits am Fenster und hielt Ausschau nach mir und flüsterte inbrünstigt vor sich hin: »Mama, verlaß mich nicht!« Meine Schwester war schockiert von solch einer Äußerung der damals gerade Dreijährigen.

»Sie hat die plötzliche Abwesenheit ihres Vaters wohl als

Verlassen-Werden empfunden«, erklärte ich meiner Schwester. Jedoch erstaunte es mich, daß diese Angst noch mehr als ein Jahr danach so lebendig war.
Ines fragte oft nach ihrem Vater. Klarissa schien weniger interessiert und sich damit abgefunden zu haben, daß er in einer anderen, weitentfernten Stadt wohnte. Im Fotoalbum und auf den Filmen begegnete er den Kindern. Aber Ines zeigte sich mit der Zeit immer ungläubiger.
»Das ist doch nicht mein Papa. Ich glaube, ich habe gar keinen Papa«, sagte sie manchmal.
Meine gegenteiligen Beteuerungen klangen irgendwie abgestanden und schal. Immerhin hatten die Kinder ihren Vater seit mehr als einem Jahr nicht mehr gesehen. Und bei Ines machte das gut ein Drittel ihres Lebens aus. Daß sie mir da keinen Glauben schenkte, erstaunte mich nicht.
Bei einer der seltenen Gelegenheiten, zu denen mein Mann und ich anläßlich der anstehenden Ehescheidung einander zwangsläufig trafen, bat ich ihn, doch die Kinder einmal zu besuchen. Er weigerte sich.
Als er kurze Zeit später eine Unterschrift von mir brauchte, nötigte ich ihn dazu, sich diese in meiner Wohnung zu holen. Dann könnten die Kinder ihn sehen, dachte ich.
Am Samstagvormittag klingelte er. Jetzt erst, als ich seine Stimme durch die Sprechanlage hörte, teilte ich den Kindern mit, daß ihr Papa gleich vor der Tür stehen würde. Mein Herz klopfte heftig, als ich öffnete. Doch als ich dann das Leuchten auf Ines Gesicht sah, nachdem sie ihren Vater erblickt hatte, war ich überzeugt, richtig gehandelt zu haben.
Scheu stand sie fünf Meter vor ihm im Türrahmen und rührte sich weder vor- noch rückwärts. Sie staunte ihren Vater strahlend an, und ein letzter Ausdruck des Unglaubens schwand, als ich sagte: »Ines, schau, das ist dein Pa-

pa.« Und sie sich fragend an ihn wandte: »Stimmt das, bist du mein Papa?« Und als er sagte: »Ja, ich bin dein Papa.«
Dann kam auch Klarissa herbeigelaufen, gab ihrem Vater kurz die Hand und verschwand wieder zu ihrem Spiel ins Kinderzimmer.
Während der nächsten Stunde, so lange hielt sich mein Mann in meiner Wohnung auf, wich Ines ihm nicht von der Seite, ohne ihn allerdings zu berühren. Sehr befangen und verlegen richtete sie hin und wieder ein zaghaftes Wort oder eine Frage an ihn. Ich war erleichtert, als er die Wohnung wieder verließ, und doch auch irgendwie bedrückt und traurig. Ich hatte gespürt, wie fremd wir einander geworden waren, wie Bosheit und Haß sich zwischen uns ihren Platz erobert hatten.

Scheidung

Wie hatte es nur zu den Morddrohungen und Selbstmordandrohungen kommen können? Im Sommer des letzten Jahres, nachdem mein Mann von den Hausverkäufen erfahren hatte, stellte er die Unterhaltszahlungen ein. Er meinte, ich müßte nun im Geld schwimmen, und glaubte mir nicht, daß ich gerade noch mit einem blauen Auge aus der Sache herausgekommen war. Ich mußte zum Sozialamt gehen und Hilfe zum Lebensunterhalt beantragen, ich mußte eine neue Unterhaltsklage einreichen. Das Sozialamt sperrte sich zuerst und verweigerte die Zahlung, weil dort auch der Verdacht herrschte, ich müsse doch eine wohlhabende Frau sein. Als sich nach langer Prüfung aller meiner Konten, Sparbücher, der Kaufverträge für die Häuser usw. herausgestellt hatte, daß ich arm wie eine

Kirchenmaus war, erhielt ich die notwendigen finanziellen Hilfen. Wir lebten ohne äußere Not, jedoch fühlte ich mich jetzt endgültig ins soziale Abseits gestürzt. Zumal ich erfuhr, daß meine verwitwete Mutter vom Sozialamt um Auskunft über ihre Vermögensverhältnisse angeschrieben wurde, da sie für mich unterhaltspflichtig sei. Ich schämte mich.

Mein Mann rief mich häufig auch nachts an und stieß Drohungen aus. Wenn er nur mich bedroht hätte ... aber die Drohungen gegen die Kinder erschienen mir absurd. Ich konnte es nicht begreifen und bekam deshalb Angst. Ich ließ meine Haustür sichern. Bevor ich aus der Wohnung trat, spähte ich in den Flur und um alle Ecken, und in den Aufzug schaute ich gründlich hinein. Ich nahm die Drohungen meines Mannes ernst.

»Ich stehe mit dem Rücken zur Wand«, sagte er einmal durchs Telefon, »und ich muß mich wehren, wenn ich überleben will. Du und die Kinder, ihr habt mich an die Wand gedrängt, so fest, daß ich mich kaum noch rühren kann. Es gibt nur zwei Möglichkeiten: Entweder bringe ich euch um oder mich ...«

Auch als ich ihm den Bescheid des Sozialamtes schickte, damit er endlich glauben könne, daß ich ihn finanziell nicht betrogen hätte, glaubte er es nicht, lachte zynisch und meinte, da hätte ich ja einen raffinierten Beschiß eingefädelt. Er drohte mit Ermittlungen durch einen Privatdetektiv und durchs Gericht, was mich ja nichts befürchten lassen konnte. Wovor ich mich fürchtete, war seine verzweifelte Wut, seine Herausgerissenheit aus allen Bezügen, die ihn hätten besänftigen können.

Zu diesem Zeitpunkt unserer Beziehung schien mir eine Verbesserung unseres Verhältnisses in der Zukunft unvorstellbar. Beim Gerichtstermin wegen des Unterhaltes wurden meine sämtlichen finanziellen Unterlagen noch-

mals geprüft und wurde meinem Mann bestätigt, daß ich keine Gewinne erzielt hatte.
Der Richter sagte zu ihm: »Ihre Frau versorgt unter keinesfalls einfachen Umständen die Kinder, und Sie sind ebenfalls zur Sorge verpflichtet. In Ihrem Fall fällt Ihnen die finanzielle Sorge zu.«
»Ich werde ausgebeutet ... ausgenommen wie eine Weihnachtsgans«, fuhr mein Mann wütend dazwischen, »ich weigere mich zu zahlen.«
»Wollen Sie ins Gefängnis kommen?« fragte der Richter.
»Was ist daran so schlimm? Da werde ich versorgt und brauche mich um nichts mehr zu kümmern.«
»Wir können Sie gerne einmal für zwei Tage ins Gefängnis einweisen. Mal sehen, ob Sie den Aufenthalt dort dann immer noch begehrenswert finden.«
»Von mir aus ...«
»Sie könnten aber auch mal mit Ihrer Frau die Rollen tauschen: Sie versorgen die Kinder, und Ihre Frau verdient den Unterhalt. Wäre Ihnen das lieber?«
»Ich kann keine Kinder versorgen.«
»Ja, was würden Sie denn dann mit den Kindern machen?«
»Die kommen ins Heim ...«
»Da ist es wohl besser, die Kinder bleiben bei ihrer Mutter«, nahm der Richter das Wort, wischte mit einer Handbewegung durch die Luft und diktierte den Beschluß.
Das war vor einem Jahr geschehen. Seitdem war mein Mann seinen Pflichten nachgekommen. Seine ohnmächtige Wut war abgeflaut. Ich hatte ihn in meine Wohnung kommen lassen, und nun fürchtete ich mich gar nicht mehr vor ihm.
Ich spürte eine große Leere. Ein riesiges Loch, das die Schönheiten des Lebens verschlang wie ein gefräßiger Drache. Seit mein Mann weg war, hatte das Lebendige

seinen Reiz eingebüßt. Ich roch nicht mehr den Duft der Blumen, kein Vogelgezwitscher rührte an mein Inneres. Innen drin blieb ich von allem ungerührt und unberührt. Nichts drang herein. Da innen war tödliche Stille.
Nun, da ich ihn gesehen hatte, spürte ich den Verlust. Nicht nur ihn hatte ich verloren, sondern mein Leben. Zwölf Jahre meines Lebens hatte ich eingebüßt, unsere gemeinsame Biographie war zerbrochen. Zwölf Jahre: Das war mehr als ein Drittel meines Lebens. Ich hatte es mit ihm verbracht, hatte mit ihm gelebt. Und nach all diesen Jahren standen wir sprachlos voreinander und erkannten uns nicht.
Dennoch, das begriff ich aber erst Jahre später, trauerte ich in diesem Moment nicht ihm persönlich nach, sondern der zerbrochenen Normalität und den übriggebliebenen, gehüteten und nun doch geborstenen Träumen von Ehe und Familie und Haus und Kind.
Ich verspürte nicht den Drang zu abfälligen Bemerkungen, wenn die Kinder nach ihm fragten. Ich erzählte ihnen gerne von unserem früheren Leben.
Im Mai hatten wir geheiratet, im Mai wurden wir geschieden. Ich war sehr traurig.

Geschwister

Während Klarissa ihr erstes Kindergartenjahr absolvierte, erlernte Ines die Beschäftigung mit sich selbst. Es brauchte ein halbes Jahr, bis sie morgens etwas mit sich anzufangen wußte und mich nicht mehr mit der Erwartung zum gemeinsamen Spiel bombardierte.
Im zweiten Halbjahr durfte Ines sich hin und wieder als Gast zu Klarissas Kindergartengruppe gesellen. Danach

wirkte sie stets sehr ausgeglichen. Die Behinderungen der anderen Kinder fielen ihr kaum auf. Sie mochte alle Kinder gerne. Auch auf Ines strömte der rhythmisch gegliederte Tagesablauf eine heilsame Wirkung aus.
Deshalb entschloß ich mich, Ines einmal in der Woche in eine Spielgruppe zu geben, die sich in den Räumen ihres zukünftigen Kindergartens zusammenfand. Während dieser zwei Stunden nahm ich an einem Elternseminar teil.
Nachdem Ines die Spielgruppe eine Weile besuchte, fand sie leichter ins schöpferische Spiel. Bald erfreute ich mich an ihren ideenreichen Bauwerken. Aber besonders liebte sie Bewegungsspiele. Mit ihrem Steckenpferd ritt sie durch die ganze Wohnung (sprich: Welt), und in diesem Spiel entwickelte sie rührende Szenen von der Fütterung des Pferdchens bis zum Schlafenlegen. Und sie hatte in der Spielgruppe auch schon bald kleine Freundinnen gefunden.
Klarissa spielte sehr viel ruhiger. Sie saß meistens im Zimmer und baute das Spiel um sich herum auf. Je sicherer sie sich fühlte, um so reicher entfalteten sich ihre Phantasiekräfte. Sie spielte stundenlang alleine mit Holzbausteinen und Holztierchen und erzählte Märchen dazu. Ihr Sprachschatz war sehr reichhaltig, nur die Artikulation von Umlauten (ä, ü, ö) bereitete ihr noch Schwierigkeiten.
Ines bot ihrer Schwester hinreichende Reize zum Erlernen und Artikulieren von Sprache. Klarissa ihrerseits war ein gutes Vorbild für spielerische Schöpferkraft.
Die Kinder ergänzten einander gerade durch ihre Unterschiedlichkeit. Sie hatten etwas von Zwillingen an sich. Sie waren einander unentbehrlich. Und es bestand eine äußere Ähnlichkeit, derzufolge viele Leute mich fragten: »Sind das Zwillinge?«
Das ging so, bis Ines fünf und Klarissa sechs Jahre alt war.

Ab dieser Zeit wurde Ines oft als die Ältere angesehen. Das lag wohl nicht nur daran, daß sie Klarissa über den Kopf wuchs und sich sprachlich präziser ausdrückte. Vielmehr waren die Kinder von sehr unterschiedlicher persönlicher Ausstrahlung. Klarissa verkörperte mit ihrem fröhlich-unbekümmerten Sinn so recht ein Kind. Daneben wirkte Ines in ihrer Ernsthaftigkeit und distanzierten Freundlichkeit den Kinderschuhen schon ein wenig entwachsen.

In den Sommerferien fuhren wir nach Dänemark und machten gemeinsam Urlaub mit einer befreundeten Familie und deren achtjährigem Sohn. Ich war in entspannter Stimmung, denn mein Buch war gerade herausgekommen und erhielt gute Kritiken. Von dem ersten Honorar bezahlte ich den Urlaub.

Wir hatten in einem Ferienpark ein Haus gemietet. Die drei Kinder vertrugen sich und erfanden ein lustiges Spiel. Klarissa sollte lernen, Hüte oder Züge oder Hörner oder Dächer zu sagen. Ines und Bernd sprachen ihr die Worte vor. Dabei benutzten sie mit Vorliebe Worte, die wir Erwachsenen nicht gerne hörten. Aber gerade das übte auf Klarissa einen schier unwiderstehlichen Reiz aus.

Eines Tages, mitten in einem Spaziergang, artikulierte Klarissa: »Hüte«, und es klang nicht mehr wie »Hute«. Sie sagte »Häuser« und »Schäfer« und »Brücke«. Da rannten Ines und Bernd von Freude überwältigt fremden Leuten entgegen und verkündeten triumphierend: »Klarissa kann sogar ›Hüte‹ sagen!«

Wir freuten uns alle. Klarissa stieg der Erfolg ein wenig zu Kopf. Sie wurde noch etwas trotziger, sagte zu allem »nein« und erfand Reime ganz besonderer Art, beispielsweise: »Mamalein – Kakalein« oder: »Da zwitschern der Fink und die Meise, der Papa, der hat eine Meise ...«

Nach der zweiten Urlaubswoche begann Klarissa, alleine

spazierenzugehen. Sie nahm ihren Teddy in den Arm und sagte zu ihm: »Komm, Teddy, wir gehen jetzt spazieren.« Wenn ich sie fortgehen sah, schnürte es mir das Herz ab. Am liebsten hätte ich geweint. Aber ich war auch stolz auf sie. Ich freute mich mit ihr darüber, daß sie schon groß genug war, um alleine kleine Ausflüge zu unternehmen. Dem aufsteigenden angstvollen Wenn und Aber schenkte ich kein Gehör. Es barg kaum Gefahren, Klarissa dieses Vergnügen zu gönnen, denn Autos fuhren hier kaum, und wenn, dann nur im Schrittempo. Das Meer war einen Kilometer entfernt, und da wir oft genug im Ferienpark herumgestrolcht waren, kannte sie sich ziemlich gut aus.
Dennoch verfolgte ich ihren Spaziergang mit den Blicken von der Terrasse des Hauses aus, so lange ich konnte. Endlich war sie hinter Sträuchern und Bäumen verschwunden. Ich schraubte mein Teleobjektiv auf den Fotoapparat und suchte sie. Länger als eine halbe Stunde mochte ich sie nicht unbeobachtet alleine lassen. Deshalb schwangen wir uns dann auf die Räder und fuhren los, sie zu suchen. Meistens fanden wir sie auf der Wiese vor dem Bauernhof beim Blümchenpflücken. Zufrieden setzte sie sich ins Fahrradkörbchen und ließ sich heimkutschieren.
Diese ungewöhnliche Freiheit, die Klarissa hier erleben konnte, stärkte ihr Selbstbewußtsein und schenkte ihr das Gefühl, zu wachsen und ein großes Mädchen zu werden. Nach den Sommerferien begann ihr zweites Kindergartenjahr.
Ines kam nun auch in den Kindergarten. Sie war im letzten halben Jahr schon sehr ungeduldig geworden. Nun empfand sie sich als ebenbürtig. Das Verhältnis der beiden Kinder wurde harmonischer. Sie verbrüderten sich oft gegen mich, heckten heimlich kleine Streiche und Wortspiele aus. Sie fanden es sehr spaßig, mich hereinzulegen und auszutricksen. Natürlich zankten sie sich auch.

Und das nicht zu knapp. Ines wurde selbstsicherer, was Klarissa kampfesmutig registrierte. Ich beschränkte mich bei den Auseinandersetzungen auf die Rolle des Beobachters, der nur bei Gefahr für Leib und Seele eingreift. Manchmal schlug ich auch einen Kompromiß vor oder wies jede in ein anderes Zimmer. Sehr häufig spielten sie aber in faszinierender Eintracht. Es war ein großer Vorteil, daß beide in den Waldorfkindergarten gingen. Beide brachten die gleichen Kreisspiele, Maltechnik, Fingerspiele und Sprüchlein mit nach Hause. Da fand kein Auseinanderdriften statt, sondern Ergänzung. Das erleichterte auch mein Leben.
Die Kinder litten nicht darunter, daß sie unterschiedliche Kindergärten besuchten. Jedes war stolz auf seinen eigenen. Sie verbrachten die Nachmittage und Wochenenden miteinander, und dort boten sich genug Möglichkeiten zum gemeinsamen Spiel. Ich hielt die Trennung am Vormittag sogar für eine gute Lösung, denn auch Geschwister benötigen Distanz. Am Vormittag voneinander frei zu sein, verschaffte jedem von ihnen Freiraum für neue Kontakte und Freundschaften und Spielraum für individuelle Entwicklungen.
Ines war bald sehr begehrt und beliebt in der Gruppe. Sie wurde oft eingeladen. Da war ich dann am Nachmittag allein mit Klarissa und dachte darüber nach, wie ich das ändern könnte.
Ich ließ Ines einladen. Sie und ihre Freundinnen bezogen Klarissa spielend mit ein. Aber Klarissa lehnte das ab. Sie verhielt sich völlig unkooperativ, setzte sich in ihre eigene Spielecke und ließ sich nur selten zum Mitspielen überreden. Das Überreden dauerte so lange, daß ich die Geduld der Kinder bewunderte.
Manchmal wurde Klarissa auch zu Ines Freundinnen mit eingeladen. Aber dort verhielt sie sich nicht anders. Sie

schien das Außenseitertum vorzuziehen. Irgendwann mußte ich meine Bemühungen als aussichtslos und als zwar gut gemeint, aber wahrscheinlich fehl am Platz aufgeben. Ich akzeptierte, daß Klarissa mit Ines, Freundinnen – warum auch immer – nichts anfangen wollte. Klarissa suchte sich ihre eigenen Freunde und Freundinnen. Die fand sie in ihrer Kindergartengruppe, aber auch später im Turnverein oder unter den Cousinen und Cousins. Sie verteilte ihre Sympathie sehr wählerisch, und ein bestimmter Typ Mensch – zu dem gerade Ines sich sehr hingezogen fühlte – entsprach gar nicht Klarissas Wünschen. Klarissa zog Kinder vor, denen sie etwas helfen oder beibringen konnte. Sie wollte die Große und ein Bestimmer sein. Von einem ihrer Freunde ließ sie sich zuerst die Füße kraulen, und anschließend spielte sie mit ihm Baby, und sie war die Mutter.
Ines wollte zu Klarissas Freunden immer mitgehen. Sie verhielt sich dort viel friedlicher und ausgeglichener als im Kontakt mit ihren eigenen Freundinnen. Es war, als fiele all das Konkurrenzverhalten von ihr ab, das sie in deren Gegenwart entwickelte. Ines ist von Natur aus sehr ehrgeizig und überfordert sich ständig, weil sie sich nur an den Großen orientiert und mißt. Sie bewundert die Großen und möchte es ihnen gleichtun. Aber den kleineren und jüngeren Kindern schenkt sie Zärtlichkeit und läßt sich auch gerne einmal im Rollenspiel als Baby verwöhnen. Mir schien der Kontakt zu anderen behinderten Kindern für Ines recht heilsam.
So verfügte unsere kleine Familie bald über drei verschiedene Bekanntenkreise: den meinen, der meist aus Müttern mit Kindern bestand, den von Klarissa und den von Ines. Damit meine beiden Töchter noch Zeit genug für das gemeinsame Spiel fanden, begrenzte ich die Häufigkeit von Besuchen auf ein- bis zweimal die Woche.

Ines war früher manchmal Gast in Klarissas Kindergartengruppe gewesen. Nun wollte sie Klarissa auch als Gast zu sich einladen. Nach langem Bitten gestattete die Kindergärtnerin ihr den Besuch, und Ines führte ihre Schwester stolz an der Hand in den Raum und stellte sie den Kindern vor.

Einige Tage später fragte sie mich: »Mama, ist die Klarissa bescheuert?«

Ich holte tief Luft. Zwar hatte ich so eine Frage irgendwann erwartet, aber jetzt kam das doch zu plötzlich. »Wie kommst du denn da drauf?« fragte ich zurück.

»Die S. hat zu mir gesagt: Du hast eine bescheuerte Schwester.«

Ich bekam eine Riesenwut auf die Eltern dieses Mädchens, denn so was kommt fast immer von den Eltern; die Kinder plappern es nur nach. Ich kannte die Eltern und wunderte mich eigentlich nicht. Dennoch hatte ich solche Derbheit nicht erwartet. Das war also das Ergebnis von Klarissas Gastbesuch in Ines' Kindergarten. Ich sah sie vor mir, wie stolz sie Klarissa mit sich führte ...

»Nein, Ines. Klarissa ist nicht bescheuert. Und die S. kann das doch auch gar nicht wissen, denn sie kennt Klarissa doch nicht. Weißt du eigentlich, was ›bescheuert‹ bedeutet?«

»Nein.«

»Ich will es dir erklären. ›Bescheuert‹ ist ein anderes Wort für ›doof‹ oder ›dumm‹ oder ›blöde‹. Ich finde nicht, daß Klarissa dumm oder blöde ist.«

»Ich auch nicht«, bekannte Ines überzeugt, »Klarissa ist doch klug, die weiß schon so viel, und sie kann ja auch schon ü und ö sagen.«

»Siehst du, das alles weiß die S. eben nicht. Am besten sagst du ihr das beim nächstenmal.«

Am nächsten Tag, als Ines vom Kindergarten kam, erzähl-

te sie mir: »Weißt du, was ich der S. heute gesagt habe, als sie wieder ›bescheuert‹ zu Klarissa gesagt hat. Ich habe gesagt: Was man sagt, das ist man selber, du bist selber bescheuert.«
Mir tat Ines leid. Sie saß zwischen zwei Stühlen. Klarissa war zwar ihre Schwester, aber das Mädchen S. fand Ines' Bewunderung. Denn S. ging schon in die Vorschule, hatte immer tolle Kleider an und besaß eine lebensgroße Babypuppe. Ich war froh, als dieses Mädchen nach den Sommerferien eingeschult wurde. – Wäre es nicht doch besser, überlegte ich damals erneut, wenn meine beiden Kinder in einen integrierten Kindergarten gingen? Vielleicht blieben Ines solche Erlebnisse dann vorerst erspart.
Im Verlauf der nächsten Monate ergaben sich hin und wieder Gespräche mit Ines. Einmal fragte sie, was »behindert« ist.
»Das ist, wenn man manchmal ziemliche Schwierigkeiten hat, zum Beispiel beim Laufen oder beim Sprechen oder beim Liebsein«, erklärte ich ihr.
Daraufhin fragte sie, ob Klarissa behindert sei, weil sie nicht so gut sprechen könne.
Ines hatte aber auch ihre dunklen Stunden, wenn der Zorn sie packte. Dann warf sie mit Worten und Gegenständen um sich, und einmal brüllte sie Klarissa entgegen: »Du bist ja bescheuert. Ja, du bist eine Bescheuerte!«
Klarissa fühlte sich nicht sonderlich getroffen und erwiderte: »Du bist selber bescheuert.«
Aber mir war für einen Moment der Boden entzogen. Das darf ich nicht dulden, dachte ich und forderte Ines mit strenger Miene auf, das niemals wieder zu sagen.
Spät abends endete meine Überlegung jedoch bei der Erkenntnis, daß es unter Kindern normal ist, sich bei Streitereien gegenseitig der Blödheit usw. zu bezichtigen.

Wenn Klarissa Ines »blöd« schimpfte, berührte mich das nicht weiter, denn ich wußte ja genau, daß es nicht stimmte. Andersherum aber traf es einen Nerv.
Beide Kinder waren von neun bis zwölf Uhr außer Haus. Dadurch gewann ich meine erste freie Zeit seit Jahren. Es waren zwar nur gute zwei Stunden, denn die Fahrzeit zu den Kindergärten mußte ich abrechnen. Aber diese zwei Stunden waren ein Reichtum besonderer Art. Ich konnte in Frische und Ruhe und ohne Ablenkung an meiner Maschine sitzen und schreiben. Abends war ich zum Arbeiten oft zu müde. Ich gewöhnte mich so sehr an die freie Zeit, daß ich in den ersten Ferientagen immer unter Umstellungsschwierigkeiten litt.
Der Abstand zu den Kindern tat mir gut.

Über den Sinn des Lebens

Das Jahr 1985 ging in sein letztes Drittel. Unsere Tage in der Rhythmikgruppe von Frau Heil waren gezählt. Wir mußten Platz für nachrückende Kinder machen, denn Klarissa und Ines waren die Ältesten und langweilten sich gelegentlich, weil sie die Übungen in- und auswendig kannten.
Es war für mich ein Abschied besonderer Art. Er kappte die letzten Fäden zu den menschlichen Beziehungen, die ich seit Klarissas Geburt in den verflossenen fünf Jahren gefunden hatte, und gab sie der Vergangenheit preis. Es war ein Abschied nicht frei von Angst.
Ich suchte jedoch in meinem neuen Lebensraum nicht nach ähnlichen Kontakten. Vielmehr beschränkte ich mich auf die Menschen aus der näheren Umgebung. Wo immer ich mit meinen Kindern auftauchte, sei es im Eis-

laden, in der Apotheke, auf dem Spielplatz oder im Aufzug, traf ich auf Menschen, mit denen ein Wort zu reden war, die sich für meine Kinder interessierten und uns gut gesonnen schienen.
Wenn es an der Zeit war, sprach ich ein offenes Wort über Klarissa, dann gab es keine Mißverständnisse und keine Beklemmungen mehr. Ich hatte es mir angewöhnt, den ersten Schritt zu machen und über Klarissas Behinderung aufzuklären. Damit bin ich immer gut gefahren. Ich liebe klare Verhältnisse, weshalb es mir wenig Schwierigkeiten machte. Peinlich wurde es allerdings, als Klarissa plötzlich jede Menge unangenehmer Vokabeln beherrschte und die Menschen im Aufzug mit »Du bist aber blöd« verabschiedete oder begrüßte. Ich verbot ihr dann im Aufzug eine Zeitlang das Sprechen, außer sie wollte »Guten Tag« oder »Auf Wiedersehen« sagen. Es fiel ihr ungeheuer schwer zu gehorchen. Wenn die Leute raus waren, guckte sie mich an und sagte: »Gell, Mama, die Frau/der Mann war nicht blöd?«
Bevor wir zum letztenmal die Rhythmikgruppe besuchten, ereignete sich dort etwas, das mich tief beeindruckte und mir eine Vorstellung davon vermittelte, wie sinnvoll und wohltuend Klarissas Existenz ist und sein kann.
Eine neue Mutter kam mit ihrem Kind. Sie trug es in einer Decke gewickelt in den Raum und legte es auf die Turnmatte nieder.
Das Mädchen mußte zwischen zwei und drei Jahre alt sein. Die prächtigen, ebenholzschwarzen Haare waren zu zwei Zöpfen geflochten und unten mit roten Bändern zusammengebunden. Das Gesicht war bildschön. Unter geschwungenen Brauen schauten wir in zwei schwarze Augen, die von langen Wimpern überschattet wurden. Welche ein Anblick!
Die Augen erkannten uns nicht, der Blick ging ins Leere.

In den Mundwinkeln der leicht geöffneten Lippen sammelte sich Speichel und floß in einem dünnen Rinnsal zu den Ohren hinunter. Die Glieder des Kindes ruhten schlaff neben dem Körper. Es rührte sich nicht. Bewegungslos lag es umringt von unserem Schweigen. Ich fühlte mich wie erschlagen.
Und was tat Klarissa? Sie setzte sich neben das Mädchen, nahm behutsam, aber bestimmt dessen Hand und legte sie sich auf den Kopf. Wuschelte sacht in den eigenen Haaren mit der fremden, schlaffen Hand und sprach zart erklärende Worte dazu. Sie führte die Hand des Kindes über ihr Gesicht und ihre Brust. Dann zog sie den Pullover hoch und legte die Hand des Mädchens auf ihren nackten, warmen Bauch und strich sie dort sanft hin und her. Klarissas Gesicht war so gelöst, so mild und zärtlich, wie ich es noch nie gesehen hatte.
Sie nahm die andere Hand des Kindes und begann das Spiel von neuem. Und mittendrin antwortete das Mädchen. Es bewegte die Fingerspitzen, um Klarissa abzutasten. Unter seinen schwarzen, leblosen Augen lächelte es leise.
Währenddessen standen wir anderen – Erwachsene und Kinder – gebannt im Kreis. Ein Zauber lag auf uns allen. Erst nach dem Lächeln des Kindes wagte jemand eine Bewegung. Ich wußte, daß niemand unter den Anwesenden, einschließlich mir, dieser Gesten fähig gewesen wäre.
Blitzartig überfiel mich die Erkenntnis, daß die Welt Klarissa brauchte, um schöner und heiler zu werden. In diesem Moment erschloß sich mir die Sinnhaftigkeit des Lebens meiner Tochter, die ich von nun an niemals mehr als behindert betrachten konnte. Im Gegenteil empfand ich selbst mich als eingeschränkt und gehandikapt. In müheloser, intuitiver und selbstverständlicher Art war Klarissa diesem Kind begegnet.

»Was ihr dem Geringsten meiner Brüder tut, das habt ihr mir getan.« Wir »Normalen« haben oft genug Schwierigkeiten, diese »Geringsten« unter uns überhaupt als gleichwertige Wesen anzusehen. Aber wir bedürfen gerade ihrer, um menschlich zu bleiben. Das hatte ich kapiert. Ich erfaßte in einem Augenblick jene Schuld, die ich tragen müßte, hätte ich Klarissa vor der Geburt abgetrieben oder hinterher umgebracht. Aber auch ohne die praktische Ausführung blieb ich schuldhaft. Und während ich vor mir selbst die Schuld bekannte, empfand ich Entsühnung.

Klarissa bewirkte viel in meinem Leben. Durch die Begegnung mit ihr geriet ich an mich selbst. Ich erhielt und erhalte fortwährend die Chance, meine Befangenheiten und Beschränktheiten zu erfahren und aufzugeben. Das ist kein leichter Weg, und oft genug wehre ich mich. Aber manche Wege scheint Klarissa besser zu kennen als ich. Es gibt Wege, auf denen ich ihre Gefolgschaft antrete. Auf anderen muß sie mir folgen, was ihr auch nicht gerade leichtfällt.

Wir alle sind unvollkommene Menschen. Wir alle sind Helfer und Hilfesuchende zugleich. Wir alle brauchen einander auf dem Weg zum Mensch-Sein und auf dem Weg zu Gott.

Ich kann nicht behaupten, daß das Leben mit Klarissa mir je besonders leichtgefallen wäre. Aber sie hat es auch nicht leicht mit mir. Es besteht jedoch die Hoffnung, daß wir es weniger schwer und fröhlicher miteinander haben werden, wenn wir uns aufeinander besser einlassen können und uns nicht mehr ängstlich wehren gegen das Andere im anderen Menschen.

Überhaupt gilt dies nicht nur für die Beziehung zwischen mir und Klarissa, es gilt ebenso für alle anderen Beziehungen, die ich zu Menschen habe. Ob es Ines ist oder

mein geschiedener Mann, ob es meine Mutter ist oder einer meiner Freunde oder auch ein fremder Mensch, in jedem kann ich mich selbst und außerdem die Vielfältigkeit des Lebens erkennen.
Am Silvesterabend 1985 hätte ich diese Gedanken noch nicht so klar formulieren können. Damals setzte ich gerade die ersten Schritte in einem Leben, das ich mir so nicht gewünscht hatte und mit dem ich mich nicht nur abfinden wollte. Ich war auf der Suche.
Anfang 1986 erhielt ich einen Brief aus Kanada. Ein Freund bot mir an, mit den Kindern zu ihm und seinen Kindern zu ziehen. Er war ebenfalls geschieden.
Da hielt ich nun diesen Brief in Händen, und die fast schon ausgeträumten Träume lebten auf. Ich brauchte nur zuzugreifen.
Glücklicherweise verkaufte sich mein Buch gut, so daß ich im Sommer mit den Kindern hinüberfliegen konnte. Ich hatte in den Monaten des Nachdenkens und Spekulierens bestimmte Vorstellungen darüber gewonnen, welche Dinge für mich und die Kinder auch in Kanada unverzichtbar sein würden.
Dazu gehörte ihr weiteres Verbleiben in anthroposophischen Kindergärten und Schulen. Ich hatte verschiedene Korrespondenzen mit der Waldorfschule in Toronto und einigen Behinderteneinrichtungen geführt. Eine heilpädagogische Schule wie die hiesige gab es nur in Vancouver. In den anderen Landesteilen und Städten besuchten die behinderten Kinder Sonderklassen oder Normalklassen an der Public-School. Ich korrespondierte auch mit Elternvereinigungen und gewann alles in allem einen sehr guten Eindruck von den Möglichkeiten, als behinderter Mensch in Kanada zu leben.
Dort im Land hieß man uns willkommen und erwies uns viel Freundlichkeit. Wir reisten umher, besuchten Behin-

derten-Internate und Waldorfschulen auf der Suche nach einer Entscheidung.
In der Toronto-Waldorfschule begegnete man meinem Wunsch, Klarissa dort einzuschulen, sehr entgegenkommend. Gerne würde man sie aufnehmen, wenn es mich nicht störte, daß die Lehrer keine spezielle Ausbildung und Erfahrung mit Down-Syndrom-Kindern hätten.
Im Verlauf meines Kanada-Aufenthaltes verloren sich aber die Träume von dem ganz anderen Leben in einem ganz anderen Land. Es würde dort sein wie überall. Die Kinder würden zur Schule gehen und weite Wege haben. Ich würde mit einem Mann leben und den Haushalt führen und keine Zeit mehr für mich haben. Wir würden samstags im Supermarkt einkaufen gehen und die Sonntage an den Ufern eines klaren Flusses beim Angeln verbringen und abends von Moskitos zerstochen heimkehren.
Ich verlor den Wunsch, mich noch einmal in einer Ehe zu versuchen. Mitten in Kanada sehnte ich mich nach den sanften Taunushügeln. So kehrte ich nach zwei Monaten zurück.

Sechs Jahre mit Klarissa, Gedanken an ihrem Geburtstag

So sonnig wie Klarissas Gemüt strahlte auch in diesem Jahr das Wetter an ihrem Geburtstag.
Klarissa wurde sechs Jahre alt. Es war ein Datum zum Innehalten. So viele Jahre schon lebte ich mit diesem Kind. Ich hatte mich nicht nur an es gewöhnt, sondern hatte es liebgewonnen. Unsere Lebens- und Schicksalswege waren vor sechs Jahren aufeinandergetroffen. Und seitdem

hatte ich mich zu einem Menschen entwickelt, der ich ohne dieses Kind nicht geworden wäre. Gäbe es Klarissa nicht, so gäbe es mich in meiner heutigen Art nicht.
Ich sage nicht, als anderer Mensch wäre ich besser oder schlechter geworden. Vielmehr empfinde ich – seitdem ich nicht mehr nach dem »Warum« frage – dieses Kind als extreme Chance zur Besinnung und Veränderung in meinem Leben. Ohne dieses Kind wäre mein Leben dem äußeren Anschein nach wahrscheinlich undramatischer und glücklicher verlaufen. Aber wie oft erweist äußerer Schein sich als trügerisch, denn Glück und Zufriedenheit leben ja gerade nicht im Äußeren. Man kann sie nur im Inneren, in sich selbst finden. Das setzt voraus, im Frieden mit sich und der Welt zu leben.
Vor sechs Jahren stand ich vor der Frage: »Wie kann ich leben lernen? Wie kann ich lernen, zu leben unter Bedingungen, die das Leiden zum Grundbestand meines Lebens und des Lebens meines Kindes machen?« Nicht ohne Widerstand trennte ich mich von den Hoffnungen und Wünschen, vom Glücksversprechen des Lebens, so wie es in meiner Vorstellung bestand.
Die Jahre kamen und gingen. Es waren Jahre des Verlierens. All diese Verluste hatten eine tiefe Trauer und Einsamkeit in mir erweckt. Ich fühlte mich des Lebens müde. Dennoch dachte ich nie an ein mutwilliges Ende und wollte jenen Aphorismen Glauben schenken, die da lauteten: »Nach jedem Hoch kommt ein Tief!« oder: »Das Leben ist wie ein Meer, mal schwimmst du oben, mal unten!« oder: »Nichts ist so schlecht, daß sich nicht etwas Gutes daran finden ließe!« oder: »Das Ungute bewirkt das Gute und umgekehrt!«
Mein Zustand hätte sich als eine Art des Gestorbenseins beschreiben lassen können, als ein Winter des Lebens. Ich laugte aus, fühlte mich entkräftet und ausgedörrt. Ganz

langsam nur, fast unmerklich, verbesserte sich über Jahre mein seelischer und körperlicher Zustand, gelangte ich wieder zu Kräften und schlug an neuer Stelle Knospen wie ein gekappter Ast.
Klarissa wurde sechs Jahre alt. Dankbar registrierte ich, daß sie ein aufgewecktes Kind war und ihren Weg im Leben wahrscheinlich besser würde finden können, als ich es je für möglich gehalten hatte.
Wir feierten ein wunderschönes Fest mit befreundeten Kindern und ihren Müttern, die ich auf Klarissas Wunsch hineingeladen hatte. Wir spielten die üblichen vielgeliebten Kinderspiele: Topfschlagen und Eierlaufen und einige Kreisspiele. Zum Abschluß hatte ich ein Kasperle-Theater eingeübt. Wie alle vorangegangenen, so verlief auch dieser Geburtstag sehr harmonisch und blieb mir in höchst erfreulicher Erinnerung.

Eine Woche ohne Kinder – neue Einsichten

Zwei Monate später fuhr ich für einige Tage nach Rom. Alleine. Seit sechs Jahren zum erstenmal ohne Kinder. Klarissa und Ines waren bei ihren jeweiligen Patentanten untergebracht. Ich brauchte mir keine Sorgen machen.
Jahrelang hatte ich kaum eine Nacht durchgeschlafen. Und nun dieses: Ins Bett legen und einschlafen in der Gewißheit, kein Kind wandert nachts durch die Wohnung oder weint wegen eines schlimmen Traumes, kein Kind kriecht in mein Bett und keines bekommt Pseudo-Krupp. Sechs Nächte, ohne geweckt zu werden. Trotz frühzeitigen Aufstehens und all der anstrengenden Besichtigungen und Stadtrundfahrten erholte ich mich.
Es hatte mich viel Überwindung gekostet, die Tanten um

Aufnahme meiner Kinder zu bitten. Wir waren einander persönlich nicht nahe genug, daß solch ein Verlangen harmlos oder selbstverständlich gewirkt hätte. Dennoch wagten es die Tanten, ja zu sagen, und ich freute mich in Rom jeden Tag darüber, daß ich es gewagt hatte zu fragen.
Am Tag nach meiner Rücckehr holte ich zuerst Klarissa nach Hause. Als ich die Wohnung ihrer Tante betrat, wandte Klarissa mir keine übertriebene Aufmerksamkeit zu.
»Sie scheint mich überhaupt nicht zu bemerken. Hat sie mich überhaupt vermißt?« fragte ich.
»Schon nach zwei Tagen begann sie, dich zu vermissen«, antwortet die Tante.
So wie Klarissa sich momentan benahm, konnte ich mir das nur schwer vorstellen. Sie lag auf ihrem Bett und winkte mir freundlich zu, als sei ich erst vor einer Stunde weggegangen.
»Komm doch mal zur Mami, Klarissa!« rief ich sie.
Da kam sie denn und begrüßte mich, und ich erstaunte. Sie hatte sich in dieser Woche eine gestochene Aussprache zugelegt. So deutlich hatte sie Worte noch nie artikuliert.
»Sie spricht ja wundervoll«, sagte ich zu der Tante.
»Ja, zuerst haben wir sie nicht gut verstanden«, entgegnete diese. »Ihre Zunge ist einfach zu lang.«
»Das stimmt«, bestätigte ich. »Deshalb überlege ich auch schon seit geraumer Zeit, ob eine Operation hier Abhilfe schaffen könnte. Wir waren auch schon einmal im Krankenhaus zur Vorstellung deswegen. Vielleicht spricht sie so deutlich, weil ihr sie anfangs nicht verstanden habt. Aber wie ging es denn sonst mit dir, Klarissa?«
»Gut. Aber ich will immer nach Hause«, bekannte sie.
»Jeden Abend beim Nachtgebet schloß sie einen Nachsatz an«, berichtete die Tante, »er lautete: Ich möchte gar nicht hierbleiben, ich möchte nur zu Hause sein.«

Mit solch intensivem Heimweh hatte ich bei Klarissa nicht gerechnet.- »Gab es denn sonst Probleme?« fragte ich die Tante. »Nein. Wir haben uns miteinander beschäftigt, aber sie spielte auch gern alleine. Nur abends, wenn mein Mann kam, dann war ich abgemeldet. Sie hing nur an ihm. Es ist schon ein komisches Gefühl, wenn man sich den ganzen Tag um ein Kind kümmert, und dann fliegt es abends einem Menschen entgegen, der eben nichts in dieser Richtung getan hat.«
»Kinder lieben anders, bedingungslos. Sie haben ein offenes Herz. Genauso ist es ja mit ihrem Vater. Er hat sie verlassen, er läßt sich nicht blicken, er tut überhaupt nichts. Aber es gibt ihn. Und das ist den Kindern genug, um ihn zu lieben.«
»Einmal«, berichtete die Tante weiter, »hat Klarissa für Aufregung gesorgt, sie hat – als ich im Garten war – die Haustür abgeschlossen und mich ausgesperrt. Sie amüsierte sich darüber, daß ich nicht hineinkonnte. Durch die Fensterscheibe sah ich sie wie Rumpelstilzchen von einem auf das andere Bein hüpfen, und dabei sang sie: ›Du kommst nicht rein, du kommst nicht rein …‹ Das war eine ziemliche Sache, bis ich durchs Kellerfenster in die Wohnung eingestiegen war.«
Klarissa saß auf meinem Schoß und lauschte. Während der Erzählung ihrer Tante machte sich ein spitzbübisches Lächeln auf ihrem Gesicht breit. Sie zeigte keinerlei Anzeichen eines schlechten Gewissens und warf mir schelmische Blicke zu, so als wolle sie behaupten: Eine tolle Sache war das, das habe ich prima hingekriegt.
Am nächsten Tag holte ich Ines ab. Das war eine ganz andere herzzerreißende Begrüßung. Meine schüchtern-freche, widerborstige kleine Tochter jaulte minutenlang wie ein hilfloser Welpe in den allerhöchsten Tönen: »Mami,

Mami, Mami ...« bis ich mein Auto geparkt hatte und sie sich endlich in meine Arme stürzen konnte.
Auch hier hatte es keinerlei Schwierigkeiten mehr gegeben, nachdem Tante und Onkel nach den ersten zwei durchschrienen und durchwachten Nächten Ines zu bedenken gaben, daß sie sich nur nachts oder tags mit ihr beschäftigen könnten und daß sie an einem von beidem schlafen müßten. Da war Ines der Tag doch lieber, sie gab ihre Tyrannisierungsversuche auf, und nachts hielt sie nun Ruhe und ihre Puppe im Arm.
Wieder zu Hause vereint, verging tatsächlich eine ganze Woche in friedlicher Harmonie. Es lag wohl auch sehr an meinem ausgeruhten Zustand. Klarissa fand ein diebisches Vergnügen daran, uns auszusperren. Sachlichen Argumenten war sie nicht zugänglich. Sie wollte lieber weiter in Erfolgserlebnissen schwelgen und warf entschlossen so oft die Türen vor meiner und Ines Nase zu, daß mir schließlich der Geduldsfaden riß. Damit war das Eis gebrochen, und wir kehrten zum normalen Auf und Ab des Lebens zurück.
Während der Romreise hatte ich Zeit zum Nachdenken gefunden. Mir war klargeworden, daß nur noch die Spanne von einem Jahr Klarissa von der Schule trennte. Das Wiedersehen hatte bestätigt: Meine Kinder waren keine kleinen Kinder mehr. Klarissa war ein angehendes Schulkind, und auch Ines hatte den größten Teil ihrer ersten sieben Jahre hinter sich.
Ich bemerkte, daß sie sich plötzlich sehr für die Kinder in der unmittelbaren Nachbarschaft interessierten. Mit den Kindern aus der Wohnung neben uns entwickelte sich ein reger Besuchsverkehr.
Am Donnerstag suchte ich mit beiden die Kindergruppe des Sportvereins auf. Diesmal redete ich über Klarissas Behinderung nichts. Ich meldete sie bei der Übungsleiterin ebenso kommentarlos an wie Ines.

Nach einigen Turnstunden fragte ich, wie die Kinder sich machten. Ganz gut, meinte die Leiterin, jedoch müßten sie – besonders Klarissa – lernen, daß die Spiele und Übungen in der Gruppe stattfänden. Das hieß für mich: Klarissa versucht sich ab und zu als Außenseiter.
Darauf sagte ich zu ihr: »Klarissa, möchtest du gerne in der Turnstunde bleiben und mitturnen?«
»Ja, natürlich.«
»Dann mußt du aber auch auf Frau A. hören und immer das mitmachen, was alle Kinder machen.«
»Ja, natürlich.«
»Weißt du, wenn du nicht mitmachst und darauf hörst, was Frau A. euch Kindern sagt, dann kannst du gar nicht mehr zum Turnen gehen.«
»Doch. Natürlich will ich turnen gehen.«
»Und du wirst hören, was die Frau A. sagt, und es dann auch tun?«
»Ja Mama. Ich will auf Frau A. hören.«
Dann ließ ich den Dingen ihren Lauf. Klarissa freute sich immer sehr auf die Turnstunde und fand sogar mit Ines zusammen einen kleinen Freund aus dem sechsten Stock unseres Hochhauses.
Einmal boxte ein Junge Klarissa fest in den Bauch. Ines sah das, lief herzu und sagte zu dem Buben: »Du, das ist meine Schwester. Und die ist sehr lieb.«
»Okay«, erwiderte der Junge, »dann boxe ich sie nicht mehr.« Klarissa reagierte auf solche Angriffe meistens mit ungläubigem Erstaunen. Obwohl sie selbst gerne einmal Püffe austeilte, wunderte sie sich darüber, selbst als Opfer auserkoren zu sein.
Ines verteidigte ihre Schwester. Und das erstaunte mich um so mehr, als die beiden Kinder sich seit Wochen in einer unausstehlich zänkischen Phase befanden und keinen Frieden halten konnten. Noch fünf Minuten zuvor hatte

Ines ihre Schwester dahin gewünscht, wo der Pfeffer wächst, dennoch bekannte sie nun mit tiefster Überzeugung: »Die Klarissa ist sehr lieb.«

Babysitterprobleme

Im Oktober kündigte mein Babysitter von heute auf morgen. Das war ein furchtbarer Schlag. Denn ich war ja bei allen persönlichen Vorhaben, ganz gleich, ob es sich um einen Elternabend, einen Kinobesuch, einen Einkaufsbummel oder meine wöchentliche Gruppentherapie handelte, vollkommen auf einen zuverlässigen Betreuer für die Kinder angewiesen. Meine Abhängigkeit vom Babysitter wurde mir besonders dadurch so recht bewußt, als nun sogar meine Teilnahme an der Therapie fragwürdig wurde. Ich heulte vor ohnmächtiger Wut und Hilflosigkeit.

Geld müßte man haben, dachte ich, dann wäre eine Kinderfrau kein Problem. Aber ich konnte nicht mehr als fünf Mark die Stunde plus Fahrgeld bezahlen. Schließlich gab es auch meistens weiter nichts zu tun, als im Wohnzimmer zu sitzen und einer eigenen Beschäftigung nachzugehen, denn die Kinder schliefen ab neunzehn Uhr.

Auf mein Inserat meldeten sich eine Menge Damen über sechzig, Rentnerinnen und Pensionärinnen, die sich etwas dazuverdienen wollten und es unter fünfzehn Mark die Stunde nicht taten.

Endlich fand ich in einem netten jungen Mann aus der Nachbarschaft den geeigneten Betreuer. Er hütete die Kinder jeden Dienstagnachmittag und bewies dabei »Händchen«. Er ließ sich von den beiden Mädchen nicht

auf dem Kopf herum tanzen, obwohl er sie ins Herz schloß.
Nun suchte ich nur noch eine Frau für die Abende. Aber erst im darauffolgenden Frühjahr fand ich sie durch die Frauenhilfe der evangelischen Pfarrgemeinde.
Während dieses halben Jahres spielte sich mein Leben fast ausschließlich in den eigenen vier Wänden ab. Ich hatte keinen Spaziergang alleine gemacht, keine Kino- oder Konzertvorstellung besucht, sogar einige Elternabende versäumt, war schon seit undenklichen Zeiten nicht mehr Essen oder Tanzen gewesen.
Es war eine Art Notgemeinschaft, die ich mit meinen Kindern führte. Es war ein auf Gedeih und Verderb Miteinander-verschweißt-Sein. Meine individuellen außerhäuslichen Ansprüche blieben außen vor, und da erwies es sich als sinnvoller, sie einzumotten und vorerst zu vergessen, damit ich nicht zum hadernden Nörgler wurde. Schließlich trat sogar so etwas wie Gewöhnung ein.
Tief verletzend empfand ich die Vorwürfe einiger nahestehender Menschen, die sich beschwerten, daß ich mich so verändert hätte, gar nicht mehr in die Kneipe zu einem Schwätzchen käme, keinen Spaß mehr an ausgelassenen Festen fände, überhaupt so ernst geworden sei und mir das Leben mit Nachdenken so schwer machte. »Du isolierst dich«, stellten sie lapidar fest.
Die Haltung dieser Menschen, die in weitaus günstigeren äußeren Umständen lebten, keine Not an Ehepartner oder Geld oder Babysitter kannten, war und ist für mich schwer verdaulich. Da sie keine der meinen ähnliche Not litten, mangelte es ihnen wohl an Einfühlungsvermögen und Hilfsbereitschaft. Meine Situation, die Tatsache, daß es einfach niemanden gab, den ich mal kurz und spontan bitten konnte, kostenlos auf meine Kinder aufzupassen, war und ist vielen von ihnen schier unvorstellbar. Aus ih-

rem Unverständnis heraus machten sie mich zu meinem eigenen schwarzen Peter nach dem Motto: Du bist doch selbst dran schuld, wenn du ewig nur zu Hause hockst und dir graue Haare wachsen läßt. Und schrieben mich mit einem Schulterzucken ab.
Unterdessen sprossen wirklich eine Menge grauer Haare auf meinem Kopf. Das erste hatte ich nach Klarissas Geburt entdeckt. Seitdem ich alleine war, kam ich mit dem Zählen nicht mehr nach und hatte es aufgegeben. Ebenso gab ich es auf, die Freundschaft von Menschen zu suchen, die mich in meiner Realität nicht wahrzunehmen vermochten.

»Fröhliche Weihnachten«

Weihnachten 1986. So alleine fühlte ich mich noch nie. Am Heiligabend-Vormittag sperrten mich die immer zu Streichen aufgelegten Kinder in der stockdusteren Tiefgarage ein. Ich reagierte mit einem Weinkrampf. Am Nachmittag, als ich den Baum schmückte, rief mir Ines aus dem Nebenzimmer zu, daß Klarissa die Puppenanziehsachen ins Klo werfe. Ich rannte hin und klapste ihr auf den Po. Ausgerechnet an Heiligabend haue ich sie, dachte ich. Sonst tue ich es nie, aber heute ...
Dennoch wurde es eine schöne Feier. Danach freuten sich die Kinder über die Geschenke. Für jedes Kind hatte das Christkind einen Sportwagen mit einer Babypuppe unter das weiße Tuch gestellt. Sie wollten die Babys gleich baden, aber dann ließ sich das doch auf morgen verschieben. Anschließend öffneten wir die Lebkuchendose und schmausten.
Gegen einundzwanzig Uhr saß ich untätig am Tisch vor

dem dunklen Christbaum. Es war ganz still. Alle fünf Minuten fiel der Uhrzeiger mit einem Klacks auf die nächste Ziffer.
Ich dachte an meinen Mann.
Ich dachte an Kanada.
Ich nahm die Zeitung. Ich las. Ich ging so früh zu Bett wie noch kein anderes Mal in diesem Jahr. Ich schaltete im Radio die Mette ein. Beim Zuhören schlief ich ein.
Am nächsten Vormittag besuchte ich mit den Kindern die Messe. Dann badeten sie ihre Babypuppen und waren glücklich. Ich hielt mich ganz gut, aber das Singen und Lachen fiel mir schwer. Wir tobten ein wenig durch den frischgefallenen Schnee. Dann war der Tag zu Ende.
Am zweiten Feiertag wachte ich erleichtert auf. Während der Küchenarbeit sang ich hemmungslos alle Weihnachtslieder durch, die mir in den Sinn kamen. Die Kinder saßen derweil vor der Küchentür und spielten. Klarissa begleitete meinen Gesang auf der Gitarre. Da klopfte es. Die Nachbarin aus der Wohnung über uns stand vor der Tür.
»Fröhliche Weihnachten«, sagte sie, »hast du eben gesungen? Ich hab's bis hinaufgehört.«
Sie trat ein. Die Kinder rannten ihr in die Arme, denn sie mochten sie sehr.
Wir verbrachten eine freundliche Stunde. Danach ging es mir noch besser.
Nach den Feiertagen meldete mein Mann sich an, er habe ein Paket für uns, er würde es vor die Tür stellen.
»Klingle doch und komme einen Moment herein«, bat ich ihn durchs Telefon.
»Na gut«, gab er nach, »aber nur einen Moment.«
Ich sagte den Kindern erst kurz vorher Bescheid. Seit seinem letzten Besuch waren achtzehn Monate verstrichen. Klarissa öffnete ihrem Vater die Tür. Sie sah niedlich aus in ihrem Sonntagskleid.

Sein Blick haftete auf ihr. »Klarissa, guten Tag! Wie hübsch du dich gemacht hast!« Er trat ein und stellte das mitgebrachte Paket ab.
Klarissa ließ keinen Blick von ihm und begrüßte ihn freudig: »Papa. Hallo! Guten Tag.« Dann reichte sie ihm die Hand.
Wir gaben uns nicht die Hand.
Ines schlich langsam an der Wand des Flures entlang Richtung Haustür, bis sie hinter meinem Rücken stand. Während Klarissa unbelastet und fröhlich die Ankunft ihres Vaters vermerkte, brachte Ines Verhalten Scheu und Unsicherheit zum Ausdruck.
»Und du bist Ines«, stellte mein Mann fest. Ich zog sie hinter mir vor.
»Komm, Ines, du darfst deinen Papa mal umarmen«, redete ich ihr zu.
Sie schlang ihm daraufhin vorsichtig die Ärmchen um den Hals und hauchte ein schüchternes Küßchen auf seine Wange. Er setzte sie wieder ab. Sein Atem ging keuchend.
»Ich muß gehen«, sagte er, gab uns allen die Hand und verschwand im Aufzug.
Wir machten uns daran, das Paket zu öffnen. Er hatte nicht nur an die Kinder gedacht. Auch an mich. Von allen Dingen gab es drei. Drei Apfelsinen, drei Äpfel, drei Tafeln Schokolade. Und ganz unten lag eine Dose mit Schleckerhäppchen für die Katze. Er hatte keinen von uns vergessen.
Das Weinen fiel mit einer heißen Welle über mich.
»Weinst du, Mami?« fragte Klarissa.
Die Kinder schauten mich eine Weile stumm an.
»Warum weinst du, Mutti?« fragte Ines.
Ich überlegte einen kleinen Moment, ehe ich bekannte: »Ich weine, weil wir nicht mehr alle zusammen in einer Wohnung leben, ihr und Papa und ich. Wir haben uns ger-

ne und haben euch lieb und können doch nicht miteinander leben. Darüber bin ich sehr traurig. Deshalb weine ich.«
»Ja, das ist sehr traurig«, bestätigte Ines, und Klarissa nickte.
Verständnisvoll und mitleidig beobachteten die Kinder mich. Sie brachten mir Klopapier zum Nase- und Augenputzen.
»Sogar für unsere kleine Muschi hat er eine Überraschung eingepackt«, schluchzte ich und hielt die Dose hoch. Die Kinder lockten die Katze herbei, und wir fütterten sie.
Tage später saßen die Kinder in ihrem Zimmer und malten. Sie brachten mir die Bilder, damit ich sie in die Sammelmappe legen konnte. Sie hatten zum erstenmal in ihrem Leben ihren Vater gemalt.

Eine verhängnisvolle Operation

Im Januar wurde ich sehr krank. Klarissa steckte mich mit ihrer Angina an. Damit Ines doch zum Kindergarten käme, bat ich eine Mutter aus der Nachbarschaft, sie morgens im Auto mitfahren zu lassen.
Pünktlich standen wir am anderen Tag an der Tür und warteten. Nach zwanzig Minuten rief ich die Mutter an. Tatsächlich, sie hatte uns vergessen.
Diese Gedankenlosigkeit ist es, die die Welt unfreundlich und kalt macht und die Herzen unter Eis legt.
Mitte Februar verlor Klarissa ihren ersten Zahn, genau fünf Jahre, nachdem sie das Laufen erlernt hatte. Seit diesem Ereignis, das in alle Nachbarschaft und Kindergärten getragen wurde, gab es nur noch ein Thema: die Schule.

»Ich bin schulreif, ich bin ein Schulkind«, strahlte Klarissa in den nächsten Monaten jedem entgegen, der es wissen oder nicht wissen wollte. Als Beweis führte sie das Loch in ihrem Unterkiefer vor, das nach dem Herausfallen des zweiten Zahnes eine noch unübersehbarere Quelle des Stolzes geworden war.

Ines war sehr beeindruckt und rüttelte neidisch nun tagtäglich, mit verzweifelter Hoffnung vor dem Spiegel stehend, an ihren Zähnen. Der Erfolg blieb aus. Ich versuchte sie zu trösten. Aber sie blieb lange Zeit untröstlich.

Ines und Klarissa, die mich oft schreiben und lesen sahen, wollten diese Künste nun auch beherrschen. So spielte ich manchmal mit ihnen Schule.

Bald schrieb Ines ihren Namen auf die Rückseite aller Bilder. Und Klarissa schrieb ganze Bücher voll (mit Krikelkrakel, wie Ines es nannte). Klarissa malte keine konkreten Buchstaben. Aber ihr Schriftbild hielt die Schreiblinien ein, wirkte sauber und einheitlich in der Größe der »Buchstaben«. Sie war wirklich schulreif. »Bald lerne ich schreiben und lesen«, war ihre Lieblingsbehauptung.

Da sic sich nun als angehendes Schulkind fühlte, wurde sie auf bestimmten Gebieten verletzbar. Wenn sie häufiger das Bett naß machte, wies ich sie daraufhin, daß ein Schulkind wirklich auf den Topf gehen könne. Ich hatte bemerkt, daß sie nur noch morgens beim Aufwachen gelegentlich ins Bett machte, weil ihr das angenehmer war, als auf dem Klo zu sitzen. Klarissa sah ein, daß ein nasses Bett eines angehenden Schulkindes wenig würdig war. Sie gab die Bettnässerei bis zu ihrer Einschulung fast vollständig auf.

Auch das Daumenlutschen und Nägelkauen fand ein abruptes Ende. In den Osterferien hatte ich nämlich mit Klarissa einen Termin in der Klinik für plastische Chirurgie. Ihre Zunge sollte verkleinert werden. Seit einem

Jahr überlegte ich hin und her. Ich hatte mit Eltern operierter Kinder gesprochen. Ich hatte die Kinder gesehen. Klarissa verfügte über einen bemerkenswerten Sprachschatz und viel Freude am Sprechen. Leider war ihr bei der Aussprache die große Zunge hinderlich. Während des vergangenen Jahres hatten wir im Kindergarten und zu Hause mit Klarissa das deutliche Aussprechen geübt. Ständig bekam sie von uns zu hören: »Zunge ins Häuschen (Mund), Zähnchen schön zusammen wie ein Gartenzaun, die Zunge bleibt hinter dem Zaun im Häuschen.« Solange Klarissa munter und gesund war, klappte es auch. Doch bedeutete das für sie eine ständige konzentrative Arbeit. Manchmal tat sie mir ob dieser Anstrengung leid. Andererseits war es mehr als bedauerlich, wenn dieses sprachbegabte Kind dennoch von der Umwelt nicht verstanden wurde, weil die Zunge im Weg war.
Das Risiko der Operation wurde mir als äußerst gering geschildert. Ob die Zunge dabei zu kurz werden könnte, fragte ich. Nein, sie kann nicht kurz genug sein, war die Antwort.
Klarissas ständig vereiterte Mandeln sollten während der gleichen Narkose entfernt werden.
Der Tag vor der Operation war voller Aufregung, denn Klarissa hatte vor Spritzen, Blutnehmen, EKG, Fiebermessen und Pulsfühlen panische Ängste. Am nächsten Morgen schob ich sie in den Operationssaal. Ihr letzter Blick, den ich auffing, bevor die Tür sich schloß, brannte sich in mein Gehirn. Ich werde ihn nie loswerden.
Dann saß ich Stunde um Stunde im Krankenzimmer und wartete.
Es war fast so wie damals, als ich nach Klarissas Geburt auf den Kinderarzt und die Diagnose wartete.
Nach einem halben Tag fragte ich den Stationsarzt. Sie

wird wohl Infusionen bekommen und noch eine Weile zur Beobachtung unten bleiben, beruhigte er mich.
Bei jedem Bett, das ich den Flur hinaufrollen hörte, dachte ich, es sei Klarissa.
Irgendwann einmal war sie es auch. Die Zimmertür ging auf, und im Bett saß mein blutbesudeltes Kind und schaute mich immer noch mit diesem Blick an.
»O Gott, o Gott ...«, flüsterte ich fassungslos. In meinen Ohren rauschte es, mir wurde schwarz vor den Augen. O Gott, mein Kind ... bloß nicht schlappmachen jetzt. Ich stellte mich neben ihr Bett und wußte nichts, um ihr zu helfen.
Sie weinte leise und schmiegte sich in meine Arme. Aus ihrem Mund starrte mir eine Art blaurotschwarzer gedrehter Strick wie eine Wurzel entgegen. Das sollte die Zunge sein ...
Ich hielt ihr den Spucknapf, tupfte und wischte. Sie war sehr unruhig. Es wird alles gut werden, morgen ist es besser und übermorgen noch ein bißchen besser; ich betete ihr alle Gebete vor, die mir einfielen, und ich meinte es ernst. In der Nacht nahm ich sie in mein Bett. Hielt sie, achtete darauf, daß sie nicht Daumen lutschte oder an dem Faden zog, mit dem die Zunge festgebunden und an die Wange geklebt war, damit das geschwollene Fleisch ihr nicht den Rachen verstopfte. Am frühen Morgen verabreichte ich ihr noch ein Schmerzzäpfchen, dann dösten wir erschöpft für eine Stunde ein.
Ich erwachte schon bald und sah hellrotes Blut aus ihrem Mund rinnen. Ich klingelte der Schwester. Da kann doch was nicht stimmen, jetzt darf doch kein helles Blut mehr kommen, sagte ich. Die Schwester schien auch ein wenig irritiert. Später bei der Visite sagte der Arzt, Blutungen seien normal.
Die Zunge heilte nicht, schwoll nicht ab. Die operierten

Mandeln hingegen heilten problemlos. Auch am dritten Tag ähnelte die Zunge nicht im entferntesten einer Zunge. Ich war sehr beunruhigt und hatte das Gefühl: Hier läuft nicht alles so, wie es laufen sollte.

Doch der Arzt schien das anders zu sehen. Er beruhigte mich. In der Nacht bekam Klarissa sehr hohes Fieber: 40,5 Grad. Da stürzten die Schwestern ins Zimmer, eine andere ans Telefon, den Arzt anzurufen, denn es war Wochenende. Der Arzt ordnete Abreibungen mit Waschalkohol an. Über die glühende Haut schütteten wir die kühlende Flüssigkeit, und Klarissa jammerte. Ich versuchte, ihr etwas Tee einzuflößen. Seit Tagen hatte sie nicht gegessen und fast gar nichts getrunken.

Der für fast harmlos gehaltene Krankenhausaufenthalt blähte sich zur Katastrophe auf.

Ich kam wenig zum Schlafen, Klarissa gab ich Beruhigungs- und Schmerzzäpfchen. An einem Tag nahm ich einen fürchterlichen Gestank wahr. Er kam aus Klarissas Mund. Ich schaute mir die Zunge nun endlich einmal genau an. Das hätte ich schon viel eher tun sollen. Mit Entsetzen betrachtete ich das teilweise sandfarbene, abgestorbene Fleisch. Die Zunge faulte, die Zungenspitze faulte stinkend ab, und niemand schien das zu bemerken ... Panik stieg auf.

Zuerst versuchte ich den Arzt zu erreichen, der konnte immer noch nichts Erschreckendes finden. Und der Gestank? Ja, das kommt vor, es bildet sich eine Kruste, die fällt dann ab.

Ich wußte nichts mehr zu sagen, aber ich spürte mit allen Fasern meines Hirns und Herzens, daß das nicht stimmte. Klarissas Zunge war nicht in Ordnung. Es mußte etwas geschehen.

Mit diesem »Es muß etwas geschehen!« verbrachte ich eine schlaflose Nacht. Vorwürfe quälten mich: Hätte ich es doch besser nicht machen lassen, nun habe ich mein Kind verstümmeln lassen, vielleicht wird es niemals mehr sprechen können, jedenfalls nicht besser, als es das vorher tat! Warum hatte ich diese Operation überhaupt für mein Kind gewollt? Hatte ich sie wirklich nur in Klarissas Interesse gewollt? Oder hatte mich vielleicht unbewußt doch der Wunsch gedrängt, mein Kind unauffälliger machen zu lassen, um damit die Behinderung unauffälliger werden zu lassen? Wieder war da das Warum. Warum passierte ausgerechnet meinem Kind und damit mir dieses neue Unglück?

Am frühen Morgen nahm ich Klarissa auf den Arm und begann den Flur hinauf und hinab zu wandern. Ich weinte.

»Mama, warum weinst du?« fragte Klarissa.

»Ach, ich weine über deine Zunge.«

Klarissa strich mit ihren Händchen über meine Haare, lächelte und sagte: »Der Doktor klebt die Zungenspitze wieder an, ganz einfach Mama, guck ... so ...« Dann öffnete sie den Mund und machte mir pantomimisch klar, wie das vor sich gehen würde. Immer wieder erklärte sie mir das, bis ich lächeln mußte.

Mein Herz füllte sich mit Bewunderung für dieses Kind, das so unverbrüchlich an Heil und Heilung glaubte, das fröhlich war trotz aller Schmerzen und mitten im eigenen Leid meine Verzweiflung mit Trost zu bedecken vermochte.

Wohl zwei Stunden liefen wir an diesem Ostersamstag über den Flur. Als der Arzt die Station betrat, stellte ich mich ihm in den Weg.

»Es muß etwas geschehen. Es ist doch nicht richtig, wie es ist. Bitte, Herr Doktor, tun Sie etwas!« flehte ich ihn an.

Er rief den Oberarzt an. Schließlich einigte man sich darauf, mir eine Desinfektionslösung zu geben, mit der ich

stündlich Klarissas Zunge einreiben und abtupfen sollte. Zusätzlich sollte der Mund gespült werden.
Als ich endlich etwas zu tun hatte, besserte sich meine Gemütslage. Über die Osterfeiertage rang ich mich dazu durch, wiederum nicht mehr nach dem Warum zu fragen, sondern dies Ereignis anzunehmen. Eigentlich blieb mir auch gar nichts anderes übrig.
Klarissas Zunge wurde durch die gewissenhafte Tupferei von Tag zu Tag besser. Sie war ein ungemein tapferes Kind, denn das Tupfen verlief nicht schmerzlos. Dennoch empfand sie die Notwendigkeit und spülte und tupfte ohne Protest. Zehn Tage nach der Operation war die Zunge als solche für mich erstmals erkennbar. Sie schwoll ab und verlor die blaurote Farbe. Auch daß die Korrektur nicht geglückt war, ließ sich unschwer erkennen.
Klarissa konnte den Speichel noch nicht runterschlucken. Auch aß sie nichts außer sogenannter »Astronautennahrung«, einer flüssigen Vollkost, die ich ihr in winzigen Portionen einflößte. Sie hatte sich das Essen völlig abgewöhnt, denn es tat zu weh. Auch das Fingernägelkauen und Daumenlutschen gab sie deshalb auf. Unter dem Einsatz all meiner Phantasie konnte ich sie einige Male am Tag dazu überreden, etwas zu sich zu nehmen. Sie war zart und dünn geworden, daß es mir den Magen schmerzlich zusammenzog.
Bevor wir vierzehn Tage nach der Operation entlassen wurden, führte ich noch ein Gespräch mit den Ärzten. Die Komplikation an der Zunge wurde nach ihren Aussagen durch ein nach der Operation geplatztes Blutgefäß verursacht, das einen Bluterguß hervorrief. Durch diesen wiederum löste sich die Naht, entstand die Entzündung. Und nun war die Wunde zwar einigermaßen verheilt, aber die Zungenspitze war nach unten verwachsen und nicht mehr frei beweglich. Das sollte auf die Aussprache keine

negativen Auswirkungen zeitigen. Aber schließlich muß der Mensch sich doch mal die Lippen oder ein Eis lecken können. Deshalb muß die Zunge nun mit einem besonderen – aber nicht sehr aufwendigen Verfahren – wieder ein Stück verlängert werden. Doch damit sei es besser abzuwarten, bis sie völlig verheilt, abgeschwollen und wieder beweglich sei; in einem Jahr etwa.

Mit diesen Aussichten verließen wir das Krankenhaus, holten Ines von den Freunden ab, die sie aufgenommen hatten, und kehrten in unsere Wohnung zurück.

Noch zwei Wochen tupften wir fleißig. Dann war die Zunge verheilt, und Klarissa begann sich auf ihr geliebtes Vollkornbrot zu stürzen. Sie hatte schon nach kurzer Zeit so an Gewicht zugelegt, daß ich sie stoppen mußte. Schließlich mag sie doch keine Dickmadam sein. Ihre Wangen röteten sich langsam, und sie erzählte vielen Leuten von ihrer Zunge. Sie weiß, daß wir noch einmal ins Krankenhaus müssen, aber der Gedanke behagt ihr nicht. »Dann verstecke ich mich«, meint sie, und das erscheint ihr als ideale Lösung.

Es gibt Tage und Wochen, in denen ich es ihr gleichtun und mich verstecken möchte vor den Anforderungen der Familie. Dann sehne ich mich nach Abstand und Ruhe. Vielleicht ergeht es den Kindern ähnlich.

Am besten kommen wir miteinander aus, wenn wir einander einige Zeit entbehren mußten, also auf Distanz zueinander waren. Oder wenn ich mich den Kindern ausschließlich zuwende. Zeit haben für die Kinder, mit ihnen spielen, ihnen vorlesen, etwas mit ihnen unternehmen ...: Da stört es, wenn mir das nächste ungeschriebene Kapitel meines Buches im Kopf herumschwirrt, und es stören die Gedanken, daß ich einen Zeitungsartikel noch fertigschreiben muß oder noch Haushaltsarbeiten zu erledigen habe.

Vergangenheit und Zukunft sind das eine, die Gegenwart ist das andere. Wir leben im Jetzt und versäumen es oft um der Vergangenheit und Zukunft willen. Weil ich mir Sorgen ums Morgen mache, weil ich für die Zukunft plane und strebe, verstreicht die Gegenwart ungelebt. In meinen Gedanken über Vergangenes und Zukünftiges ersticke ich das Jetzt.
Kinder sind Geschöpfe der Gegenwart, sie leben für den Augenblick. Das macht ihren geheimen Reiz aus. Darin liegt die Sehnsucht des Erwachsenen nach Kindern. Denn nur durch sie offenbart und erschließt sich die reiche Welt ursprünglicher und unbeschwerter Empfindungen. Darin liegt aber auch der Konfliktstoff und markiert sich das Trennende zwischen der Kinder- und der Erwachsenenwelt.
Kinder werden erwachsen, und dies ist ein Verlust an Gegenwart. Aber vielleicht bleibt mir später mit einer erwachsenen Klarissa dennoch lebenslang die wundervolle, leichtfüßig daherkommende und so schwer zu verwirklichende Botschaft des Lebendigseins erhalten: Laß dich vom Gestern nicht verdrießen und sorge dich nicht so sehr ums Morgen, du lebst heute; öffne dich dem Heute und fühle, wie du jetzt lachst und trauerst und singst!

Wieder Ferien ... und wie das Leben weitergeht

Sommerferien. Ich habe ein kleines Haus in Dänemark gemietet auf einem großen Grundstück, mit einem Zaun drum herum, damit Klarissa nicht ständig fortlaufen kann. Diesmal reisen wir alleine. Ich freue mich darauf, mit den Kindern zusammenzusein, etwas zu unterneh-

men mit ihnen, Zeit zu haben für sie. Die Kinder vibrieren vor Aufregung, begeistern sich für alles, was ich in den Kofferraum des Autos hineinlege. Stürmischer Jubel beim Einpacken des Schlauchbootes.
Mein letzter Blick, bevor ich die Wohnungstür abschließe, fällt auf die rosafarbene Schultüte, die ich bereits vorsorglich für Klarissas Einschulung gekauft und in die Ekke neben die Garderobe gestellt habe.
Aber das hat noch sieben Wochen Zeit.
Ein halbes Jahr später:
Klarissa ist eine begeisterte Schülerin. Das Schreiben liegt ihr mehr als das Rechnen. Neben dem Fachunterricht haben die zwölf Kinder in der Klasse täglichen Sachunterricht: Handarbeit, Aquarellieren, Musizieren, Malen.
Ines, die nun mehr und mehr erfaßt, daß Klarissa behindert ist, verliert über dieser Erkenntnis nicht die Achtung und Liebe zu ihrer Schwester. Vielmehr bewundert sie Klarissas Leistungen, sie trägt ihr den Schulranzen zum Schreibtisch und genießt es andererseits, von der Hausaufgabenpflicht noch frei zu sein.
Neulich erfuhr ich von der Übungsleiterin des Turnvereins, daß Ines ein Gespür und einen Blick für Situationen hat, die Klarissa in Schwierigkeiten bringen. Ines würde sich zwar nach eigenem Bedürfnis in der Gruppe bewegen und entfalten, aber dennoch die Situationen ihrer Schwester wahrnehmen und nötigenfalls eingreifen.
Ich bin sehr froh über diese Entwicklung, zumal ich mich immer bemüht habe, Ines nicht mit Verantwortung für ihre Schwester zu belasten. Das, was sich da entwickelt hat zwischen den Kindern und weiter fortschreitet, nehme ich dankbar an.
Ich helfe beiden Kindern, ihre persönlichen Freundschaften zu pflegen. Dabei mache ich die Erfahrung, daß Ines

großen Wert darauf legt, an Klarissas Kontakten beteiligt zu werden. Sie fühlt sich zu Klarissas beiden Freundinnen hingezogen. Andererseits ergeben sich aus Ines Freundschaften kaum ähnliche Kontakte, die Klarissa mit einbeziehen. Auch wenn die betreffenden Eltern Klarissa einladen, berichtet mir Ines anschließend oft von unerfreulichen Situationen, die immer gemeinsam haben, daß Klarissa ausgegrenzt, als blöd bezeichnet oder körperlich geärgert wurde. Darunter leidet Ines, denn sie gerät in die Zwickmühle, fühlt sich zwischen Freunden und Schwester hin- und hergezerrt.
Bei genauerer Betrachtung fällt mir etwas auf. Von den Kindern aus unserer Umgebung, aus dem Turnverein oder unserem Hochhaus wird Klarissa grundsätzlich akzeptiert. Und das, obwohl sie nicht gemeinsam mit ihnen in den Kindergarten ging oder die Schule besucht. Die Eltern dieser Kinder haben, soweit es mir bekannt ist, mit ihnen über Klarissas Behinderung gesprochen. Mit einigen Eltern stehe ich in einem freundlichen, nachbarschaftlichen Verhältnis. Für uns alle ist Klarissa nicht mehr und nicht weniger als jedes andere Kind, um das wir uns Gedanken machen, dessen Entwicklung in unseren Gesprächen ein Thema ist.
Ein Nachbarjunge, Tobias, zwei Jahre jünger als Klarissa, hat sie nun neben Ines ebenfalls zu seiner Freundin erkoren. Ines hatte ihm erst imponiert, weil sie so viel konnte: Fahrradfahren, alleine Aufzugfahren, Einkaufen. Dann bedrückte ihn das, denn seine Mutter sagte manchmal: »Nun mach' das doch mal, die Ines kann es auch schon!« Er bemerkte aber, daß Klarissa manches auch noch nicht beherrschte, daß sie ebenfalls mit Stützrädern radelte, nicht alleine den Aufzug betrat. Da sagte er zu seiner Mutter: »Die Klarissa ist meine Freundin, die kann auch noch nicht ohne Stützräder Fahrrad fahren.«

Die Freundschaft der drei Kinder ist bereichernd für alle drei, einer schöpft aus den Fähigkeiten und Fertigkeiten des anderen. Und wir Erwachsenen fühlen uns gut dabei und wollen uns dafür stark machen, daß dieser Zustand anhält. Denn auch wir lernen dabei.
Welche Kinder können Klarissa nicht annehmen? Es waren bisher hauptsächlich Kinder aus Ines' Waldorf-Kindergarten. Besonders schwierig erwies sich der Kontakt mit jenen Buben und Mädchen, die selbst Außenseiterprobleme haben, zum Beispiel mit einem indisch-deutschen Mischlingsbuben. Sowie er Klarissas ansichtig wird, malträtiert er sie mit Worten und Taten. Ich weiß nun aber von seiner Mutter, daß er selbst unter seiner dunklen Hautfarbe leidet und sich oft ausgestoßen fühlt. Trotz der Sympathie seiner Mutter für Klarissa kann er mit ihr nicht harmonieren. Sie konfrontiert ihn mit seinem eigenen Konflikt, den er dadurch in den Griff zu bekommen sucht, daß er gegen Klarissa Front macht, andere Kinder gegen sie aufhetzt und sich in dieser Polarität stark fühlt.
An diesem Beispiel wird deutlich, daß es nicht darum gehen kann, Gruppen von Menschen zu integrieren, also die Körperbehinderten, die Geistigbehinderten, die Farbigen, die Türken, die Homosexuellen usw. Es geht um den Grundsatz, daß alle Menschen gleich sind und gleiche Rechte als Menschen haben, daß sie nicht an äußeren Standards gemessen werden, sondern einzig ihr Menschsein gilt.
Auffällig ist außerdem, daß die meisten der Kinder, die Klarissa ablehnen, als Einzelkinder aufwachsen.
Aufgrund meiner guten Erfahrungen im Umkreis unserer Wohnung habe ich mich entschlossen, Ines nächstes Jahr nicht in der Waldorfschule, sondern in der hiesigen Grundschule einzuschulen. An dieser Schule besteht nun

auch eine integrierte Klasse, so daß ich mir zumindest keine durchgängig ablehnende Haltung behinderten Kindern gegenüber vorstellen kann.
Ines soll nicht in einer Atmosphäre leben und lernen, die ihre Schwester diskriminiert. Ich verspreche mir von der Grundschule am Ort ein breiteres Spektrum an menschlichen Kontaktmöglichkeiten für beide Kinder.
Ich stehe weiterhin zu meiner Entscheidung, Klarissa in eine heilpädagogische Schule gegeben zu haben. Aber die Idee »Alle Schulen unter einem Dach!« spukt weiter in meinem Kopf herum. Eine Gesamtschule, in der Schwache und Starke zu ihrem Recht kommen, die nicht nivelliert und zugleich Raum bietet für persönliches soziales Wachstum und gemeinsames Handeln, eine Schule, in der es neben den differenzierten leistungsbezogenen Kursen auch gemeinsamen musischen und künstlerischen Unterricht gibt, in dem Phantasie und Kreativität zählen. Eine neue Schule, in der man miteinander leben lernt.
Diese Idee – eine leuchtende Utopie, der Traum von einer besseren Welt? Technische und soziale Utopien von gestern sind heute Realität. Soziale Utopien von heute können morgen Wirklichkeit werden.
Doch genügt es nicht, daran zu glauben. Wer die Menschenrechte und die Gleichheit der Menschen vor Gott anerkennt, der muß aktiv werden. Sei es in seinem persönlichen Umkreis oder auf offizieller Ebene. All dieses Tun mag schließlich ein neues Bild fügen, es stellt Werte in Frage, revolutioniert unser Bewußtsein. Das läßt niemanden aus, mag er mit behinderten und kranken Menschen etwas zu tun haben oder nicht.

Band 61 270

Anna Hahn

Christophers Tod

Ihre Schwangerschaft war schwer und überschattet von der ständigen Angst, das Kind könnte zu früh kommen. Als endlich die Wehen einsetzten, rechnete Anna mit einem Kaiserschnitt, denn ihr Frauenarzt hatte festgestellt, daß ihr Becken für eine normale Geburt wahrscheinlich zu eng sein würde. Doch der Professor, der ihrem kleinen Christopher auf die Welt helfen sollte, war anderer Meinung. Als er erkannte, daß die Vermutung seines Kollegen stimmte, war es zu spät. Und dann ließ er sich Zeit, viel zuviel Zeit für die Notoperation.

Das Baby lebte zwar, aber sein Gehirn hatte schwere Schäden erlitten. Anna waren nur drei Monate mit ihrem heißersehnten Sohn vergönnt, dann gab der kleine Körper seinen Kampf auf. Danach war es für Anna schwer, die Trauer zu überwinden, den Arzt zur Rechenschaft zu ziehen und zu versuchen, ihre zerrüttete Ehe zu retten.

BASTEI LÜBBE

Band 61267

Gunnar Ohrlander

Asa's Geschichte

Schon bald nach der dramatischen Geburt ihrer Zwillinge merken die Ohrlanders, daß mit der kleinen Asa etwas nicht stimmt. Anders als ihre Schwester Berit, die beginnt, Ärmchen und Beinchen zu bewegen, liegt Asa in verdrehter Haltung in ihrem Bett.

Die Eltern wollen die Tatsache, ein behindertes Kind zu haben, nicht hinnehmen und beschließen, das Baby nach der umstrittenen Vojta-Methode zu behandeln. Die täglichen Übungen, bei denen das Kind gezwungen werden muß, bestimmte Reflexe zu entwickeln, verlangen allen das Äußerste ab. Doch schon bald zeigen sich die ersten Erfolge, und bereits nach einem Jahr kann Asa wie jedes andere Kind leben.

BASTEI LÜBBE

Band 61259

Carol Schaefer

Ich werde dich finden, mein Sohn

Als die Collegestudentin Carol im ersten Semester schwanger wird, gerät ihr Leben und das ihrer ganzen Familie aus den Fugen. Um der drohenden Schande zu entgehen, schicken Carols Eltern das Mädchen eilig in ein von katholischen Ordensschwestern geleitetes Heim für ledige Mütter. Und Carol, beschämt und verzweifelt, unterschreibt die Freigabe zur Adoption. Das Kind wird ihr gleich nach der Geburt weggenommen.

Doch Carol kann ihren Sohn, den sie nur kurz in den Armen hielt, nicht vergessen. Sie liebt ihn, vermißt ihn, betet jeden Tag für sein Wohl. Nach 18 Jahren schließlich macht sie sich auf eine lange Suche …

BASTEI LÜBBE

Band 61238

Nathalie Schweighoffer

Ich war zwölf ...

Nathalie ist zwölf, gerade am Beginn ihrer Pubertät. Sie liest Micky-Maus-Hefte und spielt gern Prinzessin. Ein ganz normales Mädchen, das stolz ist, wenn ihr Vater sie lobt und „meine Beste" nennt. Doch eines kann sie nicht verstehen: daß ihr Vater auch nachts zu ihr kommt, wenn schon alle anderen schlafen. Er streichelt sie dann und bedrängt sie, Dinge mit ihm zu tun, die man doch nicht tun darf.

Lange Zeit schweigt Nathalie, aus Verwirrung, Scham und Angst. Eines Tages jedoch faßt sie Mut und beginnt zu sprechen ...

BASTEI LÜBBE

Band 61272

Michel Benoît

Gefangener Gottes

Michel ist 21 Jahre alt und hat gerade sein Diplom in Biologie gemacht, als er sich entschließt, der Welt zu entsagen und Mönch zu werden. Sein Leben als Bruder Irénée dauert zwanzig Jahre.

In diesem Buch läßt er den Leser am streng reglementierten Leben hinter Klostermauern teilnehmen. Er beschreibt den Alltag der Mönche, wie sie in der Stille des Schweigegelübdes leben, ihre Einsamkeit, ihren Umgang mit der Sexualität. Als Michel versucht, Reformbeschlüsse in seinem Orden durchzusetzen, muß er erkennen, daß dessen mittelalterliche Strukturen undurchdringlich sind. Schließlich wird er der Kirche zu unbequem …

BASTEI LÜBBE

Band 61279

Anne Zamberlan

Ich bleibe wie ich bin

Wie fühlt sich ein Kind, das mit acht Jahren 60 Kilo wiegt und von den Schulkameraden als »Fettkloß« verspottet wird? Und welcher Junge interessiert sich für einen Teenager, der über zwei Zentner auf die Waage bringt?
Weil sie dick ist, wird Anne aus jeder Gemeinschaft ausgeschlossen. Sie heiratet, aber ihre Ehe ist bald nur noch eine lieblose Zweckgemeinschaft. Mehrere Versuche abzunehmen bringen nur kurzfristig Erfolg und führen letztendlich zu tiefen Depressionen. Fünf Jahre kapselt Anne sich völlig ab – fünf schreckliche Jahre voller Einsamkeit und Leiden.
Doch dann entschließt sie sich, endlich zu kämpfen: für sich, für ihren Sohn ... und sie gewinnt. Heute ist Anne trotz ihrer 130 Kilo ein erfolgreiches Mannequin und Fotomodell.

BASTEI LÜBBE